DFS-Staffel 23 (Starrschlepp)
(Sommer 1943)

[illegible]/42

1.(Go)/VK(S) 2
(Herbst 1942)

1.(DFS)/VK(S) 2
(Herbst 1942)

1.(Go)/Lw.Kdo. Don
(Winter 1942/43)

Schleppschule der Luftwaffe
(Sommer 1941)

Schlaug · Die deutschen Lastensegler-Verbände 1937–1945

GEORG SCHLAUG

Die deutschen Lastensegler-Verbände 1937–1945

Eine Chronik aus Berichten, Tagebüchern, Dokumenten

MOTORBUCH VERLAG STUTTGART

Einband und Schutzumschlag: Siegfried Horn

Vorderes Umschlagbild: DFS 230 des LLG 1 auf einem griechischen Feldflugplatz vor dem Start nach Kreta, Mai 1941. – Bei dem abgebildeten Emblem handelt es sich um das Geschwaderwappen des Luftlandegeschwaders 1.

Hinteres Umschlagbild: Go 242 des Verbindungskommandos (S) 4 auf einem Flugplatz in Südrußland, Herbst 1942.

Bildnachweis: Angehörige der Luftlandefliegerkameradschaft (116), Aero-Club (1), Balke (1), Block (1), Burda-Verlag (1), Deutsches Rotes Kreuz (8), Heichele (1), Hellrung (2), Kössler (1), Kuntz (1), Motorbuch-Verlag (1), Munin-Verlag (2), Petrick (10), Wenzel (1), Witzig (1), Ztg. Die Wehrmacht (2)

ISBN 3-613-01065-8

1. Auflage 1985

Satz und Druck: Johannes Illig, 7320 Göppingen-Ursenwang.
Bindung: Großbuchbinderei E. Riethmüller, 7000 Stuttgart.
Printed in Germany

INHALT

Danksagung

Durch alliierte Luftangriffe gingen 1945 nicht unbeträchtliche Aktenbestände der deutschen Luftwaffe verloren. Das Gros der rechtzeitig ausgelagerten Akten wurde in den letzten Kriegstagen aufgrund eines Befehls des Luftwaffenführungsstabes vom 8. März 1945 verbrannt. Somit geriet nur noch ein relativ geringer Teil der deutschen Luftwaffenakten nach Kriegsende in alliierte Hände. Über viele Jahre waren diese Akten der deutschen Forschung nicht zugänglich.
Die schwierige Aktenlage mag ein Grund dafür gewesen sein, daß bisher über die Luftlandefliegertruppe lediglich sehr wenige, sich zudem nur mit einzelnen Einsätzen beschäftigende Publikationen erschienen sind, eine umfassende Formations- und Einsatzgeschichte der deutschen Lastenseglerverbände aber fehlte.
Daß es fast ein halbes Jahrhundert nach Aufstellung des ›Ausbildungskommandos für Lastensegelflug‹, der ersten LS-Einheit überhaupt, doch noch gelang, eine Chronik dieser Truppe zu erstellen, ist vor allem den ehemaligen Angehörigen der Luftlandegeschwader und Schleppgruppen zu verdanken, die zahllose Unterlagen (Berichte, Tagebücher, Befehle, Flugbücher, Karten, Photos) zur Verfügung stellten und die langjährigen Recherchen durch Bereitstellung finanzieller Mittel unterstützten.
Ihnen gilt mein herzlicher Dank!
Besonders hervorheben möchte ich Herrn Oberstleutnant a. D. Gerhard Raschke, der trotz schwerer Erkrankung über viele Jahre rastlos Material sammelte und zahlreiche Berichte und Studien verfaßte. Leider war es ihm nicht vergönnt, das Erscheinen der Chronik zu erleben.
Danken möchte ich auch dem Bundesarchiv-Militärarchiv, namentlich Herrn Albinus, den Mitarbeitern der Zentralnachweisstelle und der Deutschen Dienststelle (WAST), Herrn Braatz für

seine vielfältigen Recherchen, Herrn Balke, der die Karten und Wappen zeichnete, den Herren Berning, Butschkau, Hamm und Markötter, die die Photoarbeiten durchführten und nicht zuletzt Herrn Hauptmann a. D. Distelmeier, dem Leiter der Luftlandefliegerkameradschaft, der diese Arbeit anregte und förderte.

Georg Schlaug

1. Der letzte Flug

30. 4. 1945: Russische Soldaten haben sich in Berlin bis auf wenige Dutzend Meter an die Reichskanzlei vorgekämpft, englische Panzer rücken auf Bremerhaven vor, amerikanische Truppen stehen an der Elbe und in Tirol.
30. 4. 1945: Um 2.00 Uhr in der Frühe startet vom Flugplatz Hohenmauth bei Königgrätz ein Lastensegler vom Typ DFS 230, beladen mit Panzerfäusten und Munition. Am Steuer des Seglers sitzt Uffz. Thies. Flugzeugführer der He 111-Schleppmaschine ist Olt. Hörning, Staffelkapitän einer Staffel der Schleppgruppe 1, des letzten Lastenseglerverbandes der Luftwaffe.
Der Start des Schleppzuges gelingt, und der Flug verläuft anfangs normal. Am Osthang des Riesengebirges herrschen allerdings starke Böen, die plötzlich zum Riß des Schleppseils führen.
Der Segler hat zu diesem Zeitpunkt eine Höhe von etwa 3000 m, und Uffz. Thies entschließt sich, den Flug zu seinem Ziel, der seit Monaten von den Russen eingeschlossenen Stadt Breslau, fortzusetzen, zumal am Horizont die lichterloh brennende Stadt schon zu erkennen ist. Kurz vor der Stadt hat der Segler noch 700 m Höhe, genug um den Landeplatz in der Stadt zu erreichen. Plötzlich leuchten Scheinwerfer auf, und die Luftabwehr beginnt zu schießen. Ein Treffer reißt die Kanzelhaube weg, Teile schlagen dem Piloten an den Kopf. Obwohl dadurch stark benommen, kann dieser die Maschine noch einmal abfangen. Allerdings hat der Segler jetzt sehr viel an Höhe verloren, und Uffz. Thies muß einen Notlandeplatz suchen; ein schwieriges Unterfangen, denn ringsumher brennt alles. Schließlich entdeckt der Pilot doch eine größere, ihm geeignet erscheinende Fläche und setzt zur Landung an. Im Ausschweben erkennt er, daß es sich um einen Friedhof handeln muß. Dann kracht es auch schon. Auf einmal herrscht Ruhe. Thies befreit sich aus den Trümmern und stellt fest, daß der

Rumpf des Seglers genau zwischen zwei riesigen Grabsteinen steht. Die Tragflächen sind abgebrochen, haben aber bei der Landung die ganze Wucht des Aufpralls abgefangen und dem Piloten so das Leben gerettet. Die Borduhr ist auf 3.05 stehen geblieben.

So endet der wohl letzte Flug eines deutschen Lastenseglers.

Anhand von zahlreichen bisher unbekannten Unterlagen (Akten, Erlebnisberichten, Photos) soll im folgenden der Weg der deutschen Lastensegler von den Anfängen im Jahre 1937 bis zum Kriegsende nachgezeichnet werden.

2. Die Entstehung der Luftlande-Fliegertruppe

Mit der Konstruktion des ersten Großsegelflugzeuges ›Obs‹ durch Alexander Lippisch von der Deutschen Forschungsanstalt für Segelflug (DFS) in Darmstadt im Jahre 1930 war der Grundstein für die Entwicklung der Lastensegler gelegt.

Nach der Einführung der Allgemeinen Wehrpflicht und der Enttarnung der Luftwaffe im Frühjahr 1935 lag der Gedanke nahe, so der Leiter der DFS, Professor Georgii, ein Transportsegelflugzeug zu bauen, das dem Forscher wiederum als Observatorium dienen sollte, aber auch für den Transport von Soldaten und Material verwendet werden konnte. Mit der Entwicklung eines solchen Flugzeuges wurde im Sommer 1936 der Leiter der Abteilung Konstruktion, Ingenieur Jacobs, beauftragt, der hier erstmalig die Entstehung des ersten Lastenseglers DFS 230 schildert:

»Lippisch hatte noch auf der Wasserkuppe ein Leistungssegelflugzeug, das ›Obs‹ entworfen, mit einer Spannweite von fast 30 m und sehr geringer Sinkgeschwindigkeit. Dieses sollte geräuschlos über feindliche Linien fliegen, beobachten und nach Erfüllung seiner Aufgabe wieder in das eigene Gebiet zurückkehren. Es handelte sich um einen Dreisitzer, der auch für meteorologische Beobachtungen eingesetzt werden sollte.

Eine Entwicklung in dieser Richtung erschien uns nicht interessant und wenig erfolgreich. Am Tage wäre ein solches Flugzeug abgeschossen worden und für Aufklärungsflüge in der Nacht fehlten damals die Infrarotgeräte. Dagegen hielten wir es für möglich, mit einem Segelflugzeug im Morgengrauen hinter den feindlichen Linien zu landen und einen Sabotagetrupp abzusetzen. Bei entsprechender Leistungsfähigkeit konnte das Flugzeug über eigenem Gebiet auf 3000–4000 m Höhe geschleppt werden und dann ungehört über die gegnerischen Linien zu einem festgelegten Ziel fliegen. Um der Mannschaft eine gewisse Schlagkraft zu geben, legte ich den Entwurf dieses Flugzeugs auf eine Besatzung von 9 Mann und einem Piloten aus. Wichtig war nun, diese 10 Mann in einem Rumpf unterzubringen, der einen möglichst geringen Querschnitt hat (geringer Widerstand). Um den Platzbedarf festzustellen, holten wir aus der Kantine eine Bank, auf die 9 Mann rittlings wie bei einem Rodelschlitten gesetzt wurden. Von beiden Seiten rückten wir senkrecht gestellte Zeichenbretter heran und bestimmten so die unbedingt erforderliche Breite. Jetzt wurde gerechnet und der erste Entwurf eines Lastenseglers entstand. In einem Memorandum wurde die Idee mit einer ausführlichen Übersichtszeichnung zusammengefaßt und Udet zugeleitet. Er entschied umgehend, so schnell wie möglich eine Attrappe zu bauen. Das ganze lief bei der DFS als Lastensegler DFS 230.

Die DFS war ein abgestrebter Schulterdecker mit einer Spannweite von 21,98 m und einer Länge von 11,24 m. Der Rumpf, eine Stahlrohrkonstruktion, wies Stoffbespannung auf. Bewußt hatten wir das Vorderteil so kräftig ausgelegt, daß man auch im decoupierten Gelände oder in Schonungen landen konnte. Aus gleichem Grund war die Kufe sehr stark und mit langhubigen Federbeinen ausgerüstet. Im September 1936 konnte Udet mit seinem Stab die Attrappe der DFS 230 vorgestellt werden. Bis März 1937 sollte die erste Versuchsmaschine klar sein. Unsere Männer in den Konstruktionsbüros und Werkstätten schafften es, daß der erste Lastensegler bereits im Januar 1937 flog. Die DFS 230 V2 und V3 folgten kurz hintereinander.

Ich denke, hier ist der Platz, um meine leitenden Mitarbeiter zu nennen: Für Aerodynamik Heinrich Voepel und Adolf Wanner, für Statik Ludwig Pieler und für die Konstruktion Herbert Lück.

Die Flugerprobung durch Hanna Reitsch konnte in diesem Fall relativ rasch abgeschlossen werden, da nur kleine Beanstandungen zu beheben waren.

Udet kam aus Berlin zum Nachfliegen, war zufrieden und setzte einen Termin, bis zu dem die ersten Flugzeugführer für die DFS 230 ausgebildet werden sollten«.

Als Geburtsdatum der Luftlande-Fliegertruppe darf der 11. 1. 1937 gelten. An diesem Tage wurden Lt. Kieß und Uffz. Flucke, zwei bereits ausgebildete Fallschirmjäger, zur Deutschen Forschungsanstalt für Segelflug nach Darmstadt kommandiert, um in einem Kursus von drei Monaten im Lastensegelflug ausgebildet zu werden und zugleich Schulungsmethoden für spätere Lehrgänge zu erproben. Da diese Erprobungen erfolgreich verliefen, veranlaßte das Reichsluftfahrtministerium die Aufstellung eines LS-Kommandos ab 1. 4. 1937 in Darmstadt-Griesheim sowie die Einberufung eines Segelfluglehrgangs für die Zeit vom 12. 4. 1937 bis 7. 10. 1937 für 60 Flugschüler. Als Fluglehrer standen 12 erfahrene Motor- und Segelfluglehrer der DFS unter dem Abteilungsleiter für Segelflug, Fritz Stamer, zur Verfügung.

Das ›LS-Kommando‹ unterstand truppendienstlich dem Höheren Kommandeur der Fliegerschulen in Münster, ausbildungsmäßig direkt dem RLM.
Nachdem dieser erste Lehrgang erfolgreich beendet worden war, und der Chef des Generalstabes der Luftwaffe, General der Flieger Kesselring, nach einer Besichtigung am 23. 5. 1937 die Weiterentwicklung des LS-Gedankens befürwortete, wurde ein zweiter Kursus für 60 Flugschüler vom 1. 11. 1937 bis 30. 6. 1938 nach Darmstadt einberufen und erfolgreich abgeschlossen.
Das ›LS-Kommando Kieß‹ wurde in ›Segelfluglehrgang (L)‹ umbenannt.
Noch während der zweite Lehrgang lief, fand am 16. 11. 1937 in Stendal eine Vergleichsübung zwischen Lastenseglern und Fallschirmtruppen statt. Als Einsatzgelände für die DFS 230 und die Fallschirmtruppen war das Übungsgelände gegenüber dem Flugplatz Stendal vorgesehen.
Zuerst sprang ein verstärkter Zug Fallschirmjäger aus etwa 350 m Höhe aus Ju 52-Transportmaschinen ab. Die Zeit vom Aufsetzen bis zur Herstellung der Kampfbereitschaft des Zuges (Waffenbehälter gefunden und entleert, Waffen und Gerät am Mann, Fj-Gruppen versammelt) wurde gestoppt: es waren etwa 15 Minuten vergangen.
Nach der Räumung des Geländes flogen 10 Schleppzüge Ju 52/DFS 230 in 400 m Höhe an. Bei starkem Gegenwind klinkten die Segler 4 Kilometer vor dem Ziel aus und nach 2 Minuten Gleitflug landeten fast gleichzeitig 70 Soldaten der Garnison Stendal. Nach weniger als 3 Minuten waren die Infanteristen gefechtsbereit. Zwar blieben vor allem die Offiziere der Fallschirmjäger gegenüber den Lastenseglern, die sie als Konkurrenz empfanden, skeptisch, aber der Durchbruch des LS-Gedankens schien erreicht, als der Reichsminister der Luftfahrt am 9. 3. 1938 befahl, ab 1. 4. 1938 in Fürstenwalde mit der Aufstellung des ›Ausbildungskommandos für Lastensegelflug‹ zu beginnen.
Das Kommando wurde der Kampfgruppe zbV 1 (Ju 52) unterstellt und sollte die Ausbildung von Flugzeugführern (L) vertiefen sowie weitere Erfahrungen sammeln. Diese Ausbildungseinheit blieb aber nur wenig mehr als ein Vierteljahr bestehen, denn überraschend verfügte der ›Stab L. u. F.‹ (Oberstlt. Bassenge) des RLM zum 19. 7. 1938 die Auflösung des LS-Ausbildungskommandos. Das Personal wurde zu seinen Stammeinheiten zurückversetzt und die Segelflugzeuge dem Luftwaffensportverein zur Verfügung gestellt.

Am 6. 7. 1938 hatte Generalmajor Student die Fallschirmtruppe übernommen und wurde mit der Aufstellung der Fliegerdivision 7 beauftragt. Im Rahmen der Bildung von Luftlandeeinheiten vor der ›Sudetenkrise‹ wurde Student auf der Suche nach weiteren LL-Kampfmitteln auf die Lastensegler aufmerksam. Er erwirkte am 5. 9. 1938 die Zusammenziehung eines Teils der ausgebildeten LS-Flugzeugführer unter Lt. Kieß in Prenzlau. Am 20. 9. 1938 war dieses ›LS-Kommando Flg.Div. 7‹ mit 2 Offizieren und 27 Unteroffizieren und Mannschaften sowie 6 Ju 52 und 6 DFS 230 einsatzbereit. Im Falle eines deutschen Angriffs auf die Tschechoslowakei sollte das Kommando mit Fallschirmpionieren die Höhe 698 (Zierenberg) am Oppa-Knie, ostwärts Freudenthal, durch eine überraschende Landung mit LS mit Handstreich nehmen.
Durch den Abschluß des ›Münchner Abkommens‹ und die erzwungene Abtretung des Sudetenlandes an das Deutsche Reich entfiel dieser Einsatz.
Vor Offizieren des Heeres fand am 24. 9. 1938 in der Nähe von Reinsdorf eine weitere Demonstrationsübung über die Verwendungsmöglichkeiten von Lastenseglern statt. Durchgeführt wurden diesmal Ziellandungen aus 200 m Flughöhe an ausgewählten Geländepunkten, beispielsweise Kreuzungen zweier Landstraßen. Die exakten Landungen stellten wiederum das hohe fliegerische Können der LS-Führer unter Beweis.
Anfang Januar 1939 wurde das ›LS-Kommando Flg.Div. 7‹ nach Burg bei Magdeburg verlegt und in ›LS-Versuchszug‹ umbenannt. Bis zum Kriegsausbruch im September 1939 wurde der ›LS-Versuchszug‹ personell und materiell verstärkt und ausbildungsmäßig auf einen Höchststand gebracht. Der zunächst vorgesehene Einsatz von Lastenseglern an den Weichselbrücken bei Dirschau und Pulawy während des Polenfeldzuges kam nicht zum Tragen, da die LS-Waffe noch geheim bleiben sollte.

3. Eben Emael und Albert-Kanal

FORT EBEN EMAEL

Am 30. 10. 1939 fand durch Gen. Mj. Student in Berlin jene denkwürdige Einweisung von Hptm. Koch, Olt. Witzig und Olt. Kieß in den phantastisch anmutenden Plan statt, das belgische Fort Eben Emael und die Brücken über den Albert-Kanal durch eine durch Lastensegler gelandete Fallschirmjägerabteilung in Besitz zu nehmen.
Hptm. Koch wurde zum Führer des Gesamtunternehmens bestimmt, Olt. Witzig war für den Pioniereinsatz und Olt. Kieß für die fliegerische Durchführung verantwortlich.
Unverzüglich wurde der ›LS-Versuchszug‹ (Stärke 30 Soldaten, 15 Motor- und Segelflugzeuge) nach Hildesheim verlegt, dort in 17./KGzbV 5 umbenannt und mit dem Pionierzug/7. Flg.Div., der 1./Fj.Rgt. 1 sowie anderen Fallschirmeinheiten zur ›Sturmabteilung Koch‹ zusammengefaßt.
Verstärkung erfuhr die 17./KGzbV 5 durch 10 hochqualifizierte Segelfluglehrer von der DFS und aus den Luftsportverbänden sowie durch etwa 50 der besten LS-Führer, die fernschriftlich nach Hildesheim befohlen wurden.
Schon Mitte November 1939 besichtigte Gen. Mj. Student die ›SA Koch‹ und ließ sich Ziellandungen mit LS vorführen. Nachdem weitere DFS 230 aus Anklam und Eschwege eingetroffen waren, verfügte die Abteilung Anfang Dezember 1939 über 34 Ju 52 und 43 DFS 230.
In den folgenden Monaten mußten sich die Angehörigen der ›SA Koch‹ einer sehr intensiven Schulung unterziehen. Neben der obligatorischen Infanterieausbildung standen für die LS-Führer Schleppflüge, Zielanflüge (Ausklinken 30 km vor dem Platz) und Außenlandungen auf dem Programm. Sodann wurden die Fall-

schirmjäger mit dem LS DFS 230 vertraut gemacht (Ein- und Aussteigen, Verladen von Waffen und Gerät, Gewöhnungsfliegen). Am 19. 3. 1940 erfolgte anhand der vorhandenen Luftbilder und Karten sowie des von dem Flugzeugführer (L) Uffz. Ziller gefertigten Gipsmodells Eben Emael eine genaue Einweisung der LS-Piloten (Flugweg, Angriffsobjekte).
Der Auftrag für die ›SA Koch‹ lautete: Inbesitznahme der Brükkenstellen über den Albert-Kanal bei Veldwezelt, Vroenhoven und Canne sowie Außergefechtsetzen des Fort Eben Emael. Zu diesem Zweck wurde die Sturmabteilung in 4 Sturmgruppen gegliedert, denen die folgenden Ziele zugewiesen wurden:

- Sturmgruppe Olt. Schächter (Deckname Eisen) Canne
- Sturmgruppe Olt. Altmann (Deckname Stahl) Veldwezelt
- Sturmgruppe Lt. Schacht (Deckname Beton) Vroenhoven
- Sturmgruppe Olt. Witzig (Deckname Granit) Eben Emael.

Die Gruppen ›Stahl‹ und ›Eisen‹ sollten mit je 10 DFS 230, die Gruppen ›Beton‹ und ›Granit‹ mit 11 DFS 230 an das Ziel transportiert werden.
Laut Plan hatte der Nachtanflug entlang einer Scheinwerfer- und Leuchtfeuerstraße zu erfolgen, die von Köln-Ostheim zum Vetschauer Berg, 5 km nordwestlich von Aachen, führte. Zu diesem Zweck waren 5 Leuchtfeuer und 3 Scheinwerfer entlang des Anflugweges aufgebaut worden. Um Zusammenstöße in der Luft zu vermeiden, wurde der Anflugweg in je eine Anflugstraße ›Nord‹ und ›Süd‹ unterteilt, wobei der Kurs für ›Nord‹ etwa 3 km nördlich und der Kurs für ›Süd‹ etwa 3 km südlich der Befeuerungslinie verlief. Die Länge des Anflugweges betrug bis zum Ausklinkpunkt Vetschauer Berg 73 km. Über dem Ausklinkpunkt mußte eine Höhe von 2600 m erreicht sein; die Anflugzeit sollte bis zum Vetschauer Berg 31 Minuten betragen. Bei einer mittleren Ausklinkhöhe von 2600 m hatten dann die LS – unter Zugrundelegung einer Gleitzahl von 1:12 und einer Geschwindigkeit von 125 km/h – noch eine Flugdauer von 12–14 Minuten bis zur Landung.
Entsprechend den 4 Objekten wurde Ende März 1940 die 17./KGzbV 5 umgegliedert: 4 unselbständige Schleppstaffeln entstanden, deren Führung Lt. Schweitzer, Lt. Seide, Olt. Nevries und Olt. Steinweg übernahmen.
Am Nachmittag des 9. 5. 1940 verlegte dann auf Befehl des VIII. Fliegerkorps die ›Sturmabteilung Koch‹ von Hildesheim in den Kölner Raum. Gegen 18.00 Uhr fielen die Ju 52-Staffeln in Köln-Ostheim und Köln-Butzweilerhof ein. Etwa 50 DFS 230 waren bereits im Januar 1940, zerlegt in Möbelwagen, zu den beiden

Anflug der 17./K.G.z.b.V. 5 auf Eben Emael und die Albert-Kanal Brücken am 10.5.1940 (geplanter Verlauf)

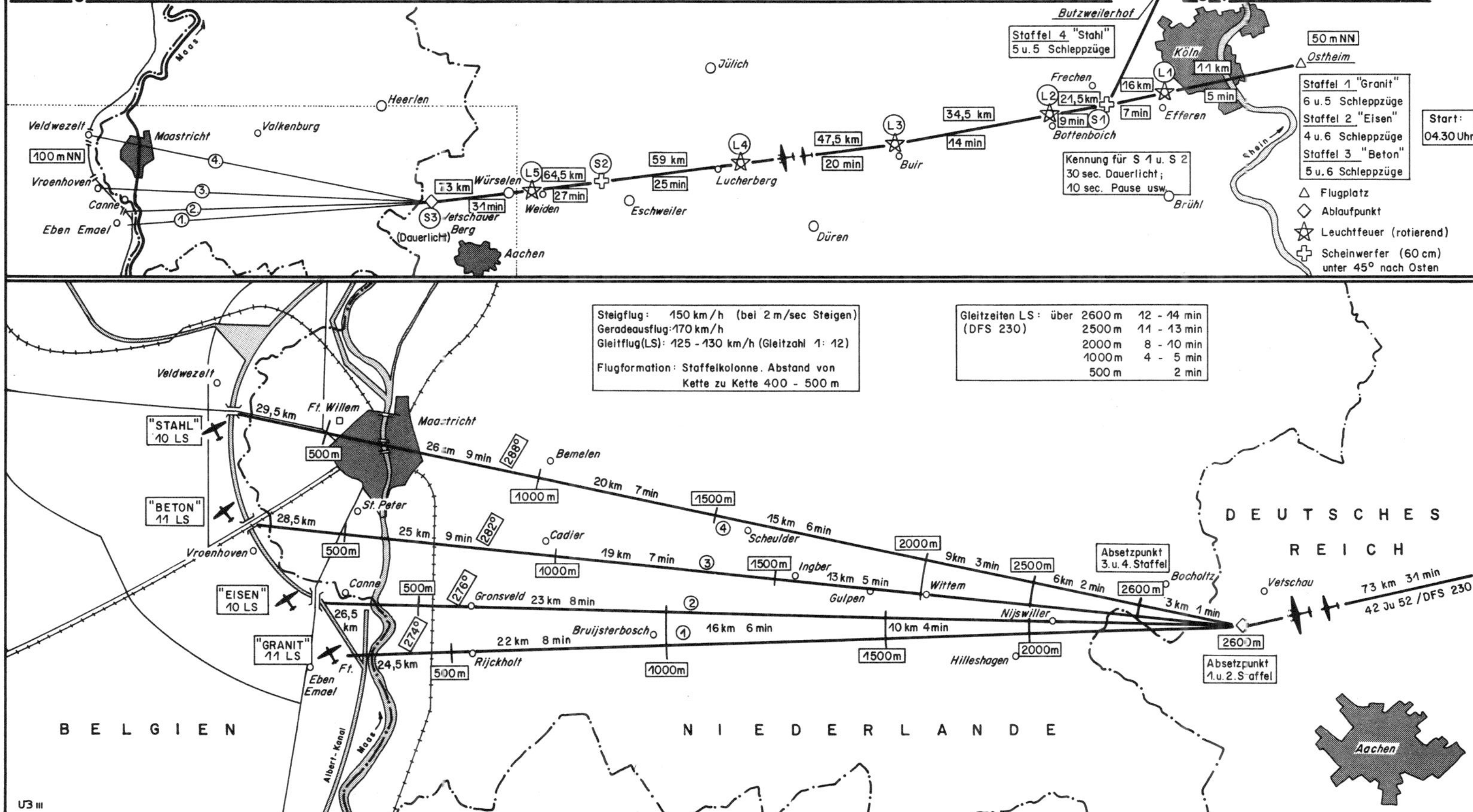

Plätzen gebracht und dort von Vorkommandos aufgebaut worden. Um 01.00 Uhr, am 10. 5. 1940, waren die Arbeiten an den Schleppmaschinen und das Aufstellen der LS beendet. Nun wurden die Segler beladen, und die Fallschirmjäger begaben sich an Bord.

Nachdem um 04.15 Uhr Hptm. Koch die Einsatzbereitschaft sämtlicher Gruppen gemeldet worden war, erfolgte zwischen 04.30 und 04.40 Uhr der Nachtstart der 42 Schleppzüge.

Der Staffelführer der LS-Staffel, der damalige Fw. Raschke, schildert Start und Anflug auf Eben Emael:

> »Erst am Abend überprüfen wir die uns zugeteilten, bereits beladenen LS, die noch in den Holzhallen stehen. Mit uns kontrollieren die Trupps der Pioniere (Zug Olt. Witzig) die Beladung auf Vollständigkeit der Geräte und Sprengmittel. Die Belastung der LS war optimal, die Zuladung erreichte in einigen Fällen die Grenze von 1200 kg. Die Kufen waren – wie erprobt – mit dicken Bündeln Stacheldraht umwickelt, um die Bremswege möglichst kurz zu halten. Gegen Mitternacht wurden wir zur Einsatzbesprechung und anschließenden Wetterberatung aller Besatzungen am Ort (Ju 52 und LS-FF) befohlen. Anschließend legten die einzelnen Staffeln ihre Flugwege, Kurse und Flugzeiten fest. Wir LS-FF errechneten danach unseren Kurs und die Flugzeit nach dem Ausklinken vor Aachen (Kompaßkurs). Alle Vorbereitungen waren gegen 01.00 Uhr, am 10. 5., beendet, wir konnten zum Schlafen wegtreten. Einige konnten tatsächlich schlafen, einige schrieben Abschiedsbriefe, der Rest lungerte herum. Gegen 03.00 Uhr wurden wir geweckt und bekamen Tee mit reichlich Rumzusatz. Eine Mahlzeit wurde nicht angeboten, wir hatten nur unser Trockenbrot. Gegen 04.00 Uhr marschierten wir zur inzwischen erfolgten Startaufstellung der Schleppzüge im Südteil des Platzes. Die erste Kette der ersten Staffel ›Granit‹ stand bereits mit gespannten 40-m-Seilen. Wir überprüften noch einmal, ob wir den richtigen LS vor uns hatten, an der richtigen Stelle in der Kette standen und das richtige Schleppflugzeug vor uns stand. Nach und nach kamen die Trupps der Pioniere heran und suchten ihren Platz im LS. Wir waren bereit. Kurz nach 04.00 Uhr kam der Befehl zum Einsteigen. Etwa gegen 04.15–04.20 Uhr wurden die Motoren der Ju 52 angelassen und die Hauben der 11 LS geschlossen. Der Start der Schleppzüge begannen in Köln-Ostheim ab 04.25 Uhr. Der Start in Köln-Butzweilerhof sollte ab 04.30 Uhr beginnen. Er erfolgte leider 5 Minuten zu früh, also gleichzeitig mit uns. Nach etwa 5 Minuten Flugzeit (Steigflug) – wir hatten noch nicht die Kurve im Norden des Platzes beendet – kreuzte unseren Verband in fast gleicher Höhe der erste Verband, der in Köln-Butzweilerhof gestartet war. Einige Ju-Flugzeugführer zogen steil nach oben, andere drückten mit Gewalt nach unten. Die Seile schwangen wild nach oben bzw. nach unten, sie tanzten vor unserem Zug. Ziehen und seitwärts

abfangen – im Slipzustand – war die einzige Möglichkeit, einen Seilriß zu vermeiden. Es gelang nicht allen, ungeschoren davonzukommen.
Der Staffelführer der 1. Staffel (Olt. Schweitzer) flog – nach Beruhigung der Situation – weiter seinen Kurs und führte uns in der geforderten Höhe von 2400 m bis zum – durch Doppelscheinwerfer – gekennzeichneten Ausklinkpunkt vor Aachen. Der Südzipfel der Niederlande war gut auszumachen, es war ja nicht verdunkelt wie bei uns. Während des Überfluges zählten wir – soweit möglich – die verbliebenen LS am Himmel, Richtung Eben Emael. Es waren noch 9 LS zu sehen, ohne sagen zu können, wer wohl fehlt. Es war leichter Morgendunst, das Fort war noch etwa 25 km voraus. Kein Flak-Geschütz schoß zu dieser Zeit. Rechts von uns konnten wir Maastricht erkennen. Aus einer Höhe von 800 m erkannten wir, an den im Traum erkennbaren Formen, das Fort voraus. Die Flugzeit betrug allgemein 45 Minuten. Durch Bewegen der Flächen mittels Querruder gaben wir uns das Zeichen zum Auflösen des Verbandes, jeder hatte seinen eigenen Anflugweg zu fliegen. Die erste Kette (Lange, Distelmeier, Raschke) flog am Ostrand des Forts gemeinsam zur Südspitze, wobei die 4-Fla-MG uns beschossen.«

Trotz der Abwehr der überraschten Belgier gelang den LS der Gruppe ›Granit‹ die Landung im Festungsgelände. Innerhalb der nächsten Viertelstunde zerstörten die Fallschirmjäger mit Hohlladungen die meisten Panzerkuppeln und Geschützkasematten und machten die Festung praktisch wehrlos. Die Einzelheiten dieses Kampfes sollen hier nicht dargelegt werden. Sie sind an anderer Stelle ausführlich beschrieben worden.*
Wo aber waren die beiden LS abgeblieben, deren Fehlen Fw. Raschke bereits beim Anflug festgestellt hatte? Der von Uffz. Pilz gesteuerte Segler – an Bord befand sich auch der Führer der Sturmgruppe ›Granit‹, Olt. Witzig – mußte bereits kurz nach dem Start infolge Seilriß auf einer Wiese bei Köln landen. Olt. Witzig gelang es, eine Ersatz-Ju zu beschaffen, mit der dann ein neuer Start unternommen wurde. Drei Stunden nach der Landung der Sturmgruppe ›Granit‹ ging Pilz' DFS 230 im Festungsbereich Eben Emael nieder.
Der andere Segler (LS-FF Uffz. Bredenbeck) mußte infolge eines Irrtums der Schleppbesatzung nach Passieren des Leuchtfeuers bei Lucherberg ausklinken und landete auf einem Feld bei Düren.
Auf dem Festungsgelände selbst richteten sich die Fallschirmjäger nach Zerstörung der Geschütze zur Verteidigung ein; belgischer

---

* Mrazek, J. F.: Lastensegler auf Eben Emael, Motorbuch-Verlag, Stuttgart 1980.

Artilleriebeschuß lag den ganzen Tag über Eben Emael. Am frühen Morgen des 11. 5. 1940 nahmen Pioniere des I.R. 151 mit den Luftlandetruppen Verbindung auf. Die Festung kapitulierte gegen Mittag; 1200 belgische Soldaten kamen aus den unterirdischen Gängen und gaben sich gefangen. Die Verluste der Sturmgruppe ›Granit‹ betrugen 6 Gefallene und 20 Verwundete.
Die Lastensegler der Sturmgruppe ›Granit‹ wurden von folgenden LS-Flugzeugführern gesteuert:
Bräutigam, Bredenbeck, Distelmeier, Kraft, Lange, Pilz, Raschke, Scheidhauer, Schulz, Supper, Ziller.

DIE ALBERT-KANAL-BRÜCKEN

Anflüge und Landungen der Gruppen ›Stahl‹, ›Beton‹ und ›Eisen‹ werden anhand der – gekürzten – Einsatzberichte der 3 Sturmgruppen (enthalten im KTB der ›Sturmabteilung Koch‹) geschildert. Bei den in den Berichten genannten Namen handelt es sich – soweit nicht anders vermerkt – um die Namen von Fallschirmjägern, nicht aber um LS-Führer.

Gefechtsbericht der Sturmgruppe Veldwezelt (›Stahl‹)

Führer der Sturmgruppe: Altmann, Olt.
Kampfauftrag:
Inbesitznahme und Erhalten der Brücke . . .
Bildung eines Brückenkopfes und Offenhalten für den Vormarsch eigener Kräfte nach Westen.
Kräfte: 1 Offizier, 91 Unteroffiziere und Mannschaften

Durchführung des Auftrages:
Am 10. 5. 1940 gegen 04.30 Uhr erfolgte der Start zum Einsatz der Sturmgruppe ›Stahl‹ mit 9 LS aus Köln-Ostheim und 1 LS aus Köln-Butzweiler. Der Start in völliger Dunkelheit ging ohne Ausfälle glatt vonstatten. Die Staffel flog an der markierten Leuchtfeuerstraße bis zum festgelegten Ausklinkpunkt und hatte hier die befohlene Höhe von 2300–2600 m erreicht.
Da die holländischen Ortschaften hell erleuchtet waren, ließ sich die Orientierung ohne große Schwierigkeiten durchführen. Die Staffel der Sturmgruppe ›Beton‹ hatte zu weit in holländisches Gebiet hineingeschleppt; dadurch war der Holländer alarmiert, und wir bekamen in der Höhe von Maastricht Flakfeuer. Da die Maschinen aber einen großen Höhenüberschuß hatten, wurde dieses Feuer durch geschicktes Fliegen unwirksam gemacht. Das Brückenobjekt war gut zu erkennen. Die Flugzeugführer setzten im starken Flak- und MG-Feuer gegen 05.20 Uhr zur Landung an. Die Maschine Rückriem bekam einen

Volltreffer, so daß ein Teil der linken Tragfläche abmontierte. Gleichzeitig bekam der Flugzeugführer (L), Uffz. Stuhr, einen Kopfstreifschuß. Die Maschine stürzte aus 10 m Höhe ab, so daß die Besatzung zum größten Teil kampfunfähig war.
Die Landung der anderen Maschinen konnte teilweise infolge der schlechten Sicht in der Dämmerung, des verdrahteten Geländes und des feindlichen Feuers nicht so wie vorgesehen durchgeführt werden. Die Maschine Pohlmann landete etwa 1000 m vom Brückenobjekt, der Gefechtsstab etwa 400 m südlich von der Brücke entfernt. Der Trupp Ellersiek überschlug sich bei der Landung mit seinem LS. Ein Mann der Besatzung wurde durch doppelten Armbruch sofort kampfunfähig.
Da die Gräben von Belgiern voll besetzt waren und starkes Feuer die einzelnen Trupps empfing, mußten sie sich erst unter Aufrollen der Gräben an ihre befohlenen Punkte heranarbeiten. Die Pioniergruppe Arpke beseitigte planmäßig an der Brücke die Zünd- und Reservezündungen und verhinderte so deren Sprengung.

gez. Oberleutnant

Im Laufe des Vormittags sah sich die Sturmgruppe ›Stahl‹ zahlreichen belgischen Gegenangriffen ausgesetzt, konnte aber den Brückenkopf halten. Am frühen Nachmittag des 10. 5. 1940 trafen dann die ersten Entsatztruppen des Heeres ein. Nach Ablösung durch ein Schützenbataillon traten die Fallschirmjäger den Rückmarsch nach Maastricht an. Ihre Verluste betrugen 8 Gefallene und 30 Verwundete.
Die DFS der Sturmgruppe ›Stahl‹ wurden von folgenden Flugzeugführern gesteuert: Bösebeck, Egner, Flucke, Fulda, Opitz, Schubert, Staubach, Stoffel, Stuhr, Wienberg.

Gefechtsbericht der Sturmgruppe Vroenhoven (›Beton‹)

Führer der Sturmgruppe: Schacht, Olt.
Auftrag:
Inbesitznahme und Erhaltung der Brücke.
Nach Beseitigung des örtlichen Widerstandes Bildung eines engen Brückenkopfes, Offenhalten der Brücke für den Vormarsch eigener Kräfte nach Westen und Beseitigung aller Sperren und Panzerhindernisse auf und ostwärts der Brücke.
Kräfte der Sturmgruppe, einschließlich Abt.-Stab:
5 Offiziere, 129 Unteroffiziere und Mannschaften

Durchführung des Auftrages:
Am 10. 5. 1940 gegen 04.30 Uhr erfolgte der Start der Sturmgruppe Vroenhoven einschließlich Abt. Stab mit 11 LS zum Einsatz aus Köln-Ostheim. In völliger Dunkelheit ging der Start ohne Ausfall vor sich.

Die markierte Leuchtfeuerstraße war gut zu erkennen, und die Staffeln flogen ihren genau vorgeschriebenen Weg. Während des Anfluges fiel die Maschine des Obj. Kempa (Pi.-Trupp) durch Reißen des Schleppseiles aus und mußte bei Hottdorf notlanden.
An dem festgelegten Ausklinkpunkt hatten wir eine Höhe von etwa 2000–2200 m. Aus unerklärlichem Grund schleppte die Staffel die Sturmgruppe weiter in holländisches Gebiet hinein. Erst zwischen der Reichsgrenze und Maastricht wurde ausgeklinkt.
Die hell erleuchteten holländischen Ortschaften ließen eine genaue Orientierung ohne große Schwierigkeiten durchführen. In einer Höhe von etwa 1800 m gerieten die übrigen 10 LS über Maastricht in starkes holländisches Flak- und MG-Feuer. Nur dank des geschickten und umsichtigen Verhaltens der LS-Flugzeugführer gelang es, sämtliche Maschinen durch dieses Feuer hindurchzubekommen. Das Brückenobjekt war sehr gut zu erkennen, und da der Feind von unserem Kommen unterrichtet war, mußten wir jeden Augenblick damit rechnen, daß die Brücken gesprengt wurden. Sämtliche Maschinen setzten in starkem Gleitflug zur Landung an. Deutlich erkannte man jetzt die stark ausgebauten und besetzten Feldbefestigungen der Belgier. In etwa 100 m Höhe bekamen wir aus den Stellungen starkes MG- und Gewehrfeuer. Die Maschine des Obj. Stolzewski erhielt einen Flaktreffer, der die Steuerseile durchschlug. Die Maschine stürzte aus etwa 12 m ab. 3 Mann der Besatzung zogen sich dadurch Verletzungen zu, so daß sie an dem Abwehrkampf nicht mehr eingesetzt werden konnten. Gegen 05.15 Uhr erfolgte bei fast allen Maschinen die Landung trotz des starken Abwehrfeuers der Grabenbesatzungen an den vorgeschriebenen Stellen. Die Maschine des Gefechtsstabes Ofw. Hofmann landete nicht wie vorgesehen hart am Bunker, sondern etwa 120 m nordwestlich in einem Graben. Durch die harte Landung fielen weitere 3 Mann Besatzung aus.

gez. Leutnant

Durch den Überraschungsangriff gelang es den Fallschirmjägern, die Sprengung der Brücke zu verhindern und anschließend die Räumung der Panzerhindernisse auf der Brücke durchzuführen.
Durch Artilleriefeuer versuchten die Belgier, die Brücke doch noch zu zerstören, vergebens!
Im Laufe des frühen Nachmittags trafen dann die ersten Heereskompanien am Kanalufer ein. Gegen 22.00 Uhr konnten schließlich die Fallschirmjäger, die bei dem Unternehmen 10 Gefallene und 29 Verwundete zu beklagen hatten, aus dem Brückenkopf herausgelöst werden.
Unter den Gefallenen befand sich auch der LS-Pilot Gfr. Daum.
Die Lastensegler der Sturmgruppe ›Beton‹ wurden von folgenden LS-Flugzeugführern gesteuert:

Daum, Foltmer, Gehrke, Hempel, Jödike, Kieß, Krusewitz, Oeltjen (?), Pfitzner, Smyczek, Stern.

Gefechtsbericht der Sturmgruppe Canne (›Eisen‹)

Führer der Sturmgruppe: Schächter, Ltn.
Kampfauftrag:
Inbesitznahme und Erhalten der Brücke. Beseitigung aller Sperren auf der Straße westlich und ostwärts der Brücke, Bildung eines Brückenkopfes und Offenhalten für den Vormarsch eigener Truppen.
Kräfte: 2 Offiziere, 88 Unteroffiziere und Mannschaften.

Durchführung des Auftrages:
Am 10. 5. 1940 gegen 02.30 Uhr startete die Sturmgruppe ›Eisen‹ mit 10 LS von Köln-Butzweilerhof. In völliger Dunkelheit ging der Start ohne Ausfälle glatt vonstatten. Die Staffel flog über der Leuchtfeuerstraße bis zum festgesetzten Ausklinkpunkt und hatte hier eine Höhe von etwa 2500 m erreicht, außer der Maschine der ersten Gruppe (Czerwinska). Diese löste sich bereits kurz nach dem Start von der Kette und erreichte nur die Höhe von etwa 2000 m. Ihr Schleppflugzeug hatte die Orientierung verloren und so klinkte das LS weit südlich vom vorletzten Leuchtfeuerzeichen aus. Dieser Fehler wurde erst bemerkt, als man das letzte Leuchtfeuer erkannte. Die Maschine Czerwinska erreichte zwar noch die Höhenzüge südwestlich der Brücke, gelangte jedoch, da sie zu wenig Fahrt hatte, nicht bis an ihren vorgesehenen Landeplatz.
Die anderen LS wurden zu weit über den Ausklinkpunkt geschleppt, so daß die Holländer alarmiert wurden und wir schon hinter Aachen heftiges Flak- und MG-Feuer erhielten. Da die Maschinen an den anderen 3 Einsatzorten schon gelandet waren, ehe die Staffel Eisen ihr Ziel erreichte, war sich der Feind über unsere Absicht im klaren und sprengte die Brücke, noch ehe die Männer der zuerst gelandeten Maschinen an die Brücke gelangen konnten. Die Hauptmasse der LS setzte während der Brückensprengung (gegen 05.35 Uhr) zur Landung an. Infolge der schlechten Sicht in der Dämmerung und des feindlichen Feuers konnte die Landung der einzelnen Maschinen nicht so wie vorgesehen durchgeführt werden. Die Maschine Dudda landete etwa 2000 m südlich des Brückenobjektes bei dem Dorf Eben Emael. Die Maschinen Schmidt und Deutschbein landeten nicht auf der nördlichen Bergkuppe, sondern auf der mittleren. Das LS Gleitsmann erhielt in etwa 30 m Höhe einen Treffer in die Sprengmunition, wodurch diese in Brand gesetzt wurde. Die Maschine landete brennend an der vorgesehenen Stelle; der größte Teil der Sprengmunition ging, da die Maschine völlig ausbrannte, verloren. Einige Maschinen hatten durch Flak- und MG-Beschuß Tote und Verwundete, ehe sie landeten.

gez. Leutnant

Interessant ist es, wie die entscheidenden Minuten des Lastenseglerangriffs auf die Brücke von Canne aus belgischer Sicht geschildert werden. Ein Angehöriger der 7. belg. Infanteriedivision berichtet:

»Ich befand mich im Beobachtungsstand und konnte den Kanal, die Brücke und die Betonstände sehen. Dann noch ein Stück Straße an beiden Ufern. Die holländische Flugabwehr in Maastricht schoß schon die ganze Zeit. Ich sah zur Brücke hinunter; alles leer! Als ich zu einem anderen Schlitz hinausschaute, blinzelte ich. Ich hatte da einen großen grauen Schatten vom Himmel hinunterschweben sehen. Dann noch einen und noch einen. Jetzt preßte ich mein Gesicht gegen den Sehschlitz. Ich traute meinen Augen nicht. Da kamen kleine Flugzeuge herunter. Sie hatten keinen Motor. Sie kamen lautlos wie Fledermäuse. Sie setzten auf, hüpften wieder hoch und rutschten auf dem Bauch weiter. Dann sah ich Leute in Uniformen herauskommen. Solche Uniformen hatte ich noch nie gesehen. Kurze, tarnfarbige, mantelartige Jacken bis an die Knie; Stahlhelme, wie ich sie nicht kannte. Jetzt hörte ich unsere Maschinengewehre, und dann flog die Brücke mit Donnergetöse in die Luft.«

Dadurch, daß den Belgiern die Sprengung der Brücke gelungen war, mußte der wichtigste Teil des Kampfauftrages als gescheitert angesehen werden. Immerhin konnten sich die Fallschirmjäger mit Luftunterstützung bis zum Morgen des folgenden Tages halten; dann richteten Pioniere einen Fährenbetrieb mit Schlauchbooten ein und brachten Infanterie über den Kanal. Am Nachmittag des 11. 5. 1940 erfolgte dann die Herauslösung der Fallschirmjäger aus dem Brückenkopf.

Die Gesamtverluste der Luftlandetruppen betrugen 22 Tote und 26 Verwundete. Unter den Gefallenen befand sich auch der LS-Flugzeugführer Uffz. Seele.

Die Segler der Sturmgruppe ›Eisen‹ wurden von folgenden Piloten gesteuert:

Hartebrodt, Noske, Over, Rieger, Schedalke, Schikowski, Schweigmann, Seele, Specht, Winkler.

Deutscherseits wurde die Beteiligung von Lastenseglern an der Eroberung Eben Emaels geheimgehalten. In den veröffentlichten Berichten sprach man ganz allgemein nur von einem »Fallschirmjägerangriff«.

Dennoch blieb dem englischen Nachrichtendienst der tatsächliche Ablauf der Luftlandung nicht verborgen. Schon wenige Wochen später, am 22. 6. 1940, befahl Winston Churchill ein Fallschirmjägerkorps aufzustellen, das auch mit Lastenseglern ausgerüstet sein sollte.

Obwohl die Alliierten dann im weiteren Verlauf des Krieges Luftlandeunternehmen geradezu gigantischen Ausmaßes durchführten – bei der Rheinüberquerung am 24. 3. 1945 waren mehr als 1300 Segler eingesetzt – findet die Luftlandung auf Eben Emael nach wie vor große Beachtung. So stellt der französische Fallschirmjäger-General Albert Merglen 1968 in seiner Abhandlung ›Geschichte und Zukunft der Luftlandetruppen‹ fest:

> »Noch nie aber hatte eine so kleine Streitmacht einen so überraschenden und bedeutenden Sieg gegen einen stärke- und bewaffnungsmäßig derart überlegenen Gegner unter so schwierigen Bedingungen errungen.«

4. Die Aufstellung des Luftlandegeschwaders 1 / Weitere Pläne

FLUG NACH NORWEGEN

Kaum drei Wochen nach der Landung auf Eben Emael und am Albert-Kanal mußten von der 17./KGzbV 5 bereits wieder Vorbereitungen für einen neuen Luftlandeeinsatz getroffen werden, einem Einsatz, der allerdings ganz anderer Natur sein sollte als das am 10. 5. 1940 durchgeführte Unternehmen.

Seit dem 13. 4. 1940 war nämlich in dem norwegischen Erzverladehafen Narvik eine deutsche Kampfgruppe, bestehend aus Gebirgsjägern und Matrosen der im Rombaken-Fjord versenkten 10 deutschen Zerstörer, eingeschlossen und konnte durch Flugboote und Condore nur unzureichend auf dem Luftwege versorgt werden. Insbesondere mangelte es an Artillerie. Aus diesem Grund sollten der Kampfgruppe Narvik durch DFS 230 Gebirgsgeschütze zugeführt werden. Am 27. 5. 1940 flogen die ersten der insgesamt 21 Ju 52/DFS 230-Schleppzüge von Hildesheim nach Aalborg/Dänemark. Von dort ging es weiter über den Skagerak nach Oslo und am 1. 6. 1940 nach Drontheim.

Hier wurden die Piloten mit Kleidungsstücken der Handelsmarine sowie entsprechenden zivilen Ausweisen ausgestattet, denn die ›Matrosen‹ sollten nach der Landung die nahe schwedische Grenze überschreiten und dann mit Unterstützung der deutschen Botschaft in Schweden nach Deutschland zurückkehren. Ungünstige Wetterlagen verhinderten indes den Start der Lastensegler nach Narvik. Außerdem begannen die Engländer wegen des sich abzeichnenden Zusammenbruchs der alliierten Front in Frankreich ab dem 4. 6. 1940 ihre Truppen aus dem Raum Narvik abzuziehen.

Am 15. 6. 1940 verlegten die Schleppzüge der 17./KGzbV 5 von Drontheim über Aalborg wieder nach Hildesheim.

DIE AUFSTELLUNG DES LLG 1

Aufgrund der militärischen Erfolge der Luftlandeunternehmen erließ das OKW noch im Mai 1940 einen Befehl, in dem die sofortige Vergrößerung der Fallschirmtruppe angeordnet wurde.
Die bereits vorhandenen Fallschirmbataillone gaben die Stämme für weitere Fallschirmregimenter ab. So entstand aus der ›Sturmabteilung Koch‹ das Fallschirm-Sturmregiment.
Am 27. 7. 1940 wurde die Aufstellung des Luftlandegeschwaders 1 (LLG 1) befohlen, das zunächst 2 Gruppen umfassen sollte. Den Grundstock für das neue Geschwader bildete naturgemäß die 17./KGzbV 5, die ohnehin schon Gruppenstärke aufgewiesen hatte. Bereits am 10. 8. 1940 waren die I./LLG 1 und die II./LLG 1 mit je 3 Staffeln vorhanden. Durch einen Befehl vom 22. 8. 1940 ordnete der Generalstab der Luftwaffe die Aufstellung einer weiteren Lastenseglergruppe an; diese III./LLG 1 sollte ab dem 1. 9. 1940 in Braunschweig-Waggum gebildet werden.
Am 1. 11. 1940 ergab sich folgendes Bild:

Stab LLG 1	Hildesheim	Oberstlt. Wilke
I./LLG 1	Hildesheim	Hptm. Kieß
II./LLG 1	Halberstadt	Mj. Pfister
III./LLG 1	Braunschweig	Mj. Kupschuß

Die ersten beiden Gruppen wurden der 7. Fliegerdivision, der das LLG 1 unterstellt war, als ›voll einsatzbereit‹ gemeldet, während es über die III./LLG 1 hieß: »nur bedingt einsatzbereit, da mit Hs 126 ausgerüstet«. Dabei ist aber zu ergänzen, daß auch bei der II./LLG 1 lediglich eine Staffel, die 4./LLG 1 mit Ju 52-Schleppmaschinen ausgestattet war, während die 5. und 6./LLG 1 nur über DFS 230 verfügten.
Die Erweiterung der 17./KGzbV 5 zu einem Luftlandegeschwader erforderte verständlicherweise ein erhebliches Mehr an Lastenseglerflugzeugführern. Auf welche Weise der Bedarf an Segelfliegerpiloten gedeckt wurde, schildert Erich Braatz:

> »Nach dem erfolgreichen Einsatz von Lastenseglern im Mai 1940 sollte die Zahl der LS-Führer über den normalen Zugang hinaus wesentlich verstärkt werden. Dies geschah auf eine sicherlich unkonventionelle Art; man wandte sich im Herbst 1940 an die jungen, noch nicht einberufenen Segelflieger der Jahrgänge 1920 bis 1922. Alle aus diesem Potential für tauglich befundenen Freiwilligen besaßen den Luftfahrerschein für Segelflugzeugführer und eine entsprechende Fliegererfahrung.
> Im Spätherbst 1940 fand in vormilitärischem Rahmen an mehreren Se-

gelflugschulen (z. B. Trebbin, Ith, Spitzerberg b. Wien) die Schulung für die Klasse 2 des Luftfahrerscheines (Doppelsitzer) statt, und nach einem kurzen Weihnachtsurlaub wurden dann die Teilnehmer zum 1. 1. 41 direkt zum LLG 1 einberufen. Jede der 3 Gruppen (Hildesheim, Goslar, Halberstadt) bekam etwa 30 dieser Segelflieger zugeteilt, die nun als ›Schülerkompanie‹ oder ›Sonderkommando‹ in ›zweigleisigem Verfahren‹ sowohl die militärische Grundausbildung als auch gleichzeitig die fliegerische Endschulung zum LS-Führer absolvierten. Kompaniechef der Hildesheimer war Olt. Walter Dittmar.
Bereits im Februar/März 41 ging es zu Nachtflugübungen nach Wesendorf in die Lüneburger Heide, im Mai/Juni wurde unter Anleitung von Fallschirmjägern die Erdkampfausbildung in Halberstadt erweitert (MG, sMG, Granatwerfer, Sprengmaterial, 2-cm-Flak usw.). Damit war dann eine vielseitige Ausbildung in etwa 6 Monaten abgeschlossen, und die ›Schüko‹-Leute wurden den Staffeln zugeteilt, in Hildesheim der 1. und 2. Staffel.«

›SEELÖWE‹ UND ›FELIX‹

In den Sommer 1940 fielen auch die Planungen für zwei Unternehmen, die unter Beteiligung von Luftlandeverbänden durchgeführt werden sollten. Zum einen handelte es sich hier um das Unternehmen ›Seelöwe‹, die Landung in England, zum anderen um das Unternehmen ›Felix‹, die Eroberung der britischen Marinebasis Gibraltar.
Der Plan für ›Seelöwe‹ sah vor, daß in der ersten Welle 13 Divisionen der Heeresgruppe A in einer Frontbreite von etwa 140 km an der englischen Südostküste (Folkstone bis Eastbourne) an Land gehen sollten. Die 7. Fliegerdivision hatte den Auftrag, sich zum frühest möglichen Zeitpunkt in den Besitz des Höhengeländes nördlich und nordwestlich von Folkstone zu setzen und die Landungen gegen englische Vorstöße zu sichern. 3 Regimenter der 7. Fliegerdivision sollten mit Fallschirmen abspringen, während für das Sturmregiment eine Landung mit Lastenseglern vorgesehen war. Bemerkenswert ist, daß für das Unternehmen ›Seelöwe‹ auch 60–100 Schulsegelflugzeuge (›Kranich‹) zusammengezogen und schon mit Tarnanstrich und Balkenkreuzen versehen wurden. Wie sich Gerhard Raschke erinnert, war jeder dieser Segler – nach Umbau – in der Lage, etwa 100 kg Munition zu transportieren. Wahrscheinlich sollten diese Segler aber nur in Krisenlagen, eventuell zur Versorgung abgeschnittener Fallschirmverbände, einge-

setzt werden. Bekanntlich verschob Hitler im September 1940 die Durchführung der Landung »bis auf weiteres«.
Auch das Unternehmen ›Felix‹ fand nicht statt, da der spanische Staatschef Franco im Dezember 1940 einen Kriegseintritt auf deutscher Seite ablehnte und deutschen Truppen das Durchmarschrecht verwehrte. In einer Studie hatte der mit der Planung eines LS-Einsatzes auf Gibraltar befaßte Hptm. Witzig (Führer Sturmgruppe ›Granit‹, Eben Emael) die verschiedenen Landemöglichkeiten in der Festung untersucht und einen LS- Einsatz letztlich als undurchführbar bezeichnet (siehe Anlage 4).
So blieb das LLG 1 in seiner Anfangsphase von Einsätzen und schweren Verlusten verschont. Allerdings dauerte diese Schonfrist nur bis zum Mai 1941.
Mit der Landung auf Kreta stand dem Geschwader der schwerste Einsatz überhaupt bevor.

5. Lastenseglereinsätze im griechischen Raum 1941

DIE LUFTLANDUNG BEI KORINTH

Hitlers am 6. 4. 1941 begonnener Angriff auf Jugoslawien und Griechenland führte bereits nach wenigen Wochen zur Kapitulation Jugoslawiens (17. 4. 41) und zum Zusammenbruch der griechischen Front in Makedonien. Aufgrund dieser Lage beschloß die englische Regierung, die Masse ihrer Truppen auf die Halbinsel Peleponnes zurückzuziehen und diese von dort nach Kreta und Ägypten einzuschiffen.
Der Isthmus von Korinth, der als schmale Landenge den einzigen Zugang zu dieser Halbinsel bildet und zudem noch durch einen tiefeingeschnittenen Kanal in seiner ganzen Breite unterbrochen wird, bot sich den Briten als natürlicher Sperriegel an, den auch verhältnismäßig schwache Kräfte nachhaltig verteidigen konnten.
Für die deutsche Führung war es aus ihrer Sicht nun unbedingt notwendig, den Isthmus von Korinth so früh wie möglich handstreichartig zu besetzen und das Nadelöhr zum Peleponnes für die auf dem Festland vordringenden motorisierten deutschen Verbände offen zu halten und gleichzeitig den Briten den Fluchtweg zu verschließen. Der rasche Zugriff aus der Luft schien der einzige geeignete Weg, um dieses Ziel zu erreichen, bevor die Landenge von den Briten befestigt werden konnte.
Der Kommandeur der 7. Fliegerdivision, von der seit März 1941 Teile in Bulgarien stationiert waren, erhielt den Auftrag, den Isthmus von Korinth beiderseits des Kanals zu besetzen und so lange zu halten, bis eine Verbindung zu den auf dem Festland vorrükkenden Truppen hergestellt war. Insbesondere kam es darauf an, die Brücke über den Kanal unzerstört in die Hand zu bekommen.
Die für das Unternehmen vorgesehenen Transportgruppen und Lastenseglereinheiten wurden auf dem bulgarischen Flughafen

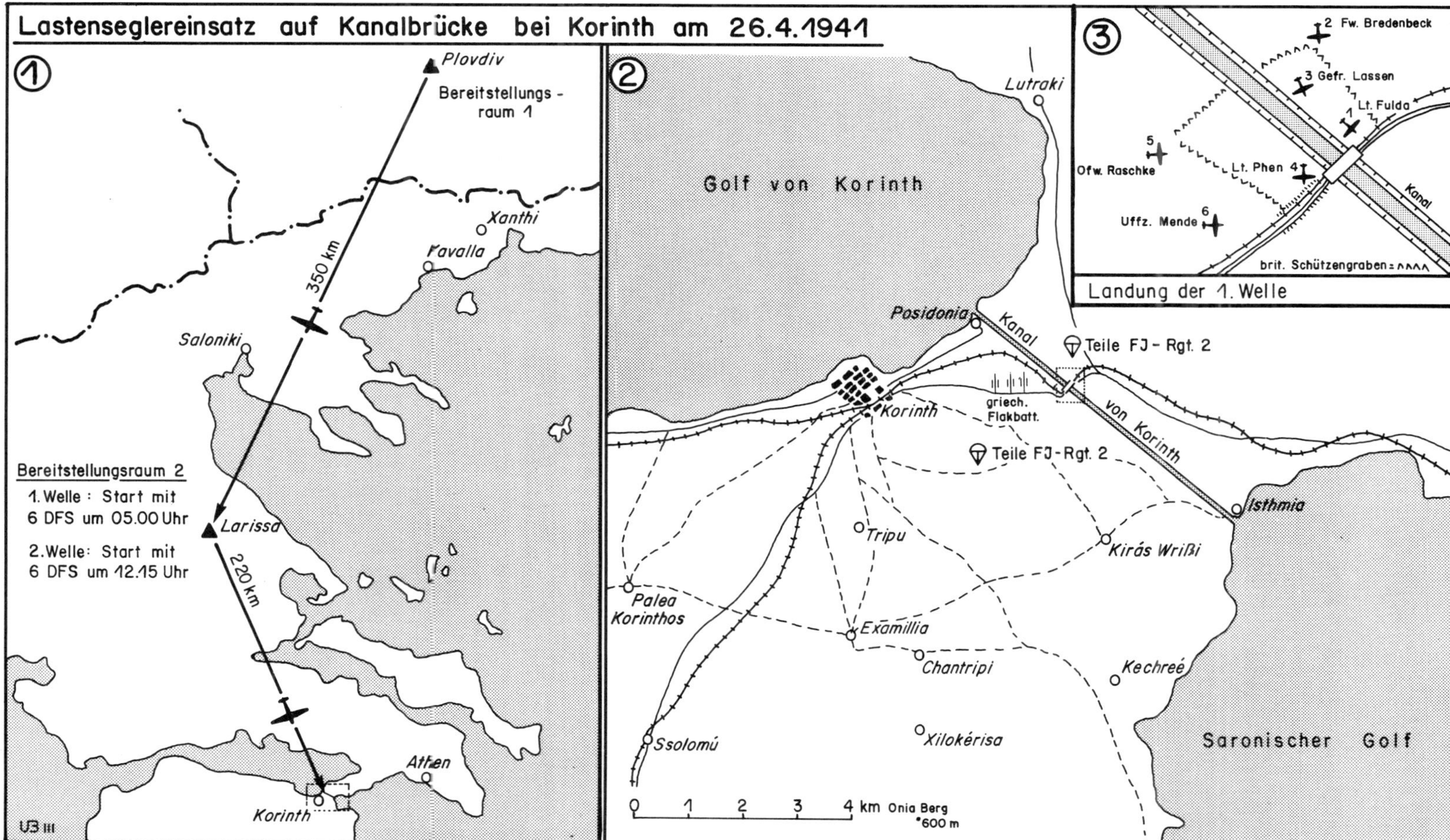
Lastenseglereinsatz auf Kanalbrücke bei Korinth am 26.4.1941
①
Plovdiv
Bereitstellungs - raum 1
Xanthi
Kavalla
350 km
Saloniki
Bereitstellungsraum 2
1. Welle : Start mit 6 DFS um 05.00 Uhr
2. Welle: Start mit 6 DFS um 12.15 Uhr
Larissa
220 km
Athen
Korinth
②
Golf von Korinth
Lutraki
Posidonia
Kanal
Teile FJ - Rgt. 2
griech. Flakbatt.
Korinth
von Korinth
Teile FJ-Rgt. 2
Isthmia
Tripu
Kirás Wrißi
Palea Korinthos
Examillia
Chantripi
Kechreé
Ssolomú
Xilokérisa
Saronischer Golf
0 1 2 3 4 km
Onia Berg 600 m
③
2 Fw. Bredenbeck
3 Gefr. Lassen
1 Lt. Fulda
5 Ofw. Raschke
Lt. Phen 4
6 Uffz. Mende
Kanal
brit. Schützengraben = ^^^^
Landung der 1. Welle

Plodiv zusammengezogen. Im Laufe des 25. 4. 41 wurde für die bereitgestellten Verbände der Einsatzbefehl ausgegeben.
Über den Einsatz der Lastensegler bei diesem Unternehmen berichtet der damalige Ofw. Raschke, der bereits an der Luftlandung Eben Emael teilgenommen hatte:

»Die Auswahl der LS-FF für einen Einsatz auf dem Balkan erfolgte in Hildesheim. Das Geschwader war gerade durch Aufteilung der Schülerkompanien aufgefüllt worden. Der Transportzug mit fliegendem und Bodenpersonal rollte von Hildesheim über Regensburg der Donau entlang nach Bulgarien hinein. Schließlich erreichten wir den Flugplatz Graf Ignatieff westlich von Plodiv. Die ebenfalls per Bahn eintreffenden LS wurden in den Hallen montiert und danach im Freien verankert. Etwa 15–20 Schleppzüge lagen auf dem Platz.
Etwa um den 20. 4. 41 wurden die für einen unmittelbar bevorstehenden LS-Einsatz geeigneten LS-FF einzeln bestimmt. Es handelte sich um Lt. Phen, Uffz. Mende, Gefr. Lassen, Fw. Bredenbeck, Lt. Fulda und Ofw. Raschke. Es blieb unbekannt, welches Ziel angeflogen werden sollte. Die LS wurden erstmalig seitlich neben dem Pilotensitz mit einem starren MG 34 ausgerüstet. Die Kufen unserer LS hatten wir – entsprechend dem zu erwartenden Sandboden – mit Stacheldrahtschlingen umwickelt.
Am 25. 4. 41 nachmittags wurden 6 Schleppzüge zum Start gerollt und für den Abflug nach Larissa bestimmt. Der Flugweg führte über Saloniki im Direktflug nach Larissa. Es waren etwa 400 km Flugstrecke bis dorthin. Wir hatten kein Bodenpersonal an Bord. Gegen 19.00 Uhr landeten wir auf dem Feldflugplatz Larissa. Die Flugzeuge wurden nicht verankert und vorerst am Rand des Platzes abgestellt. Gegen 22.00 Uhr trafen die Fallschirmjäger mit Ju 52 ein, und gegen Mitternacht erreichte uns der Befehl, unter einer Ju 52 die Luftbilder des Objektes, der Brücke über den Kanal von Korinth, einzusehen.
Bald danach wurden die Fj-Pioniere des Fallschirmpionierzuges (Lt. Häfele) auf die einzelnen LS verteilt. Je ein Uffz. und 8 Pioniere fanden sich an den LS ein und wurden im Ein- und Aussteigen eingewiesen.
Am 26. 4. 41 waren gegen 05.00 Uhr die Schleppzüge zum Start bereit; es wurde kettenweise gestartet. Die anrollenden Ju 52 entfachten wahre Staubfontänen, die den Schleppstart zum Blindstart machten. Rein gefühlsmäßig wurde das Fahrwerk der LS abgeworfen, und erst in etwa 50–80 m Höhe konnte man die Ju 52 wieder erkennen. Erst nach einigen Minuten konnte die zweite Kette starten und löste wieder Staubwolken bis zu einer Höhe von 100 m aus. In einer weiten Platzrunde versammelte sich der kleine Verband in Form eines Keils. Rechts leuchtete der Schneegipfel des Olymp in der Morgensonne auf.
Beim Schleppflug über die Berge hatten die Ju 52 Mühe, die Berggipfel zu überfliegen; die dünne, stark erwärmte Luft erschwerte den Steig-

Das fliegende Observatorium ›Obs‹ (1934)

Teilnehmer des 1. LS-Lehrgangs in Darmstadt-Griesheim 1937

Ausbildung am ›Sperber‹ 1938

DFS 230 über Hildesheim, Frühjahr 1940

Ausbildung am Modell: Brücke Vroenhoven

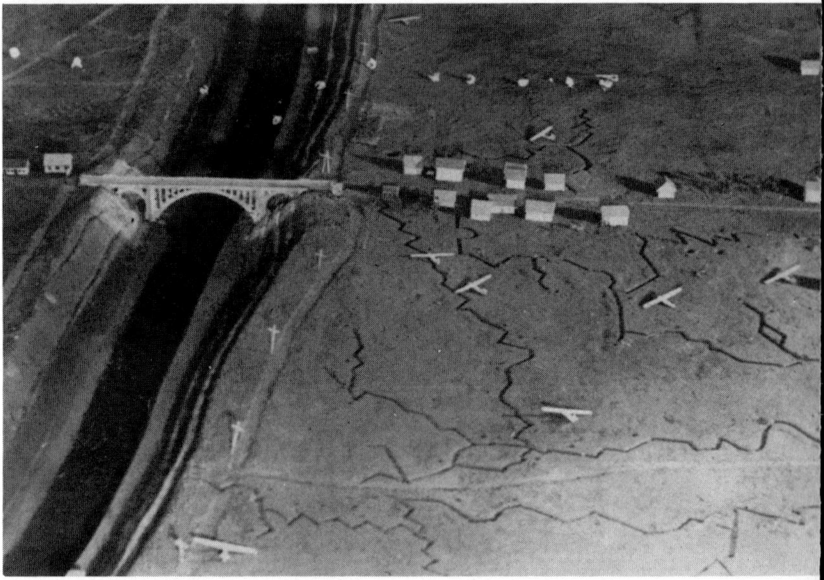

Landung auf Eben Emael am 10. 5. 1940 (Maschine Scheidhauer)

Karl-Heinz Blendermann vor einer He 46 c des LLG 1

Segler vom Typ ›Kranich‹ sollten bei der geplanten Invasion Englands zum Einsatz kommen

Wappen der 8./LLG 1, 1941

Bilder von oben nach unten:
Schleppzüge Ju 52/DFS 230 bei der Ausbildung 1941

Ju 52 schleppt drei DFS 230

DFS 230 wird zum Start geschleppt

Larissa,
26. 4. 1941:
LS-Führer Haupt,
Moser, Wächter,
Stoffel

Kanalbrücke Korinth, zerborstener Segler des Lt. Phen

Gefangene Neuseeländer vor einem bei Korinth gelandeten Segler

Grab des Lt. Phen am Kanal von Korinth

Schleppzüge des LLG 1 über Athen, Mai 1941

Am 20. 5. 1941 auf Kreta gelandete DFS 230

Auf Kreta gelandeter Lastensegler

Deutsche Fallschirmjäger, gefangene Briten

Drei von 4000 auf Kreta gefallenen deutschen Soldaten! Rechts das Grab des LS-Piloten Bulle

Ausbildung Troika-Schlepp: drei Ju 52 schleppen ›motorlose‹ Ju 52

Hochbein-DFS 230

Ein ›Gigant‹ wird geschleppt

flug erheblich. Etwa 20 km vor dem Ziel klinkten wir in einer Höhe von etwa 1200 m aus.
Im freien Flug hatten wir infolge der schon aufsteigenden Luft keine Mühe, die Höhe zu halten; im Gegenteil, wir hatten für nur 20 km Gleitflugstrecke eine mehr als ausreichende Reserve an Flughöhe und machten ausgiebig von den Stromabrißklappen Gebrauch.
Etwa 2–3 km vor dem Ziel konnten wir unsere Landestellen ausmachen und uns auf den Anflug, den Beschuß und die Landung konzentrieren. Zu diesem Zeitpunkt hatte sich die Kette aufgelöst. Von den 3 für den südlichen Brückenkopf vorgesehenen LS näherten sich 2 LS weit ausholend von Süden her den Stellungen am Kanal. Der Kettenführer der südlich angesetzten Kette flog im Kanalbett entlang und wollte mit letztem Schwung beim Abfangen eine Punktlandung auf der Brückenrampe selbst vollbringen. Rein fliegerisch ein völlig unmögliches Unterfangen. Ein Anflug über der Straße – von Korinth zur Brücke – hätte – wie geübt – eine sichere Landung mit gleichem Effekt (Überrumpelung der englischen Pioniere an der Zündstelle der Sprengmittel) gezeitigt.
Die Landung mißlang, der Rumpf des LS schlug hart gegen die Brükkenrampe, zerbrach kurz hinter dem Pilotensitz und der LS-FF Lt. Phen und der hinter ihm sitzende Sani-Fw. wurden auf die Fahrbahn geschleudert. Die übrigen 8 Insassen kamen ums Leben. Die Zündung wurde dadurch verhindert, weil die Trümmer des LS und die Toten die manuelle Zündstelle völlig verdeckten.
Die restlichen 2 LS-Landungen an der Südseite verliefen glatt, nachdem beide LS-FF aus etwa 2–300 m Höhe die Landestellen unter Dauerfeuer mit den Bord-MG genommen hatte.
Der Kampf gegen die Verteidiger des Brückenkopfes – im wesentlichen neuseeländische Flak-Soldaten – war kurz und hart. Gegen die Übermacht der Angreifer im Nahkampf unterlegen, ergaben sich die Kanoniere und Pioniere bald.
Nach mehreren Schüssen aus einem am Ostende des Kanals stehenden Geschütz traf ein Geschoß eine Sprengkapsel in den noch verbliebenen Sprengpaketen im Untergurt der Brücke und löste die Explosion aus. Die auf der Brücke befindlichen Fallschirmjäger stürzten in die Tiefe. Beim Hantieren mit einer englischen Panzerbüchse kam tragischerweise Lt. Phen ums Leben.«

Während der Pi-Zug noch gegen die Brückenbesatzung kämpfte, waren beiderseits des Kanals das I. und II./Fj.Rgt. 2 abgesprungen, die im Laufe des Vormittags den Isthmus von Korinth und schließlich auch die Stadt Korinth selbst unter ihre Kontrolle brachten. Gegen 14.00 Uhr landeten in der Nähe der zerstörten Brücke 6 weitere DFS 230, die von den Flugzeugführern Huber, Wächter, Moser, Neelmeier, Pohl und Haupt gesteuert wurden. Mehrere Geschütze und Bedienungsmannschaften einer Fallschirmartille-

rie-Batterie wurden auf diese Weise dem Fj.Rgt. 2 als Verstärkung zugeführt.
Wächters Kette flog nach der Entladung sogleich nach Larissa zurück; 7 weitere Segler folgten in den nächsten Tagen. Nur 2 DFS 230 mußten abgeschrieben werden.
Die Verluste des Fj.Rgt. 2 und der unterstellten Einheiten betrugen bei dem Luftlandeunternehmen Korinth 79 Gefallene und Vermißte sowie 148 Verwundete.
Um ein Vielfaches höher noch sollten die Verluste sein, die die Fallschirmtruppe wenige Wochen später bei der Eroberung der Insel Kreta erlitt. Hitler hatte sich nämlich, wie er Gen.Mj. Student am 21. 4. 1941 mitteilte, entschieden, Kreta durch Luftlandetruppen zu besetzen. Für ihn bildete die Wegnahme der Insel ›einen guten Abschluß des Balkanfeldzuges‹; Kräfte des Heeres und der Luftwaffe waren ja ohnehin schon in Griechenland versammelt. Bereits am 25. 4. unterzeichnete Hitler die Weisung 28 (Unternehmen ›Merkur‹).

EINSATZ DES LLG 1 IM RAHMEN DES UNTERNEHMENS ›MERKUR‹

Weisung 28 (Auszug)

1. Als Stützpunkt für die Luftkriegsführung gegen England im Ostmittelmeer ist die Besetzung der Insel Kreta vorzubereiten (Unternehmen Merkur).
2. Die Befehlsführung des Unternehmens übertrage ich dem Ob.d.L., der hierzu in erster Linie das Luftlandekorps und die im Mittelmeerraum eingesetzten Verbände der Luftwaffe heranzieht.

In einem ›Befehl für den Einsatz des XI. Fliegerkorps im Fall Merkur‹, vom 12. 5. 1941, wurden dann Einzelheiten geregelt. Danach hatte das XI. Fliegerkorps, unterstützt durch das VIII. Fliegerkorps, den Auftrag, die Insel Kreta durch Luftlandung in Besitz zu nehmen und gegen eventuelle Gegenangriffe zu halten, bis Ablösung durch Heeresteile erfolgte. Das XI. Fliegerkorps sollte mit starken Fallschirmjägerkräften zuerst den Flugplatz Malemes und Chania, anschließend in einer zweiten Welle Heraklion und Rethymnon besetzten.
Für die Durchführung des ›Unternehmen Merkur‹ standen dem XI. Fliegerkorps die 7. Fliegerdivision, das Fallschirm-Sturmregiment, eine Gebirgsdivision, 9 Ju 52-Transportgruppen sowie Teile des LLG 1 zur Verfügung.

Die Verlegung der in Nord- und Mitteldeutschland stationierten Luftlandeverbände nach Griechenland war bereits Ende April 1941 angelaufen. Im Bahntransport gelangten Flugzeugführer, Bodenpersonal, Lastensegler und Gerät des LLG 1 nach Saloniki. Die Lastensegler wurden auf dem dortigen Flugplatz montiert und von inzwischen eingetroffenen Ju 52 der I./LLG 1 im Schlepp nach Tanagra/Athen überführt.
Bis zum 18. 5. war über Art und Ziel des geplanten Unternehmens nichts bekannt. Überraschend erfolgte dann die Bekanntgabe der eingeteilten Besatzungen und der Einsatzbefehle. Danach sollten der Stab der 7. Fliegerdivision, das I./Sturmregiment und eine Regimentskampfgruppe/Sturmregiment mit Lastenseglern des LLG 1 gelandet werden, während die Masse der 4 Fallschirmjägerregimenter mit dem Schirm abzuspringen hatte. Über die Anzahl der eingesetzten DFS 230 gibt folgende Übersicht Auskunft:

Stab 7. Fliegerdivision (Gen. Süßmann)	5 LS
Stab I./SturmRgt. (Mj. Koch)	5 LS
1. Kompanie (Olt. Genz)	9 LS
2. Kompanie (Hptm. Altmann)	15 LS
3. Kompanie (Olt. v. Plessen)	12 LS
4. Kompanie (Olt. Sarrazin)	12 LS
Kampfgruppe Rgt.Stab (Mj. Braun)	9 LS
Teile 1./FallschirmArtAbt.	2 LS
	69 LS

Die Kämpfe auf Kreta selbst sind oft geschildert worden. Im folgenden soll daher der Schwerpunkt der Darstellung auf dem Einsatz der Lastensegler und dem Schicksal der Piloten liegen.
Über den Anflug des Divisionsstabes berichtet Fw. Busse:

»Die Nacht vom 19. zum 20. Mai ist kurz. Die innere Spannung und die Hitze lassen uns kaum zur Ruhe kommen. Um 3.00 Uhr in der Früh ist Wecken. Frühstücken ohne rechten Appetit, Abgabe des Kleidersackes mit Namensschild und Heimatadresse. Dann geht es zum LS. Wir stellen die 5 DFS 230 in enger Formation auf, um sie kurz vor dem Start, wenn die anderen Verbände aus dem Platz sind, schnell hinter die Schlepp-Ju 52 bringen zu können. Ich werde als rechter Kettenhund fliegen, links von Olt. Kruppe steht der Segler von Eugen Moser, dahinter die beiden letzten LS des Divisionsstabes. Der Stab von Gen. Süßmann wartet am Platzrand. Ein Stukaverband startet zum Einsatz nach Kreta. Rotgelber Staub wirbelt auf und hüllt für Minuten den Platz ein. Somit verzögern sich die Starts von Verband zu Verband. Inzwischen beladen wir unsere LS. Die Einteilung des Stabes ist am Vormittag erfolgt. Obwohl Gen. Süßmann die führenden Offiziere seines Stabes geschlossen in seinem LS verlastet haben wollte, ha-

ben wir es unter Hinweis auf den Kampfeinsatz und die möglichen Ausfälle durchgesetzt, daß die Stabsoffiziere auf die LS verteilt werden. Es war gleichsam eine Ahnung auf das, was auf uns zukommen sollte.
Hinter mir nimmt Mj. Graf Uxküll Platz. Ich warte draußen, bis alle eingestiegen sind. Im Laderaum hinter den Sitzen lasse ich nur wenig Gepäck verstauen. Dann schließe ich selbst alle Türen und weise die an den Türen sitzenden Soldaten darauf hin, daß sie keinerlei Gerät mehr hineinlassen dürfen. Die LS sind auch so schon sehr beladen. Zudem weiß ich, wie empfindlich die DFS 230 ist, wenn man hinter der Sitzreihe schweres Gerät verlastet. Ich umwandere meinen LS wie ein Wachhund, weil Stabshelfer immer wieder versuchen, Schreibstubenkisten in dem LS unterzubringen. Mein Blick geht immer wieder zum LS von Olt. Kruppe. Er sitzt bereits im Segler, aber noch immer werden ihm hinten Gepäckstücke hineingestopft. Endlich sind die Türen der LS geschlossen, die Hauben werden eingeklinkt, die Schleppseile hängen in der Kupplung.
Als sich der Staub auf dem Platz etwas gelegt hat, schleppen die Jus an. Ich schaue hinüber zu Olt. Kruppe und seinem LS. Er bekommt trotz starken Drückens den Schwanz des LS nicht vom Boden. Er trimmt. Es wird offenbar nicht viel besser.
Nun heben wir ab. Gott sei Dank, auch Olt. Kruppe schafft es. Langsam steigen wir, denn auch die Ju sind voll mit Fallschirmjägern beladen. Über dem offenen Hafen von Piräus werfen wir die Fahrgestelle ab. Es geht hinaus aufs offene Meer. Ich freue mich, daß mein LS so sauber fliegt. Auch die anderen Kettenhunde scheinen ihre LS gut getrimmt zu haben. Nur Olt. Kruppe wird mit seinen Schwierigkeiten nicht fertig. Ich sehe, wieviel Druck er auf dem Knüppel hat. Angespannt hält er ihn weit nach vorn gedrückt. Offenbar reicht die Trimmung für einen Schwerpunktausgleich nicht aus. Und während des Fluges kann er ja keinen Gewichtsausgleich vornehmen.
Wir steigen und haben nach einer knappen halben Stunde 800 Meter erreicht. Unter uns nähert sich die Insel Ägina. Da kommen uns 3 He 111 entgegen. Sie überfliegen uns in weniger als 50 Meter. Wir kommen in die Propellerböen der He 111 und das Unglück geschieht. Olt. Kruppe kann mit seinem LS die Böen nicht ausgleichen. Das LS schwingt sich dreimal kurz nach unten und oben auf. Beide Tragflächen montieren schlagartig ab, der LS reißt aus der Kupplung und stürzt wie eine Rakete nach unten. Ich reiße das linke Seitenfenster auf und sehe gerade noch, wie der Rumpf des LS von Olt. Kruppe unter uns verschwindet. Die Führungs-Ju taucht ebenfalls weg. Da ist wohl nichts mehr zu retten. . . Wie ich später erfahre, ist der Lastensegler mit allen Insassen auf der Insel Ägina aufgeschlagen. Das Unternehmen Kreta hat seine ersten Opfer gefordert. Und mit General Süßmann den Befehlshaber, der in den ersten Tagen auf Kreta die Führungsrolle übernehmen sollte.

Uns sitzt der Schock in den Gliedern. Ich winke zu Eugen Moser hinüber. Ich möchte uns irgendwie Mut machen. Dann drehe ich mich zu Major Graf Uxküll um, der das Geschehen wohl noch nicht ganz fassen kann. Ich spreche ihn an, um die Spannung zu lösen: ›Herr Major, nun merken wir wohl alle, daß wir uns in einem Kampfeinsatz befinden. Wie gut, daß wir den Stab auf alle Lastensegler verteilt haben.‹
Meine Ju hat die Führung übernommen. Wir steigen gleichmäßig weiter. Trotz Sonnenschein verschwindet der Horizont immer mehr im Dunst. Nur wenn man senkrecht hinunter schaut, sieht man das Meer und die weißen Kämme der Wellen.
Wir wollen auf 2800 m steigen, die Insel von Westen anfliegen, an der Küste ausklinken und dann unser Ziel ansteuern.
Wir haben jetzt 2000 m erreicht. Die Luft ist ruhig. Aber wir müssen uns auf die Jus konzentrieren, weil der Horizont so schwierig auszumachen ist.
Wir überfliegen eine Inselgruppe östlich der Halbinsel Peleponnes, dann breitet sich unter uns wieder nur Wasser aus. Links unter uns fliegt ein Stukaverband heimwärts, die Ju 87 sind gerade noch zu erkennen. Dann ist der Himmel leergefegt, und wir werden bis zum Anflug auf die Küste der Insel Kreta keinem Flugzeug mehr begegnen.
Wir sind jetzt über zwei Stunden in der Luft. Rechts von uns tauchen wieder Inseln auf. Die Jus scheren etwas nach Westen aus, denn wir wollen die Insel ja aus dieser Richtung anfliegen, um der schweren Flak, mit der die Nordküste bestückt ist, auszuweichen.
Unsere Höhe von 2800 m haben wir erreicht. Ganz im Dunst erheben sich die Berge der Insel Kreta. Es sind aber noch keine Einzelheiten auszumachen. Aber die Spannung steigt. Die Jus gehen weiter auf Südwestkurs. Wir sind etwa 10–15 km von der Küste entfernt. Die schwere Flak kann uns noch nichts anhaben. Jetzt schwenken die Jus nach Osten ein. Schnell nähert sich die Küste. Rauch- und Feuerpilze sind da und dort auszumachen.
Wir haben den Küstenstreifen erreicht. Noch kein Beschuß. Meine Ju wackelt. Ich klinke aus, die anderen auch. Die Jus verschwinden unter uns. Wir schließen mit den Lastenseglern etwas dichter zusammen.
Ich schaue auf mein Variometer: Null Meter Fallen. Das gibt's doch nicht, bei 1,3 to Zuladung? Also trägt uns irgendein Aufwind. Und tatsächlich, das Levka-Gebirge, das ja immerhin 2000 m hoch ist, schickt uns diesen Segen. Aber den wollen wir gar nicht, denn wir müssen ja herunter, und die Ebene von Agya ist bereits auszumachen.
Ich winke zu Eugen Moser hinüber und deute an, daß wir stürzen müssen. Er nickt zustimmend. Ich drehe mich zu den beiden anderen Lastenseglern um und gebe auch ihnen das Zeichen zum Stürzen. Wir ziehen die Sturzflugbremsen. Die Schnauze des Lastenseglers neigt sich, die Fahrt nimmt zu. Das Variometer zeigt 10 Meter Fallen, dann steht es am Anschlag. Der Fahrtmesser überschreitet die 200 km/h. Der Fahrtwind rauscht immer stärker. Ein Blick geht zu den Flächen-

enden, aber unsere Lastensegler sind ja stabil gebaut. Wir verlieren schnell an Höhe. Und die hohe Fahrt ist unser Glück, denn nach der Landung werden wir feststellen, daß nur der letzte Segler einige Durchschüsse am Seitenruder aufweist.
Als wir am raucherfüllten Flugplatz Malemes vorbeifliegen, bemerken wir die ersten Flakabschüsse. Leuchtspurgeschosse fegen unter uns durch. Man hat unsere Geschwindigkeit offensichtlich weit unterschätzt.
Wir sind schon unter 1000 m, drücken noch etwas nach. Zeitweilig zeigt der Fahrtmesser 240 km/h an. Überall spürt man an den Rauch- und Feuerpilzen, den Detonationen, daß schwere Kämpfe toben.
Unser Ziel, das Zuchthaus, kommt ins Blickfeld. Wir sind ganz tief in die Ebene Agya eingetaucht, rasen in etwa 10 m Höhe über die Olivenhaine, müssen gelegentlich springen, dann drücken wir wieder nach. Noch zwei Kilometer, schätze ich. Ich gehe etwas höher, um den Landeplatz ausfindig zu machen. Links vom Zuchthaus taucht eine größere Wiese auf. Dort wollen wir hin. Ich rufe nach hinten: ›Alles festhalten, wir landen gleich!‹ Klappen heraus. Mit 100 km/h setze ich die Kiste in die mit hohem Schilfgras bewachsene Wiese. Der Stacheldraht frißt sich in den Grund. Wir stehen nach 100 Metern. Die anderen LS setzen dicht hinter und neben mir auf. Alle sind heil unten. Wir haben unser Ziel erreicht! Kabinenhaube, Türen auf! Alles stürzt mit Handwaffen heraus und wirft sich, etwas vom LS entfernt, ins hohe Gras.«

Der Absturz des Seglers von Gen. Süßmann bildete gleichsam den Auftakt zu einer Kette von Ereignissen, die den beteiligten Luftlandetruppen ungeheure Verluste abfordern sollten.
Auf dem Flugplatz Eleusis startete um 04.30 Uhr das I./SturmRgt. mit dem Bataillonsstab sowie der 3. und 4. Kompanie unter der Führung von Mj. Koch mit insgesamt 29 DFS 230. Bereits beim Anflug über dem Mittelmeer geriet die erste Maschine des Bataillonsstabes in Verlust. Infolge eines Seilrisses verlor der LS-Führer für Sekunden das Bewußtsein; die Maschine stürzte auf das Meer zu. Der hinter dem Piloten sitzende Fallschirmjäger faßte über den zusammengesunkenen Piloten den Steuerknüppel und fing die Maschine ab. Glücklicherweise kam der Pilot sehr schnell wieder zu sich und konnte den Segler wieder übernehmen und die Notwasserung durchführen. Dem Seenotdienst gelang es im Laufe des Tages, die Fallschirmjäger zu retten, nicht aber den Piloten, der inzwischen ertrunken war.
Ein weiterer Segler des Bataillonsstabes prallte bei der Landung gegen eine Hangterrasse, wobei die gesamte Besatzung schwer verwundet oder getötet wurde.
Zusammen mit dem Stab des I./SturmRgt. landete die 4. Kompa-

nie südlich des Ortes Malemes. Anhand des erhalten gebliebenen Einsatzberichtes lassen sich Anflug und Landung der 4. Kompanie darstellen:
Der Start der Kompanie ging glatt vonstatten, obwohl der Flugplatz vollkommen in Staub gehüllt war und die LS-Führer keine Sicht hatten. Ein Segler riß während des Fluges ab, ein weiterer wurde von der Ju-Besatzung aus unbekannten Gründen ausgeklinkt.
Die Ketten blieben während des Anfluges in sich geschlossen. Ausgeklinkt wurden die Segler in einer Höhe von 1800–2000 m. Infolge des großen Staubes war die Sicht auf der Insel sehr schlecht. Dadurch mußten die Maschinen irgendwo landen, ohne zu sehen, ob es der angewiesene Platz war. Infolgedessen landeten 5 der 10 Segler vollkommen falsch. Zudem war das Gelände zum Landen von LS sehr ungünstig, da es felsig und stark zerklüftet war. Mehr als die Hälfte der Segler ging bei der Landung zu Bruch, wobei ein großer Teil der Besatzungen den Tod fand oder verletzt wurde.
Auch einer der beiden Segler, die 2 Geschütze der 1./Fallschirm-ArtAbt. transportierten, stürzte ab.
Aufgabe der 3. Kompanie war es, nach Landung am Westrand des Flugplatzes die dort befindlichen Flugabwehrstellungen der Engländer zu besetzen.
Auch diese Kompanie verlor bereits beim Anflug einen Segler durch Seilriß, doch gelang es diesem, auf einer kleinen Insel, 30 km vor Kreta, zu landen. 4 Maschinen wurden zu spät ausgeklinkt und befanden sich deshalb über dem Zielgebiet in großer Höhe: Sie gingen notgedrungen in Steilkurven nieder und wiesen beim Aufsetzen noch eine Landegeschwindigkeit von 150 bis 180 km/h auf. Bruchlandungen und zahlreiche verletzte Insassen waren die Folge. Den übrigen 7 Seglern glückte die Landung.
15 Minuten später landeten weitere 9 LS (Kampfgruppe Mj. Braun) westlich Malemes dicht bei der Straßenbrücke, die im Zuge der einzigen Ost-West- Küstenstraße das Flußbett des Tavronitis überspannt. Unter der Gewalt des Aufpralls barsten einige DFS 230. Ein Segler kam allerdings direkt an der Brückenauffahrt zum Stehen, den Fallschirmjägern gelang es, die vorbereiteten Sprengladungen zu entschärfen.
Die gelandeten Teile des I./Sturmregiment stießen überall auf den heftigen Widerstand neuseeländischer Truppen. Aufgrund des hügeligen Geländes konnten die einzelnen Gruppen keine Sichtverbindung aufnehmen, sie blieben isoliert.

Wenige Minuten nach der LS-Landung wurden östlich und westlich die übrigen drei Bataillone des SturmRegiments abgesetzt. Dabei sprang das III./SturmRgt. direkt in die alliierten Stellungen. Innerhalb kurzer Zeit fielen 400 der 600 Fallschirmjäger des Bataillons. 400 Tote und doch nur ein Zehntel der deutschen Verluste während der Kämpfe auf Kreta!
Wie erging es nun den Lastenseglerpiloten, die mit ihren DFS 230 die 1. und 2. Kompanie/SturmRegiment zu einem Höhengelände auf der Westseite der Halbinsel Akrotiri (nordöstlich Chania) brachten?
Die 1./SturmRegiment (Olt. Genz) sollte als erste Einheit starten. Die 80 Fallschirmjäger der Kompanie waren auf 9 Lastensegler des LLG 1 verteilt worden, die von den Flugzeugführern Olt. Werner, Ogfr. Kolleger, Ogfr. Feuerrohr, Uffz. Brinkmann, Gfr. Baasch, Uffz. Krösche, Olt. Kellner, Uffz. Klimke und Uffz. Schulze gesteuert wurden.
Der Ogfr. Kolleger geriet beim Anflug auf Chania in eine ähnliche Situation wie sie Olt. Kruppe zum Verhängnis geworden war:

»Um 4.14 Uhr war unser Verband startbereit. Ich stand mit LS-2 links in der 1. Kette. Die Starthelfer verabschiedeten sich und wünschten mir viel Glück. Als letztes hörte ich noch den Stoßseufzer eines Mannes: Gott sei Dank, daß ich nicht beim fliegenden Personal bin!
Der Start erfolgte um 4.30 Uhr. Als die Ju 52 nach halber Platzlänge abhob und ich immer noch am Boden klebte, wurde es klar, daß man einen schweren Granatwerfer heimlich zugeladen hatte und dadurch das Flugzeug total überladen war. Erst kurz vor dem felsigen Flugplatzrand kam es frei, war während der folgenden 10 Minuten kaum zu halten und in ständiger Absturzgefahr. Mit zunehmender Schleppgeschwindigkeit normalisierte sich dann der Flug und verlief bis etwa 30 km vor Kreta ohne Zwischenfall. Nachdem der Verband offensichtlich einen zu großen Zeitvorsprung hatte, wurde die Geschwindigkeit gedrosselt, und ich hing mit dem überladenen LS, wie beim Start, äußerst labil im Schlepp. Als dann zwei Ketten Me 110 des inzwischen eingetroffenen Begleitschutzes kurz hintereinander zu nahe am Verband vorbeiflogen, erfaßten die Propellerböen mit voller Wucht meinen Schleppzug. Während ich meine Maschine gerade noch halten konnte, schmierte die Ju 52 dabei ab, fing sich rechts unter dem LS und kam dann mit Vollgas wieder nach vorn. Der dadurch bedingte Seildurchhang war durch entsprechendes Nachdrücken nicht mehr auszugleichen, und das doppelte Stahlseil riß wie ein Bindfaden. Da meine Position nur entsprechend der bisherigen Flugzeit abzuschätzen war, flog ich mit Südkurs weiter und hoffte, möglichst nahe der Steilküste von Kap Spatha wassern zu können. Erschwert wurde der Flug

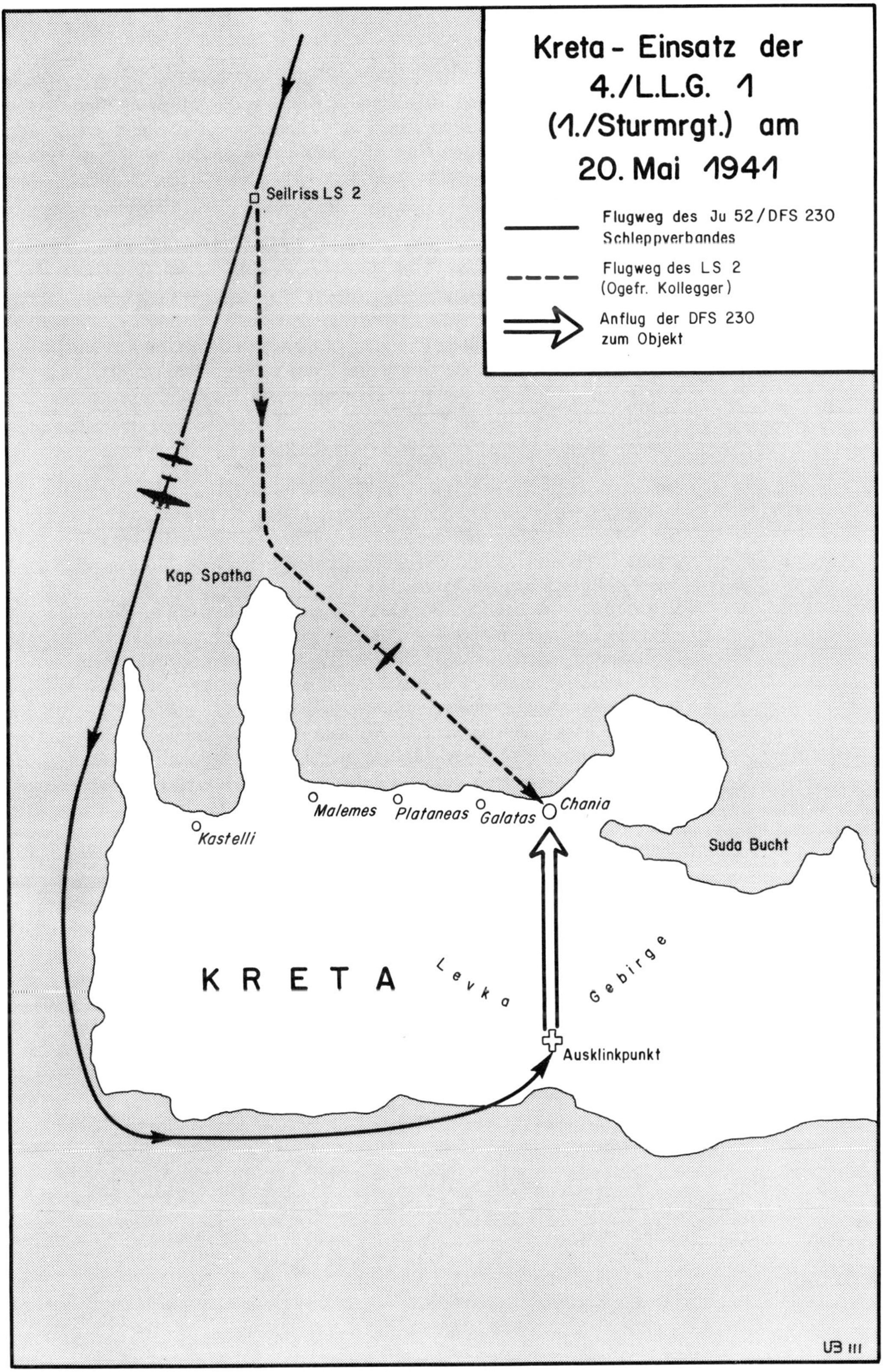
Kreta - Einsatz der
4./L.L.G. 1
(1./Sturmrgt.) am
20. Mai 1941
Flugweg des Ju 52/DFS 230
Schleppverbandes
Flugweg des LS 2
(Ogefr. Kollegger)
Anflug der DFS 230
zum Objekt
Seilriss LS 2
Kap Spatha
Kastelli
Malemes
Plataneas
Galatas
Chania
Suda Bucht
KRETA
Levka
Gebirge
Ausklinkpunkt
UB III

durch die stark dunstige Luftschichtung; es gab keinen Horizont, das Meer war nur nach unten in Form einer kleinen, runden Scheibe zu erkennen. Nach 15 Minuten Flugzeit bekam ich in diesem Kreis Kap Spatha in Sicht und hatte noch 1300 m Höhe. Da die Überladung des LS einen wesentlich besseren Gleitwinkel bewirkte, hoffte ich, aus dieser Höhe noch bis zur flachen Küste vor Galatas zu kommen und drehte auf Südostkurs zum offenen Meer hin ab. Nach 10 Minuten Flugzeit, die Sicht war inzwischen gut geworden, konnte Chania und die gerade von Stukas angegriffene Flakstellung ausgemacht werden.
Der Anflug auf die Stellung erfolgte in etwa 400 m Höhe vom Hafen her über die Stadt Chania. Am Südrand des Stadtgebietes kam dann knapp vor dem Bug Leuchtspur-Beschuß hoch. Um in den ›toten Trichter‹ der Abwehr zu kommen, stellte ich das Flugzeug auf den Kopf und nahm es kurz vor den Geschützrohren wieder flach. Die dabei gewonnene Übergeschwindigkeit reichte aus, um im Tiefflug nach Westen auszuholen und nach einer 180-Grad-Kehrtkurve nahe der Stellung aufzusetzen. Die Landung erfolgte um 6.50 Uhr ohne einen Bruch in einem Weingarten, 50 m westlich des Zeltlagers. Ich sprang als erster aus dem LS und zeigte den nachfolgenden Fallschirmjägern die Angriffsrichtung zur Flakstellung.
Um 7.10 Uhr landete LS-1 mit Olt. Werner und Olt. Genz am Westrand des Zeltlagers. 6 Maschinen landeten von Süden her direkt in der Stellung und gerieten unter den Beschuß der zu diesem Zeitpunkt noch nicht niedergekämpften Feldstellungen. Dadurch gab es größtenteils Bruchlandungen mit totalen Ausfällen.
Nach Einnahme der restlichen Stellungen wurde nach 7.30 Uhr die deutsche Flagge als Sichtzeichen ausgelegt. Eine Verbindung mit der östlich von Chania eingesetzten Kompanie Altmann konnte nicht hergestellt werden. Hingegen gelang die Funkverbindung mit den zwischen Chania und Malemes abgesprungenen Einheiten; diesen war jedoch wegen starker Verluste und erheblichem Feindwiderstand ein Vorgehen für den geplanten Entsatz nicht möglich. Die Gruppe Genz sollte deshalb die Stellung solange wie möglich halten, sich notfalls ergeben oder versuchen, nach Westen durch die feindlichen Linien zu kommen.
Gegen 10.00 Uhr sammelten sich am Zeltlager insgesamt 25 Mann. Es waren dies die Besatzungen der LS-1 und LS-2 und 5 Mann aus den anderen Maschinen, darunter der LS-Führer Uffz. Schulze (LS-9). Drei Mann waren verwundet, jedoch einigermaßen marschfähig. Da der eigentliche Auftrag erfüllt war, die Stellung auf Dauer nicht gehalten werden konnte, entschloß sich Olt. Genz zum Rückzug.«

In einem zwanzigstündigen Marsch durch die englischen Linien erreichte die Gruppe Genz am Morgen des 21. 5. Stellungen des Fj.Rgt.3. Der LS-Führer Uffz. Schulze war allerdings durch Kopfschuß kurz nach dem Aufbruch gefallen.

Insgesamt kamen 5 von 9 Piloten, die die Segler der 1./Sturmregiment steuerten, am 20. 5. 1941 ums Leben.
Infolge eines Navigationsfehlers der Schleppstaffel geriet die verstärkte 2. Kompanie (Altmann) von vornherein in eine aussichtslose Lage, wie aus dem Gefechtsbericht – hier wiedergegeben in verkürzter Form – hervorgeht:

»Der Start der Kompanie war um 4.00 Uhr vorgesehen. Auf dem Flugplatz herrschte großes Durcheinander. Erst um 5.15 Uhr startete die erste Kette. Kurz nach dem Start rissen 2 Maschinen ab. Um 7.30 Uhr erreichten wir die Küste ostwärts Chania. Obwohl der richtige Anflugpunkt erreicht war, klinkten die Maschinen aus unbekannten Gründen nicht aus. Der Verband drehte plötzlich nach Osten ab und flog im Schlepp entlang der Küste bis Rethymnon, drehte von dort in Richtung Griechenland ab und flog erneut an. Durch diesen Paradeanflug entlang der Küste, der einschließlich des neuen Anflugs vom Gegner ständig bemerkt werden konnte, war ein Überraschungsmoment nicht gegeben.
Beim zweiten Anflug klinkten die Maschinen ganz kurz vor der Küste in etwa 2000 m Höhe aus. Wir bekamen heftiges Flakfeuer. Der Beschuß verursachte Ausfälle in mehreren Maschinen (7 Tote). Sämtliche Maschinen der Kompanie landeten unter Feindeinwirkung. Der der Kompanie zugeteilte Landeraum war für LS-Landung durchaus ungeeignet, was von der Luftaufklärung nicht gemeldet worden war. Es handelte sich um felsiges Höhengelände, wodurch Bruchlandungen aller Maschinen unvermeidlich waren. Durch diese Bruchlandungen wurden weitere Ausfälle verursacht. Dazu kam noch, daß von den eingesetzten 15 Lastenseglern lediglich 8 Maschinen wie vorgesehen angekommen waren. Bei 3 Maschinen Seilriß, 4 Maschinen waren durch Fehllandungen ausgefallen.«

Die versprengten Reste der Kompanie gerieten weitgehend in Gefangenschaft. 50 Fallschirmjäger und 8 Piloten waren gefallen.
Am späten Abend des 20. 5. 41 mußte man beim Stab des XI. Fliegerkorps feststellen, wie Gen.Mj. Student später in seinen Erinnerungen schrieb, daß keines der angestrebten Tagesziele erreicht worden war und sich kein Flugplatz in eigener Hand befand. Überall waren die Regimenter nach dem Scheitern ihrer Angriffe in die Verteidigung gedrängt worden.
Durch Zuführung weiterer Kräfte gelang es in den folgenden Tagen dem XI. Fliegerkorps allerdings doch noch, die Insel in Besitz zu nehmen. Lastensegler wurden bei diesen Aktionen aber nicht mehr verwendet. Die deutsche Luftwaffe hatte bei der Eroberung Kretas außerordentlich hohe Verluste an Menschen und Gerät erlitten.

Auch das LLG 1 hatte zahlreiche Gefallene und Vermißte zu verzeichnen: Von 69 LS-Flugzeugführern waren mindestens 24 ums Leben gekommen. Folgende Namen von Gefallenen ließen sich noch ermitteln:
Gfr. Binegger, Gfr. Baasch, Uffz. Bade, Uffz. Brinkmann, Gefr. Bulle, Uffz. Everth, Ogfr. Gross, Uffz. Hack, Uffz. Hauck, Fw. Höhmke, Olt. Kellner, Uffz. Kerkmann, Uffz. Klimke, Olt. Kaiser, Olt. Kruppe, Ogfr. Meier, Uffz. Nagel, Gfr. Negle, Uffz. Schäuffele, Uffz. Schöning, Uffz. Schulze, Uffz. Schupp, Uffz. Steffens, Uffz. Ulrich.
Zwei weitere Flugzeugführer, Lt. Henke und Fw. Bösebeck, gerieten in alliierte Gefangenschaft.
Auch mehrere Motorbesatzungen der I./LLG 1 stürzten bei den bis Ende Mai 1941 dauernden Transportflügen zur Insel Kreta tödlich ab. Zahlreiche weitere Motor- und LS-Besatzungen mußten aufgrund schwerer Verwundungen in Lazarette eingeliefert werden.

DER MALTA-PLAN

Den Erinnerungen Gen.Mj. Students zufolge lösten die schweren Verluste der Fallschirmtruppe bei Hitler Bestürzung aus, hatte doch die deutsche Wehrmacht ihre bisherigen Erfolge mit verhältnismäßig geringen Verlusten erringen können.
Am 17. 7. 1941 – anläßlich einer Vorstellung der Ritterkreuzträger des Kreta-Unternehmens – äußerte Hitler gegenüber Gen.Mj. Student:

> »Kreta hat bewiesen, daß die Tage der Fallschirmtruppe vorüber sind. Die Fallschirmwaffe ist eben eine reine Überraschungswaffe.«

Die Skepsis Hitlers gegenüber weiteren Luftlandeunternehmen, die aus diesen Worten erkennbar ist, dürfte einer der Gründe gewesen sein, die ihn ein Jahr später bewogen, die vom Oberbefehlshaber Süd, Gfm. Kesselring, und Gen.Mj. Student geforderte Luftlandung auf dem britischen Luft- und Seestützpunkt Malta nicht durchzuführen.
Nach Angaben von Gen.Mj. Student standen im Frühjahr 1942 annähernd 1000 DFS 230, 200 Go 242 und 12 Me 321 für diesen Einsatz bereit. Ein erheblicher Teil der Lastenseglerpiloten verfügte über eine Landeausbildung am Sturzfallschirm. Anhand von präzisen Luftaufnahmen waren maßstabgetreue Modelle der engli-

schen Flugplätze und Stellungen gefertigt worden, an denen sich in Hildesheim – hier lag der Stab des LLG 1 – die Piloten über Lage und Ausdehnung ihrer möglichen Landeräume orientieren konnten.
Ende Mai 1942 beschied Hitler dann Gen.Mj. Student, daß das ›Unternehmen Herkules‹ nicht durchzuführen sei.

6. Der Einsatz von LS-Kommandos an der Ostfront und im Mittelmeerraum vom Herbst 1941 bis Frühjahr 1942

DAS ENTSTEHEN DER LS-KOMMANDOS

»Mitte des Jahres 1941 wurden den verschiedenen Luftflotten LS-Schleppkommandos für Nachschubtransporte zugewiesen. Der L.T.F. erhielt hier neue Aufgaben und den Auftrag, Schleppflugzeuge für den Einsatz bei den Flotten zur Verfügung zu stellen und außerdem laufend LS-Flugzeuge zu den einzelnen Flotten zu überführen. Zu diesem Zwecke wurde ihm der Geschwaderstab zbV 2 unterstellt, der die eigentlichen Führungsaufgaben nach Weisung L.T.F. durchführte. So wurden u. a. auch LS vom Muster Go 242 über den Balkan nach Athen überführt und im regelmäßigen Transport Athen – Derna mit guten Erfolgen eingesetzt.
Am 1. 10. 1941 wurde der L.T.F. Oberst v. Gablenz zum R.L.M./GL versetzt. Sein Nachfolger als Lufttransportführer und Kommandeur der Blindflugschulen war der Lufttransportführer LS des XI.Flg. Korps, Oberst Morzik. Unter seiner Leitung wurde die Abt. LS des L.T.F. speziell für die Aufgaben der Organisation des Lufttransportes mit Lastenseglern neu ins Leben gerufen. Zu diesem Zweck ließ er seine bisherigen Mitarbeiter auf diesem Gebiete vom XI.Flg.Korps zum L.T.F. versetzen, während der Geschwaderstab KGzbV 2 zum XI.Flg.Korps zurücktrat. Die Abteilung entwickelte eine erfolgreiche Tätigkeit auf dem Gebiet der Organisation und steuerte den Einsatz der LS-Kommandos bei den Luftflotten, sowie die Überführung von Lastenseglern, u. a. auch Werkstattzügen, zu den verschiedenen Luftflotten.«

Diese Passage, entnommen einer Chronik über die Tätigkeit des Lufttransportführers im Jahre 1941, weist bereits auf das neue Aufgabenfeld hin, das sich den Lastenseglern seit dem Sommer 1941 (Beginn des Krieges im Osten, Eröffnung einer deutschen Front in Nordafrika) stellte:
Der Lufttransport von Truppen und Material mit Lastenseglern

wurde nun die vordringliche Aufgabe der LS-Verbände, während Kampfeinsätze mit Fallschirm- oder Kommandotruppen nur noch in ganz wenigen Fällen (Ösel 1941, Tunesien 1942, Gran Sasso 1943, Drvar 1944 und Vassieux 1944) durchgeführt wurden. Begünstigt wurde diese Entwicklung auch durch die Frontreife von zwei neuen Lastenseglertypen, der Me 321 und der Go 242, die ab Sommer beziehungsweise Herbst 1941 zur Truppe kamen:
Ende August 1939 wurden von Konstrukteuren der Gothaer Waggonfabrik erste Überlegungen hinsichtlich eines neuen Lastenseglers angestellt, der in der Lage sein sollte, auch sperrige Güter – nach Möglichkeit unzerlegt – zu transportieren. Am 25. 10. 1939 waren die ersten Projektunterlagen fertiggestellt. Das Hauptmerkmal der Bauform war durch die Anordnung eines am Rumpf angeschlossenen Leitwerkträgers mit einer am Rumpfbug abzunehmenden Klappe gekennzeichnet. Nach weiteren Besprechungen im Januar 1940 erfuhr der Entwurf bereits eine Änderung, denn es stellte sich heraus, daß es zweckmäßiger war, die Last nicht durch den Rumpfbug, sondern durch das Rumpfheck unter dem Leitwerksträger einzubringen, denn bei einer Landung in unbekanntem Gelände bestand die Gefahr, daß die Rumpfspitze beschädigt wurde und die Klappe nicht mehr zu öffnen war. Nachteilig blieb jedoch, daß aufgrund der Anordnung des Leitwerkträgers ein Schwenken der Heckklappe nach oben nicht möglich war. Ingenieur Leiber suchte daher nach einer Möglichkeit, das Leitwerk durch eine andere Trägeranordnung zu befestigen. Der Entwurf, den er schließlich im Mai 1940 vorlegte, zeigte einen abgestrebten Hochdecker mit zwei an den Flügeln angeordneten Leitwerksträgern und aufklappbarem Rumpfende, wodurch ausreichende Bewegungsfreiheit beim Be- und Entladen gewährleistet war. Nun war es also auch möglich, kleinere Kraftwagen und leichte Feldhaubitzen zu transportieren.
Nach Überwindung zahlreicher Widerstände – das R.L.M. favorisierte zeitweilig den Konkurrenzentwurf der Deutschen Forschungsanstalt für Segelflug (DFS 331) – wurde am 2. 7. 1940 der Auftrag zur Fertigung von zwei V-Mustern des Großlastenseglers mit der Bezeichnung Go 242 erteilt (Erstflug: 9. 11. 1940).
Im folgenden soll der Einsatz der LS-Kommandos, die mit der DFS 230 und den neuen Lastenseglern Go 242 und Me 321 ausgerüstet waren, vom Herbst 1941 bis zum Frühjahr 1942 geschildert werden.
Die Aufstellung der Verbindungskommandos (S) im April/Mai 1942 beendete dann das Provisorium der LS-Einsatzkommandos.

a) DFS 230-Einsatzkommandos

Im Gegensatz zum Mai 1940, als Lastensegler mit ihrer Landung auf Eben Emael den Westfeldzug eröffneten, waren in der Anfangsphase des Unternehmens ›Barbarossa‹, Hitlers verhängnisvollem Angriff auf Rußland, keine Lastensegler und Luftlandetruppen beteiligt. Doch schon im August 1941 tauchten die ersten Schleppzüge an der Ostfront auf. Allerdings führten die Lastensegler im Osten – von einer Ausnahme abgesehen – keine Kampfeinsätze mehr wie in Belgien oder Griechenland durch, sondern sie wurden von nun an vor allem als Nachschubtransporter verwendet. Einer Notiz des Lw-Führungsstabes vom 20. 8. 41 zufolge sollten für diese Aufgabe insgesamt 280 DFS 230 und 23 Me 321 bereitgestellt werden.
Der ungeheure Bedarf der Ostfront an militärischen Nachschubgütern aller Art und die durch das rasche Vordringen der deutschen Verbände immer länger werdenden Nachschubwege stellten die Reichsbahn und die Versorgungstruppen vor große Probleme. Insbesondere weit vorgestoßene Panzerverbände gerieten häufig in schwierige Lagen, wenn Munition und Benzin ausblieben. Für die immer häufiger angeforderte Luftversorgung reichten die zur Verfügung stehenden Verbände – im August 5 Ju 52-Gruppen – nicht aus.
So wurden im Spätsommer 1941 mehrere Ju 52-Staffeln der I./ LLG 1 – ohne LS – in den Mittelabschnitt der Ostfront verlegt und bildeten zusammen mit anderen Transportstaffeln die ›Gruppe Kupschuß‹. Daneben wurden vom LLG 1 mehrere DFS 230-Einsatzkommandos für den Osteinsatz aufgestellt; das Personal entstammte zumeist der II. und III./LLG 1.

LS-Kommando Olt. Hundenborn

Im Sommer 1941 wurden vom LLG 1 etwa 25 LS-Führer samt technischem Personal auf dem Schienenweg nach Bukarest gebracht, wo später auch 15 DFS 230 auf dem gleichen Weg eintrafen. Nach Aufrüstung der Segler auf dem Bukarester Flughafen wurden die Flugzeuge zum rumänischen Militärflughafen Targsorul bei Ploesti gebracht. Von hier aus wurden die DFS 230 nach dem Einmarsch deutscher Truppen in Rußland auf die Flugplätze Tiraspol (am Dnjestr), später nach Nikolajew am Bug geflogen und der dort stationierten KGrzbV 104 zugeteilt. Führer dieses LS- Kommandos war Olt. Hundenborn.

Ende August 1941 begannen dann die Transporteinsätze hinter der vorrückenden Front: Ju 52/DFS 230-Schleppzüge brachten Kraftstoff in 200-l-Fässern zu weit vorgestoßenen Panzereinheiten oder zu vorgeschobenen Feldflugplätzen der JG 52 und JG 77. Auf den Rückflügen wurden Verwundete mitgenommen.
Einsätzen in der Nogaischen Steppe folgten Flüge bis nach Taganrog und Rostow an der Ostspitze des Asowschen Meeres. Andere Schleppzüge unterstützten deutsche Truppen bei der Überwindung des Tatarengrabens bei Perekop und transportierten Benzin für gepanzerte Einheiten bei der Schlacht um den Parpatsch-Graben (Halbinsel Kertsch).
Aus Sicherheitsgründen wurden alle diese Einsätze im Tiefflug durchgeführt. Dennoch traten Verluste durch die im Südabschnitt recht rege russische Luftwaffe auf. Am 28. 9. 41 fingen etwa 15 russische Jäger drei Schleppzüge nordöstlich von Odessa ab; alle 3 Ju 52 wurden in der Luft in Brand geschossen, den LS-Piloten Bader, Neuhaus und Adomeit gelang es aber noch, die Schleppverbindung zu lösen, die Segler zu landen und sich selbst in Sicherheit zu bringen, während die DFS 230 – beladen mit Bomben und Munition – durch Tiefangriffe zerstört wurden. Häufig überraschten russische Kampfflieger die Segler auch beim Entladen oder beim Start im frontnahen Bereich.
Ende des Jahres 1941 wurde das Kommando wieder nach Mitteldeutschland verlegt.

LS-Kommando Lt. Neumann

Von Goslar aus verlegten im Juli 1941 nach und nach 18 DFS 230 der III./LLG 1 nach Mielec in Polen. Nachdem auch technisches Personal eingetroffen war, wurde das LS-Kommando nach Proskurow in der Ukraine überführt. Unter Führung von Lt. Neumann führte das DFS-Kommando mit einer Gruppe des KGzbV 1 eine Reihe von Transportflügen nach Kriwoi Rog, Winniza und Schitomir durch. Anfang Oktober kehrte das Kommando nach Goslar zurück.

DFS 230 im Mittelabschnitt der Ostfront

Für den Einsatz im Mittelabschnitt wurde im Juli 1941 von Parchim/Mecklenburg aus ein LS-Kommando (Hs 126/DFS 230) nach Borissow und später nach Witebsk in Marsch gesetzt, um Nachschub für eine Jagdstaffel zu fliegen. Auf dem Rückflug er-

folgte die Mitnahme von Verwundeten aus den Kämpfen um Welikije Luki.
Nach einer Rückverlegung nach Parchim ging es im September nach Seschtschinskaja; von dort wurden u. a. die Flugplätze Nowgorod und Konotop angeflogen. Am 30. 9. gingen durch Feindeinwirkung eine Hs 126 und eine begleitende Me 109 verloren. Im Oktober 1941 erfolgte die Verlegung des Kommandos nach Parchim, wo die LS-Piloten umgeschult werden sollten.

Die Luftlandung auf der Insel Ösel am 14. 9. 1941

Die Armeen der Heeresgruppe Nord eroberten in wenigen Wochen nach Beginn des Rußlandfeldzuges das Baltikum und stießen dann bis zum Finnischen Meerbusen vor. Die Besetzung der Baltischen Inseln war – vorerst – ausgespart geblieben. Da diese aber durch ihre Küstenbatterien und Flugplätze eine Bedrohung der deutschen Nachschubgeleite nach Riga und Finnland darstellten, faßte man auf deutscher Seite den Entschluß, die Inseln durch eine kombinierte Operation von Land-, See- und Luftstreitkräften zu besetzen. Dabei sollte die Ausschaltung eines wichtigen Küstenforts durch einen Luftlandeeinsatz geschehen.
Aus diesem Grunde verlegten am 5. 7. 1941 Teile der 6./LLG 1 auf dem Luftwege von Halberstadt nach Seerappen/Ostpreußen. Mit 10 DFS 230 ging es dann am 22. 7. weiter nach Dünaburg und von dort in Etappen über Ostrow und Pleskau am 13. 9. nach Pernau/Estland. Gegen Abend dieses Tages wurden die LS-Führer von Lt. Flucke und Hptm. Benesch (16./Rgt. Brandenburg) mit ihrem Auftrag vertraut gemacht: Danach sollten in der Morgendämmerung des 14. 9. 1941 fünf DFS 230 mit Pionieren auf dem Küstenfort Kübassaare (Insel Ösel) landen und die 3 Geschütze der dortigen Batterie durch Sprengung vernichten. Zur gleichen Zeit sollten 18 motorisierte Fischkutter mit 80 Pionieren und schweren Waffen an der Küste landen und die Unterkünfte der Batteriebesatzung besetzen. Drei auf einem Luftbild erkannte Flakstellungen sollten durch Me 110 der II./ZG 26 angegriffen werden.
Uffz. Haag wurde als LS-Verbandsführer eingeteilt; die anderen 4 DFS 230 sollten durch die LS-FF Thielmann, Rössler, Kommander und Hertwig gesteuert werden.
Der Einsatzbericht des Gfr. Rösler über die Luftlandung ist erhalten geblieben und wird hier – gekürzt – wiedergegeben:

»Einsatz: Am 14. 9. 41 morgens um 04.00 Uhr fand nochmals eine kurze Einsatzbesprechung der Motor- und LS-Flugzeugführer statt,

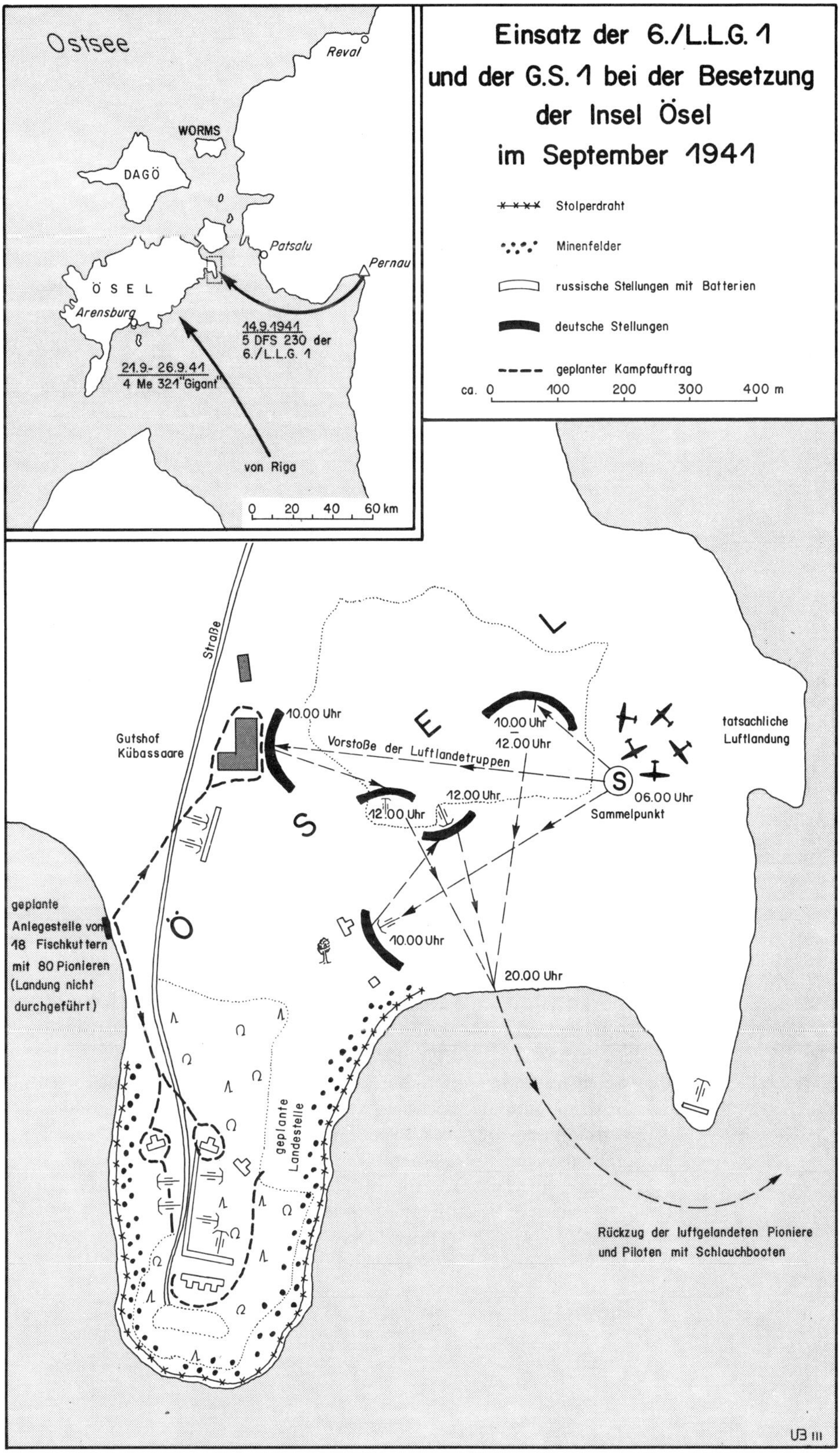
Einsatz der 6./L.L.G. 1
und der G.S. 1 bei der Besetzung
der Insel Ösel
im September 1941
Stolperdraht
Minenfelder
russische Stellungen mit Batterien
deutsche Stellungen
geplanter Kampfauftrag
ca. 0 100 200 300 400 m
Ostsee
Reval
WORMS
DAGÖ
Patsalu
Pernau
Ö S E L
Arensburg
14.9.1941
5 DFS 230 der
6./L.L.G. 1
21.9.- 26.9.41
4 Me 321 "Gigant"
von Riga
0 20 40 60 km
Straße
Gutshof
Kübassaare
10.00 Uhr
Vorstoße der Luftlandetruppen
10.00 Uhr
12.00 Uhr
tatsachliche
Luftlandung
06.00 Uhr
Sammelpunkt
12.00 Uhr
12.00 Uhr
10.00 Uhr
20.00 Uhr
Ö S E L
geplante
Anlegestelle von
18 Fischkuttern
mit 80 Pionieren
(Landung nicht
durchgeführt)
geplante
Landestelle
Rückzug der luftgelandeten Pioniere
und Piloten mit Schlauchbooten
UB III

die Pioniere hatten inzwischen ihre Plätze in den LS eingenommen. Noch in der Dunkelheit erfolgte reibungslos vom Feldflugplatz Pernau der Start im Fünferverband, als Schleppflugzeuge waren 5 Ju 52 eingesetzt. Die Wolkenhöhe war etwa 500 m, die Sicht etwa 1 km. Der Anflug im Schlepp dauerte 45 Minuten, der Verbandsschlepp verlief einwandfrei in 400 m Höhe. Den Fischkutterverband trafen wir an der bestimmten Stelle nicht an, auch wurde am Ausklinkpunkt nicht ausgeklinkt, so daß wir annahmen, daß das Unternehmen nicht durchgeführt und der Verband zurück nach Pernau fliegen würde. Die Motorführermaschine führte den Verband in einem großen Rechtskreis um das Fort, wobei wir heftiges Flakfeuer (ohne Erfolg) bekamen, das die Heckenschützen der Schleppmaschinen erwiderten. Es kam zu einem neuen Anflug, bei dem dann die LS-Führermaschine und somit wir alle ausklinkten. Wir hielten uns an das Führer-LS, welches schnell (ungefähr 130 km/h, teilweise mit ausgefahreren Störklappen) nach unten wegging und zwar im Geradeausflug. Die anschließende Landung der 5 LS verlief glatt und ohne Störung durch den Feind, aber nicht an der ausersehenen Stelle, sondern etwa 7–800 m vorher. Wir sammelten uns sofort, und ich fragte den LS-Verbandsführer, Uffz. Haag, warum wir hier und nicht an der bestimmten Stelle gelandet wären, worauf er mir sagte, Herr Hptm. Benesch habe ihm gesagt, hier solle er landen. Nach ungefähr 100 m bekamen wir erstmals, und zwar von vorne, feindlichen Beschuß. Nachdem wir (beim zweiten Anflug) doch noch ausgeklinkt hatten, nahmen wir an, daß der Fischkutterverband, den wir vorher nicht gesehen hatten, doch noch an der vorgesehenen Stelle angelegt hatte, dies war aber nicht der Fall.
Anfangs hatten wir den Eindruck, daß der Feind schwach sei und wir den Auftrag daher auch alleine erfüllen könnten. Doch je heller es wurde, um so stärker wurde das Abwehrfeuer des Feindes, und bald hatten wir von vorne, links und rechts Beschuß. Auch konnten wir nun die vordersten gut getarnten Bunker und Feldstellungen der Russen ausmachen, die auf dem Luftbild überhaupt nicht zu erkennen gewesen waren. Trotz der heftigen Abwehr des Feindes konnten wir langsam Gelände gewinnen.
Jetzt mußte jedoch der Angriff abgebrochen werden, denn die Russen hatten inzwischen auf Lastkraftwagen Truppenverstärkungen herangeschafft, denen es gelungen war, uns, die wir bis dahin schon größere Verluste hatten, auch von hinten einzuschließen, so daß wir nun nach allen Seiten verteidigen mußten. Feindfrei war lediglich die Seite nach der Küste zu. In dieser Richtung vermuteten wir jedoch Minenfelder. Zur Verteidigung zogen wir uns mit insgesamt etwa 30 Mann, die noch kampffähig waren, auf kleinerem Raum zu einer Igelstellung zurück und wehrten die heftigen Angriffe des Feindes mit allen Kräften ab. Die noch einsatzfähigen Kräfte wurden so verteilt, daß jeder ein größeres Stück Kampffeld zu überwachen hatte. Die Russen unternahmen verschiedene Vorstöße, wobei es ihnen unter anderem einmal gelang,

bis zu unseren 4–500 m entfernt stehenden LS heranzukommen, wurden jedoch durch unser verstärktes Feuer wieder vertrieben. Mannshohes Schilf, das einen größeren Teil des Kampffeldes bedeckte, begünstigte die Angriffe der Russen, da wir sie schlecht darin sehen konnten; andererseits bot es uns auch wieder Schutz und Deckung.
Gegen 16.00 Uhr nachmittags warf ein Zerstörer eine Meldung ab, auf der es u. a. hieß: ›Haltet durch, Boote versuchen noch zu landen. Gelingt dies nicht, so werfen wir euch Schlauchboote ab.‹ Unsere hoffnungslose Lage schien etwas erleichtert, aber die Boote kamen nicht, und wir mußten uns weiterhin verteidigen. Des öfteren gelang es den Russen, durch das Schilf bis auf wenige Meter auf uns heranzukommen, doch konnten sie immer wieder unter Verlusten für den Gegner zurückgewiesen werden. Am Nachmittag bombardierten dann 2 Ju 88 die Küstenbatterie sehr wirksam, die vom frühen Morgen an dauernd deutsche Schiffseinheiten beschossen hatte. Auch deutsche Kriegsschiffe nahmen die russische Batterie unter Beschuß. Es gelang uns, unsere Igelstellungen bis zum Abend zu halten. Gegen 18.00 Uhr kamen 3 Ju 52 und warfen 9 Schlauchboote ab (Tragkraft je 4 Mann). 4 dieser Boote und sämtliche Paddel, die zu einem Bündel gebunden waren, fielen den Russen in die Hände. 5 Schlauchboote konnten wir unter feindlichem Feuer bergen. Eine dabei wiederum abgeworfene Meldung besagte, daß wir abends mit den Schlauchbooten ins Wasser gehen und in Richtung der Insel Moon rudern sollten. Gegen 23.00 Uhr wollten uns dann in dieser Gegend 3 Fischkutter aufnehmen. Am Rand des Schilfes machten wir die Boote klar und legten die Schwerverwundeten hinein. Dann warteten wir die Abenddämmerung ab, das feindliche Feuer wurde schwächer. Um 19.00 Uhr verließen uns die Zerstörer Me 110, die uns von der ersten Stunde des Einsatzes an im Erdkampf unermüdlich unterstützt hatten.
In der Dämmerung erkundete Hptm. Benesch mit der restlichen Pioniergruppe eine Stelle am Strand, an der wir in See gehen konnten. Als es dann Nacht war, trugen wir unter schweren Anstrengungen die 5 schweren Schlauchboote, die gleichzeitig als Bahre für die Verwundeten dienten, zum etwa 300 m entfernten Ufer, mußten dabei aber öfter in Deckung gehen, da wir, u. a. auch von Pak, unter Feuer genommen wurden. Wir kamen alle am Ufer an, besetzten die Boote und verließen so schnell als möglich die Insel. Nachdem wir keine Paddel hatten, mußten wir mit unseren Händen und einigen noch vorhandenen Pionierspaten rudern. Diese Fahrt nachts auf der schon sehr kalten Ostsee bereitete uns große Strapazen und Anstrengungen. Fast alle Schlauchboote waren beschädigt und ließen Luft aus, so daß die ganze Nacht gepumpt werden mußte, um die Boote schwimmfähig zu halten. Wegen der Überladung der Boote mußten abwechselnd 2 Mann hinter jedem herschwimmen, andere das dauernd eindringende Wasser ausschöpfen. Wir verloren uns selbstverständlich bald aus den Augen, und so fuhr jedes Boot seinen eigenen Weg, und es gelang unter äußer-

ster Kraftanstrengung gegen die starke Strömung, die uns immer wieder in die Bucht zurücktrieb, gegen Morgen die offene See zu erreichen. Vorher hatten sich alle entwaffnet und alles überflüssige Gewicht über Bord geworfen. Auf diese Weise konnte das Boot, obwohl es mit 8 Mann (in meinem Fall) beladen war, schwimmend gehalten werden. Nach durchruderter Nacht erkannten wir morgens gegen 7.00 Uhr am Horizont ein Schiff und schossen eine weiße Leuchtkugel, welche vom Schiff mit einer gleichen erwidert wurde. Eine Stunde später wurden wir völlig erschöpft von 3 Kuttern aus Seenot gerettet und zu einem Kriegsschiff gebracht. Hier besah und verband der Truppenarzt unsere Verwundungen. 4 Schlauchboote konnten aus der Seenot gerettet werden, das fünfte mit 9 Mann Besatzung war scheinbar nicht genügend schwimmfähig und kehrte noch einmal an Land zurück, wo die Besatzung von den Russen sofort gefangen, ausgeplündert und mit den Händen auf dem Rücken gefesselt wurde. 8 Kameraden führte man zu einem Sowjetkommissar, der ihre Erschießung befahl. Gefesselt wie sie waren, wurden diese 8 Soldaten in den ersten Morgenstunden des 15. 9. 41 von hinten erschossen, 2 Pioniere jedoch nicht getroffen. Beide stellten sich tot und wurden etwas später von einem Sowjetarmisten befreit. Es ist anzunehmen, daß dies ein deutschfreundlicher Este oder Lette war, der absichtlich beide nicht erschoß und ihnen zur Flucht verhalf. Die 2 Pioniere konnten abends durch ein Seenotflugzeug gerettet werden und berichteten, was inzwischen auf der Insel vorgefallen war.
Unter den Erschossenen befand sich auch der LS-Führer Flg. Kommander. Im Kampf durch Halsschuß gefallen ist LS-Führer Uffz. Haag. Von den Pionieren sind 11 Mann gefallen, verwundet waren im ganzen 9 Mann. Vom Einsatz kehrten 31 Mann zurück.
Nach späteren Feststellungen standen wir also mit 44 Mann einem nahezu 800–1000 Mann starken Gegner gegenüber, der sich in gut getarnten Bunkern und Feldstellungen festgesetzt hatte.«

Das mißglückte ›Unternehmen Benesch‹ tat der Besetzung Ösels keinen Abbruch; rasch drangen Verbände der 61. I. D. bis zur Südspitze der Insel vor. Im Laufe dieses Vormarsches kam es zu einem weiteren LS-Einsatz, diesmal aber nicht durch DFS 230, sondern durch Me 321 der Sonderstaffel GS 1 (Olt. Melzer). Die Verlegung einiger ›Gigant‹-Segler in den Nordabschnitt der Ostfront hatte bereits Anfang Juli 1941 begonnen. Von Obertraubling beziehungsweise Leipheim schleppten die Motormaschinen (3 He 111 oder 3 Me 110) im Troika-Schleppverfahren die Ungetüme nach Osten. Häufig kam es zu Seilrissen und Außenlandungen. Die einzige verfügbare viermotorige Ju 90 (Pilot Ing. Hesselbach) mußte die ›Gigant‹ dann auflesen und herausschleppen. Über Schroda und Prowehren gelangte die Staffel GS 1 schließlich nach Riga, wo die meisten Schleppzüge Ende August eintrafen. Am 21. 9. 41 erfolgte endlich der erste Einsatz: Die Besatzung Noske/Seidel startete im Schlepp von 3 Me 110 der Kette Rosenberger zu einem Versorgungsflug nach Ösel. An Bord befanden sich 20 000 Liter Benzin und 4 t Munition. Nach 90 Minuten Flugzeit landete der Segler glatt auf der Insel, wurde jedoch später nicht wieder zurückgeschleppt. Einen Tag später brachte eine andere Me 321 (Besatzung Winkler) eine weitere Ladung Betriebsstoff und Munition auf die Insel. Bei einem Einsatz am 27. 9. 41 wurden allerdings 2 Me 110 der GS 1 von der russischen Flak abgeschossen, wobei die Besatzungen, darunter Ofw. Rosenberger, ums Leben kamen. Insgesamt wurden bei der Besetzung Ösels – nach Unterlagen der Heeresgruppe Nord – 4 Me 321 eingesetzt. Über weitere Unternehmungen der GS 1 wurde nichts bekannt.

b) Me 321-Staffeln im Herbst 1941 an der Ostfront

Im Oktober 1940 legte das Technische Amt die Ausschreibung für einen Großraumlastensegler fest und richtete sie an die zwei Firmen Junkers und Messerschmitt. Das Projekt erhielt den Tarnnamen ›Warschau‹, wobei man Junkers die Zusatzbezeichnung ›Warschau-Ost‹ zuwies, dem Messerschmitt-Projekt den Namen ›Warschau-Süd‹. Junkers bekam die Auflage, seinen Entwurf als Holzbau zu konzipieren, während Messerschmitt seinen Lastensegler aus Stahlrohr bauen und mit Stoff bespannen sollte. Als Bezeichnungen für die beiden Typen wurden Junkers Ju 322 beziehungsweise Messerschmitt Me 263 (später Me 321) festgelegt. Junkers ging mit seiner Konstruktionsabteilung nach Merseburg, während sich Messerschmitt nach Leipheim begab.
Die Ju 322 V1 startete im April 1941 zum ersten Male, doch waren die Resultate dieses Fluges und einiger weiterer Probestarts so schlecht, daß vom Technischen Amt die Einstellung des Projektes befohlen wurde.
Erfolgreicher waren die Flüge der Me 321 V1, die am 25. 2. 41 erstmalig gestartet war. Von erfahrenen Segelfliegern wurde dann im Frühjahr 1941 bei den Sonderkommandos Merseburg und Leipheim sowie bei der ›Schleppschule der Luftwaffe‹ (Echterdingen) die Erprobung der ›Giganten‹ und die Schulung der Segler- und Schleppiloten durchgeführt. Darüber ist an anderer Stelle bereits ausführlich berichtet worden*.

* Peter, Ernst: . . . schleppte und flog Giganten. Motorbuch-Verlag, Stuttgart 1976.

Zu Beginn des Rußlandfeldzuges wurden 4 Staffeln aufgestellt, die sich aus bisherigen Sonderkommandos zusammensetzten. Ein Restkommando wurde in Merseburg (Zwischenlandeplatz) beibehalten, und auch die Schulungsgruppe Langensalza wurde in die Aufstellung der 4 Staffeln einbezogen. Den einzelnen Staffeln, jede verfügte über 6 Me 321 und mehrere Me 110- oder He 111-Ketten, waren folgende Operationsgebiete zugewiesen worden:

GS 1	(Olt. Melzer)	Nordabschnitt der Ostfront
GS 22	(Olt. Schäfer)	Mittelabschnitt der Ostfront
GS 4	(Olt. Pohl)	Südabschnitt der Ostfront

Die Staffel GS 2 (Olt. Baumann) sollte als Nachschubstaffel fungieren und die ›Giganten‹ über verschiedene Zwischenlandeplätze zu den einzelnen Einsatzhäfen bringen.
Die Ausrüstung mit Personal, Maschinen und Material ging sehr schnell vonstatten. Große Schwierigkeiten bestanden allerdings bei der Überführung der ›Giganten‹ zu den Einsatzhäfen. Die Reichweite der Me 110-Kette betrug bei einer Schleppgeschwindigkeit von etwa 200 km/h und einer Flugdauer von 2 Stunden also 400 km. Dementsprechend mußten auch die Zwischenlandeplätze gewählt werden. Größe und Beschaffenheit der Rollfelder dieser Plätze spielten ebenfalls eine Rolle. Außerdem mußten Kommandos mit Fahrzeugen, Kranwagen (zum Aufbocken der Segler), Fahrwerke und Ersatzteile bereits auf diesen Plätzen vorhanden sein. Obwohl viel Material von den ›Giganten‹ selbst mitgeführt wurde, waren doch erhebliche Vorbereitungen für den Einfall von Schleppzügen zu treffen. Jeder Staffel war eine FBK(S) angegliedert, die die Aufhängung von R-Geräten und deren Wiederauffüllung übernahm. Auch von diesen Kompanien mußten auf allen Plätzen Kommandos stationiert sein.
Nachdem alle diese Vorbereitungen getroffen worden waren, starteten Anfang Juli 1941 die ersten Schleppzüge von Leipheim zum Zwischenlandeplatz Merseburg; andere ›Giganten‹ wurden von Obertraubling an die Ostfront verlegt.
Der Einsatz der GS 1 während der Besetzung Ösels ist bereits geschildert worden.
Die GS 22 verlegte über Schroda (bei Posen) und Terespol nach Orscha.
Diese Überführungsflüge waren begleitet von zahlreichen Außenlandungen; oft mußten dann Knüppeldämme als Startbahnen gebaut werden. Die Bergung von außengelandeten Maschinen wurde in fast allen Fällen von einer Ju 90 durchgeführt, die von Flugkapitän Gymnich gesteuert wurde.

Von Orscha aus wurden ab Anfang August 1941 die ersten Vollast-Einsätze auf in Frontnähe gelegene Flugplätze geflogen; häufiges Ziel war dabei das 150 km entfernt gelegene Schatalowka. Transportiert wurde vor allem Betriebsstoff in Fässern. Bei diesem Vollast-Start wurden 8 Schubraketen mit je 500 kp Schub verwendet. Unter jeder Tragflache befanden sich 4 Raketen, die vom LS-Flugzeugführer in der Kanzel beim Start elektrisch gezündet wurden. Diese Zündung erfolgte nach Beginn des Anrollens in Abständen von 15 Sekunden satzweise, also rechts und links je eine. Die Brenndauer einer Rakete betrug 30 Sekunden. Durch die Zündung eines Satzes nach jeweils 15 Sekunden war die Steigerung der Rollgeschwindigkeit bis zur Abhebegeschwindigkeit gewährleistet. Da es den Schleppflugzeugführern der Me 110 aufgrund des zur Verfügung stehenden schlechten Kartenmaterials und der Konzentration auf das Schleppen selbst schwer möglich war zu navigieren, flog jedem Schleppzug ein Navigationsflugzeug voraus. Bei der GS 22 fand dafür eine Me 108 ›Taifun‹ Verwendung.
Während der großen Kesselschlachten im Mittelabschnitt wurden mehrmals Me 321 eingesetzt, um weit vorgestoßene Panzerspitzen mit Benzin zu versorgen. So transportierte die Besatzung Fw. Röhm am 5. 10. 1941 16 t Betriebsstoff zu einem Panzerverband nach Rudakowo (240 km SO Orscha).
Über einen weiteren Transportflug berichtet Fw. Röhm selbst:

»Am 11. 10. 1941 erhielten wir den Auftrag, einen Panzerverband im Raum Wjasma-Brjansk zu versorgen. Der Start erfolgte um 15.10 Uhr in Orscha-Süd; es handelte sich also um einen Dämmerungseinsatz. Zu meiner Besatzung gehörte der zweite Flugzeugführer Lukas und der Fahrwerkabwerfer Baumann. Geladen hatten wir 18 t Benzin in Fässern, die im Laderaum mit Seilen verzurrt waren. Geschleppt wurde ich von der Me 110-Kette Lt. Stengel.
Wir flogen in 2–3000 m Höhe. Beim Anflug war schon zu erkennen, daß im Kessel geschossen wurde. Jetzt hieß es, einen Landeplatz zu finden. Da ich bemerkte, daß sich auf einer von mir ins Auge gefaßten Fläche zahlreiche Fahrzeuge befanden, vollführte ich eine Wendung um 180° und flog einige Kilometer zurück, um eine bessere Landemöglichkeit zu suchen. Schließlich fand ich ein geeignetes Feld und setzte zur Landung an. Die Maschine fing an zu rumpeln, die Erde hatte mich wieder. Landeplatz: Dugino, 270 km NO Orscha. Überall lagen Gefallene. Wie ich jetzt feststellte, hatte der Segler 80–100 Einschüsse, aber ein Benzinfaß war zum Glück nicht getroffen worden. Nun traten die beiden anderen Besatzungsmitglieder in Aktion: Öffnen der Tore, Kappen der Seile und die Fässer fingen an zu rollen. Inzwischen waren auch Infanteristen gekommen, die die Landung

staunend beobachtet hatten und nun halfen, die Fässer schnell in Dekkung zu bringen, denn immer wieder schlugen in der Nähe russische Granaten ein.
Nach einer Viertelstunde traf ein Offizier ein, der mich mit einem Fahrzeug zum nächsten Gefechtsstand der 6. Pz. Division brachte. Zuerst konnte man es nicht glauben, daß ich etwa 90 Faß Benzin und 5 Faß Öl gebracht hatte und fragte, ob ich mich verzählt hätte. Schließlich schlug man sich fast um den Treibstoff. Wir flogen mit einer Ju 52 nach Orscha zurück; der ›Gigant‹ wurde aufgegeben.«

Unter der Verschlechterung der Wetterverhältnisse im Herbst 1941 hatten in besonderem Maße auch die ›Gigant‹-Schleppzüge zu leiden. Zwar wurden noch einige wenige Einsätze in der Gegend von Wjasma geflogen, aber Ende Oktober 1941 waren die Platzverhältnisse in Orscha derartig schlecht, daß ein Schleppstart nicht möglich war.
Die GS 4 hatte ab Mitte Juli 1941 über Merseburg und Jasionka nach Winniza (Ukraine) verlegt. Beim Start zu einem Überführungsflug stürzte am 13. 8. 41 in Leipheim Lt. Hammon, Führer einer He 111-Kette, tödlich ab. Von Winniza aus starteten die wenigen ›Giganten‹ zu ihren Nachschubeinsätzen. Neben Benzin wurden Bomben für Stukaverbände transportiert. So führte die Besatzung Fw. Over am 20. 9., 2. 10. und 4. 10. 1941 drei Flüge nach Kirowograd und Nikolajew durch.
Im November 1941 wurden die 3 Einsatzstaffeln aus Rußland zurückgezogen; die GS 1 und 2 kamen nach Merseburg, die GS 22 und 4 verlegten nach Leipheim.
Während die GS 4 und GS 22 um die Jahreswende 1941/42 in 4./KGzbV 2 beziehungsweise 3./KGzbV 2 umbenannt wurden und im Laufe des Jahres 1942 die He 111 Z als Schleppflugzeug erhielten, wurden die beiden anderen Staffeln aufgelöst.

c) Go 242-Einsatzkommandos Herbst 1941/Frühjahr 1942 in Nordafrika und an der Ostfront

Erster Go-Einsatz in der Cyrenaika 1941

Kaum waren im Juli 1941 die ersten 12 Go 242 an die Luftwaffe ausgeliefert worden, begann man in Hildesheim mit der Umschulung von Segelflugzeugführern des LLG 1 auf diesen neuen Flugzeugtyp.
Durch das KGzbV 2 wurde im September 1941 in Hildesheim das

erste Go 242-Einsatzkommando aufgestellt; Schleppmaschinen (6 Ju 52) und Motorbesatzungen kamen vom KGzbV 1. Über Wiener Neustadt, Belgrad, Saloniki verlegten die Schleppzüge dann Ende September 1941 nach Athen-Eleusis. Dabei ging am 25. 9. 41 bei einem Überführungsflug durch Seilriß eine Go 242 in der Nähe der griechischen Insel Euböa verloren; die Besatzung Vogt/ Hofmann konnte sich ans Ufer retten.

Beladen mit sperrigen Gütern wurden dann Anfang Oktober 1941 die ersten Go 242 des ›Schleppschwarm Afrika‹ von Athen über das Mittelmeer nach Derna geflogen. Als Zwischenlandeplatz diente das Flugfeld von Iraklion auf Kreta.

In Derna unterstand das Kommando einem Mj. Hagener, von dem auch die Einsatzbefehle ausgingen. Die Ju 52 wurden teils zu Transportflügen und teils zu Schleppflügen mit der Go 242 eingesetzt. Diese Flüge erfolgten sowohl zwischen Athen-Eleusis und Derna als auch innerhalb Afrikas zwischen Derna, Bengasi, Castel Benito und Uadi Temet. Es wurden sowohl in den Ju 52 als auch in den Go 242 im wesentlichen schwere Waffen und sperriges Heeresgerät, aber auch sonstiges Versorgungsgut für das Deutsche Afrika-Korps transportiert.

Um die Jahreswende 1941/42 löste man den ›Schleppschwarm Afrika‹ auf, nachdem die englischen Truppen über Bengasi hinaus vorgerückt waren und Schleppflüge von Griechenland nicht mehr erfolgen konnten.

Ebenfalls von Athen-Eleusis operierte seit dem Herbst 1941 mit dem Go-Kdo./X. Fliegerkorps eine weitere, mit dem neuen Segler Go 242 ausgerüstete Einheit.

Allerdings verfügte dieses Kommando nur über 2 Ju 52 und 2 Go 242. Gesteuert von den FF Mende und Pfannenstein überflogen die Segler Nachschub nach Nordafrika. Im Frühjahr 1942 wurde auch dieses Kommando wieder aufgelöst.

Im Oktober 1941 wurden auch Go-242-Kommandos für den Osteinsatz gebildet und an verschiedene Abschnitte der Ostfront verlegt. Da der Bedarf an Flugzeugführern für das Muster Go 242 ständig wuchs, betrieb man ab Herbst 1941 auch in Parchim Go-Schulung.

Hier wurde im Dezember 1941 auch die 1. (Go)/KGzbV 1 aufgestellt, der nun die Ausbildung der Go-FF wie auch die Überführung von Go 242-Schleppzügen zu den verschiedenen Fliegerkorps oder Luftflotten oblag.

Diese 1. (Go)/KGzbV 1 kann als die Keimzelle des im Frühjahr 1942 in Parchim aufgestellten Luftlandegeschwader 2 gelten.

Kesselversorgung Suchinitschis durch Go-Kdo./VIII. Fliegerkorps

Ende September 1941 wurden nach beendeter Umschulung in Hildesheim 6 Besatzungen zu einem Go-Einsatzkommando zusammengestellt, das von Uffz. Mirowski (später Ofw. Held) geführt wurde.
Von Eschwege, wo die Lastensegler übernommen und die Ju 52/Go 242-Schleppzüge formiert wurden, ging es über Jüterbog (Luftpark) und Posen bei sehr schlechten Wetterbedingungen nach Smolensk-Nord, wo am 2. 10. 1941 vier Schleppzüge eintrafen. Hier wurden die Besatzungen dem VIII. Fliegerkorps direkt unterstellt. Wider Erwarten kam es in den nächsten Wochen zu keinen Einsätzen. Mit dem Beginn der sowjetischen Winteroffensive im Mittelabschnitt der Ostfront änderte sich das aber schlagartig. Überall durchstießen russische Truppen die Front der Heeresgruppe Mitte und drangen schnell nach Westen vor. Deutsche Verbände wurden überflügelt und zersprengt, Ortschaften und Stützpunkte eingekesselt.
Am 29. 12. 1941 schlossen überlegene russische Kräfte Teile der 216. Inf. Div. in Suchinitschi, 230 km südöstlich Smolensk, ein. In dem Kessel, der eine Ausdehnung von 7 km Länge und 3 km Breite hatte, befanden sich 5000 deutsche Soldaten und etwa 1000 Verwundete. Über Funk konnten sich die Eingeschlossenen aufgrund der geringen Reichweite ihrer Geräte kaum verständlich machen; immerhin war zu erfahren, daß es im Kessel vor allem an Artilleriemunition, Waffen und Nachrichtengerät mangelte. Auf Befehl des VIII. Fliegerkrops startete am 16. 1. 42 eine Go 242 (FF Ofw. Held), die aber unverrichteterdinge wieder zurückkehrte, da der Kessel nicht gefunden wurde. Den zweiten Versuch unternahm die Besatzung Uffz. Ulmer. Die Maschine hatte 120 Schuß Munition für die LFH 18 (10,5 cm), Maschinengewehre, Kartuschen und ein starkes Funkgerät an Bord. Obwohl stark überladen, gelang der Start gut. Die anfänglich nur leichte Bewölkung verdichtete sich bald zu einem geschlossenen Wolkenfeld. Als sich der Schleppzug der Berechnung nach über dem Zielgebiet befand, wackelte die Ju 52 mit den Tragflächen und in zwei weit angelegten Kurven wurde die Wolkenbank durchstoßen und in einer Flughöhe von 800 m Kurs Suchinitschi genommen. Nach wenigen Minuten war die Stadt erreicht, und die Go wurde ausgeklinkt. Grüne Leuchtkugeln der Infanterie zeigten dem Segler den Landeplatz. Nach geglückter Landung ging die Entladung zügig vonstatten.

Eine halbe Stunde später landete eine weitere Go 242 (Besatzung Lanthelme).
Durch die Versorgungsflüge aufmerksam geworden, überwachten die Russen den Luftraum über der Stadt nun durch Jagdflieger, welche zwei Tage später 2 Go 242, die zur Landung einschwebten, abzufangen versuchten. Dieses Vorhaben scheiterte, da Me 109 des JG 54 die russischen Jäger abschossen. Insgesamt landeten 5 Go 242 im Kessel, ein sechster Segler mußte aufgrund eines Seilrisses auf russischem Gebiet notlanden. Lediglich einer der beiden Piloten konnte sich zu den deutschen Linien durchschlagen.
Am 24. 1. 1942 wurde Suchinitschi durch deutsche Panzerverbände entsetzt; die eingeflogenen Besatzungen kehrten nach Smolensk zurück.
Die Versorgung Suchinitschis durch Lastensegler war der erste Kesseleinsatz dieser Art überhaupt.
Offiziere der 216. Inf. Div. betonten gegenüber den LS-Piloten die Bedeutung der LS-Einsätze, da die vorher eingesetzten Ju 52 lediglich in der Lage gewesen waren, geringe Mengen Nachschub, aber keine Artilleriemunition abzuwerfen.
Den ganzen Winter 1941/42 blieb das Go-Kdo./VIII. Fliegerkorps, zu dem im Laufe der Monate weitere Besatzungen gestoßen waren, in Smolensk. Einige Flugzeugführer wurden zur Luftflotte 1 kommandiert, um Lastensegler nach Cholm zu fliegen.
Nach der Verlegung des VIII. Fliegerkorps wurde das inzwischen von Lt. Auderer geführte Go 242-Kdo. (Stärke am 14. 4. 42: 4 Go 242, 6 He 111, 2 Ju 52) in Go-Kdo./Lw.Kdo. Ost umbenannt. Durchgeführt wurden vor allem Transportflüge in rückwärtiges Heeresgebiet. Im Juni 1942 ging das Kdo. im neugebildeten VK (S) V auf.

Go-Kdo./Luftflotte 4

Aus umgeschulten Piloten des LLG 1 wurde im Dezember 1941 in Langensalza das Go-Kdo. 2./LLG 1 zusammengestellt. Das Kommando – anfangs geführt von Uffz. Blessing – umfaßte 2 He 111 und 5 Ju 52 sowie 7 Go 242.
Am 12. 12. 1941 starteten dann in Langensalza 7 Schleppzüge über Proskurow und Nikolajew nach Cherson. Hier wurde das Kommando nun als Go-Kdo./Luftflotte 4 bezeichnet. Anfang Januar 1942 traf in Cherson auch eine Werkstatt-Go 242, gesteuert von der Besatzung Sinhart, ein.

Zu den ersten Versorgungseinsätzen kam es hingegen erst im Februar und März 1942; angeflogen wurden die Plätze Mariupol, Saki, Kirowograd, Poltawa und Gramatikowo.
Im Mai 1942 wurde das Go-Kdo./Luftflotte 4, das inzwischen über 8 He 111 und annähernd 30 Go 242 verfügte, in die 1. (Go)/VK(S) 4 eingegliedert.

Die Luftversorgung der ›Kampfgruppe Scherer‹ in Cholm

Die Winteroffensive der Roten Armee brachte auch die Verbände der Heeresgruppe Nord in schwere Bedrängnis. So wurde im Raum Demjansk Ende Januar das II. Armeekorps mit 95 000 Soldaten eingeschlossen. Am 28. 1. 42 gelang es den Russen, die weiter südlich gelegene Stadt Cholm, die auf Befehl Hitlers als ›Wellenbrecher‹ gehalten werden sollte, von ihren rückwärtigen Verbindungen abzuschneiden. Die Gesamtstärke der Besatzung Cholms betrug zu diesem Zeitpunkt etwa 5 500 Soldaten, die kaum über schwere Waffen verfügten. Auch die Munitionsvorräte schmolzen aufgrund der heftigen russischen Angriffe rapide. Die Versorgung der ›Kampfgruppe Scherer‹ wurde dadurch erschwert, daß Cholm über keinen Flugplatz verfügte; die geringe Ausdehnung des Kessels ließ auch den Bau eines Landeplatzes innerhalb des Ortes nicht zu. Im Westen Cholms lag ein etwa 1000 m breites Wiesengelände vor der HKL. Die somit im Niemandsland gelandeten Ju 52 mußten in größter Eile entladen werden, wenn sie nicht ein Opfer russischer Waffen werden wollten. Oft brachen die Fahrwerke der schwerbeladenen Maschinen beim Aufsetzen, und so war der Platz bald mit Flugzeugwracks übersät. Ein Mitte Februar durchgeführter Landeversuch führte zum Totalverlust von 5 Ju 52.
Die Luftflotte 1 meldete daraufhin am 13. 2. 42 dem Generalstab der Luftwaffe: »Artillerie- und Granatwerferbeschuß auf Landeplatz mit dadurch hervorgerufenem starkem Ausfall an Transportflugzeugen zwingt dazu, Landung von Transportflugzeugen in Cholm einzustellen. Es wird gebeten, Gen.Qua.Lw. zu veranlassen, weitere LS beschleunigt zuzuweisen.« Unverzüglich wurden nun durch den Lufttransportführer (Oberst Morzik), dem neben der Versorgung von Demjansk auch die Cholms oblag, bereits im Nordabschnitt befindliche LS nach Pleskau in Marsch gesetzt und hier dem neu aufgestellten Stab Go-Kdo./Luftflotte 1 unterstellt. Bereits am 16. 2. landete die erste Go 242 (Besatzung: Seidel/Jauch) in Cholm; eine zweite an diesem Tag einschwebende

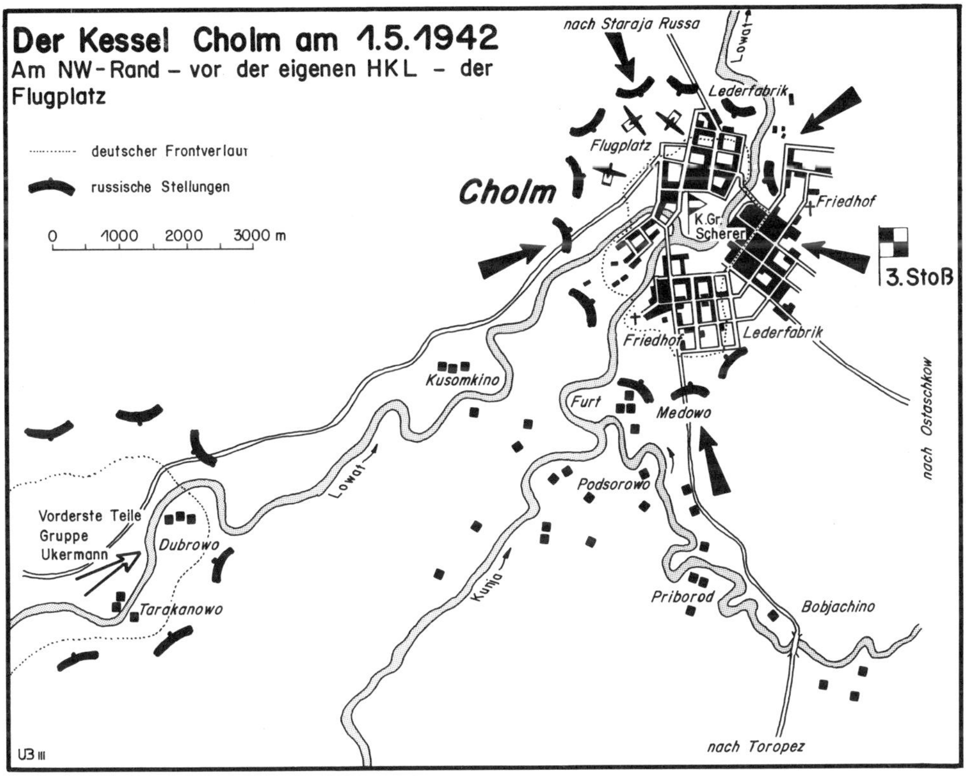

Go 242, die von Uffz. Baier/Gfr. Laqua gesteuert wurde, geriet unter russischen Beschuß. Soweit es die Wetterverhältnisse zuließen und genügend Besatzungen und LS zur Verfügung standen, wurden in den folgenden Tagen und Wochen pro Tag 2 oder auch 3 Go 242 nach Cholm eingeflogen. Neben Waffen, Gerät, Verpflegung, Munition, Sanitätsmaterial wurden der ›Kampfgruppe Scherer‹ auf dem Luftweg im März und April auch personelle Verstärkungen zugeführt. Der Lufttransport per Lastensegler erfreute sich allerdings bei den Heeressoldaten keiner großen Beliebtheit, da man zu den stoffbespannten Seglern wenig Vertrauen hatten. Ein Infanterist berichtet über seinen Flug nach Cholm:

»Am nächsten Tag bekommen wir die Lastensegler auf dem Flughafen zu sehen. Ein Luftwaffenoffizier erklärt uns alles mit einer Ruhe und Sicherheit, daß auch wir Zutrauen zu diesen Ungeheuern gewinnen. 20 Mann, d. h. an jeder Seite 10 Mann hintereinander im Reitsitz auf

einer durchgehenden Bank, können transportiert werden. Im Mittelgang liegen Munitionskisten fest vertäut.
Am 21. 4., in aller Frühe, erfolgte der Start. Jeder Mann ist mit einem Gurt festgeschnallt. Scherzworte werden gewechselt, wohl um die Unsicherheit zu übertönen. Wir alle fliegen das erste Mal. Ein Ruck geht durch den Segler. Langsam setzen wir uns in Bewegung. Die Geschwindigkeit nimmt zu. Die Motoren der Ju, die uns schleppt, heulen auf, wir sehen durch die Fenster die Erde vorbeihuschen. Das Heck unseres Lasters hat sich erhoben, wir machen einige Sprünge und jetzt geht es schnell aufwärts. An einem Ruck merken wir, daß die Räder abgeworfen sind. Wir gehen auf etwa 500 m. Die Spannung läßt nach. Wir lachen uns gegenseitig an. Na also, das wäre geschafft. Unser ›schräger Vogel‹ hängt ziemlich ruhig an der Schlepptrosse. Die Augen suchen den zweiten Segler und die uns als Jagdschutz zugesagte Me 109. Es ist aber nichts zu sehen, außer dem Hellblau des Himmels. Der Flugzeugführer ruft etwas Unverständliches und zeigt mit dem Daumen nach unten. Da geht es auch schon abwärts, mit dem Fahrstuhlgefühl im Magen. Die Russen schießen mit MG und Karabinern zu uns herauf. Die Erregung steigert sich. Es sieht keiner mehr aus dem Fenster, jeder hat etwas zu tun, den Gurt zu überprüften, das Koppel zurechtzurücken oder das Gewehr griffbereit zu legen. Durch die Bugkanzel sehen wir, wie sich die Ju nach links wendet; da kommt der Ruf: ›Wir landen!‹ Mit hoher Fahrt geht es im Gleitflug nach unten. Die Landesporne sind ausgefahren, berühren die Erde, reißen sie auf, bremsen mit Wucht die Fahrt so stark, daß wir in dem Gurt nach vorne geschleudert werden. Ich will mich festhalten, da kracht es, splittert! Wir sind auf eine stehende Maschine aufgeprallt. Als ich wieder zu mir komme, liege ich in einem kleinen Bunker mit einer leichten Gehirnerschütterung. Alles ist verhältnismäßig gut abgegangen, wir haben keinen Toten.«

Die heftige russische Abwehr forderte unter den ankommenden Go-Besatzungen schwere Verluste. Am 20. 2. kam der Flg. Horvarth ums Leben, am 4. 3. fielen die Go-FF Görtjes, Möschel und Griesmaier. Die Go 242 Griesmaiers raste bei der Nachtlandung in ein Blockhaus, dabei wurden auch die an Bord befindlichen 12 Infanteristen getötet.
Um die um Cholm massierte russische Fliegerabwehr niederzuhalten, griffen während des Anfluges der Segler He 111 und Ju 88 der KG 4 und KG 1 die russischen Flakstellungen an.
Dennoch:

»Es waren jedesmal lange Minuten, wenn über dem Waldrand im Westen ein oder zwei Ju 52 mit Lastenseglern im Schlepp erschienen. War es schon rein flugtechnisch ein ungeheueres Wagnis, auf diesem Platz zu landen, so kam hier die Gefahr dazu, daß jeder Segler bei den Rus-

Me 110-Schleppmaschinen der GS 1 beim Anflug auf Ösel, September 1941

Me 321 (Besatzung Over) startet in Jasionka

Gefährlicher Troika-Schlepp: Absturz einer Schlepp-Me 110, Orscha, Oktober 1941

Nachschub für die 6. Pz.Div. durch Me 321 (Besatzung Röhm), Oktober 1941

Schleppzug der GS 4 über Südrußland 1941

He 111 der GS 4

Angehörige des LS-Kommandos Hundenborn

Einsatzorte des LS-Kommandos Hundenborn, Südrußland, Herbst 1941

Russische Gefangene beladen DFS 230

Pilotenkanzel der
DFS 230

Innenraum einer
Go 242

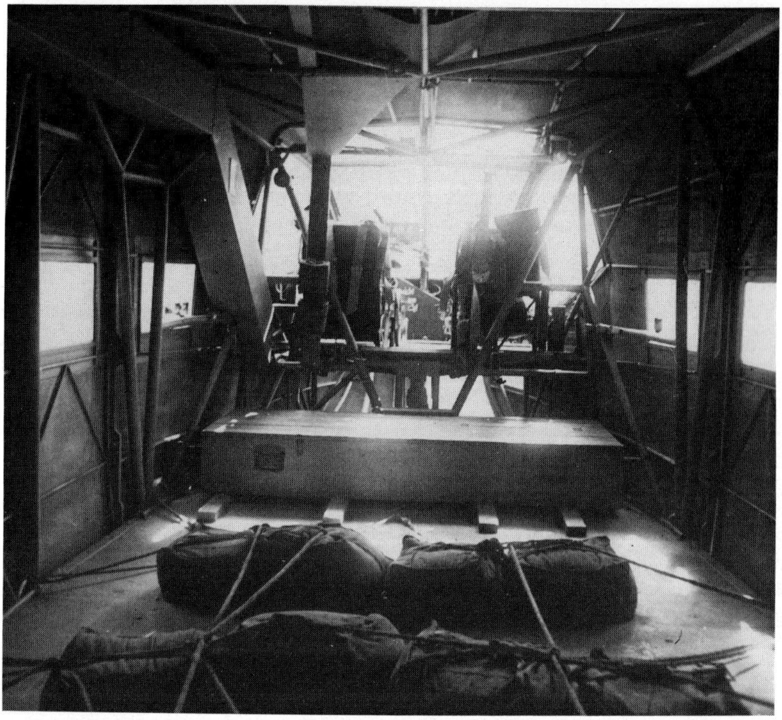

Kanzel einer
Me 321

Ausbildung im
Reichsgebiet

Befehlsausgabe

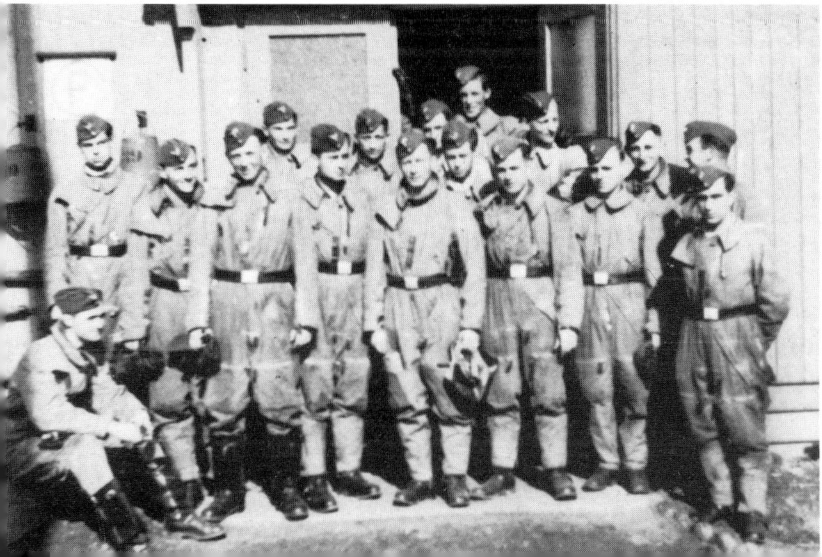

Fluggruppe XX,
Fliegerschule
(S) 1, Eschborn,
März 1942

Bereitstellung von Go 242 im Nordabschnitt der Ostfront, Frühjahr 1942

Go 242 auf dem Flug nach Cholm

Landefeld Cholm (Weiß umrandet)

LS-Besatzungsmitglieder im Kessel Cholm: Seidel (links), Möller (4. von links), Lang (2. von rechts), Peterlein (3. von rechts)

Vor der HKL gelandete Go 242

Heeressoldaten untersuchen nach Kesselöffnung ein Go 242 Wrack

Schleppzüge des Verbindungskommandos (S) 4 über Südrußland, Sommer 1942

sen niederging, wenn auch nur eine Sekunde zu spät ausgeklinkt wurde. Oft mußte ein stets bereitstehender Stoßtrupp die so sehnlichst erwarteten Waffen oder Spezialisten, wie Funker, Pak-Schützen, in Sicherheit bringen und die Russen vertreiben, die sich bereits an den Segler herangemacht hatten. Zweimal passierte es, daß die Ju 52 auf dem letzten Ende der Anflugstrecke in Brand geschossen wurden und wie eine brennende Fackel am feindwärtigen Rande des Landeplatzes niedergingen. Doch die Segler erreichten wohlbehalten ihr Ziel, und sogar die Besatzungen der Schleppmaschinen, die wir längst abgeschrieben hatten, konnten sich im Schutze der Nacht trotz schwerer Brandwunden zu uns durchschlagen.«

So Lt. Dettmann, seinerzeit Artilleriebeobachter in Cholm.

Wie erging es nun den in Cholm gelandeten Lastenseglerpiloten? Werner Sinhart berichtet:

»Am 16. 3. 1942 startete ich um 09.15 Uhr in Riga und war um 10.50 Uhr in Pleskau gelandet. Dort wurde meine Maschine beladen mit 1000 kg Tellerminen, 5 Granatwerfern, 2 Zentnern Schokolade, Wollsachen, und nun kamen noch 18 Mann hinzu. Programmgemäß starteten wir um 16.45 Uhr in Pleskau. Als ich nach 80 Minuten Flugzeit merkte, daß wir die letzten deutschen Stellungen in etwa 20 m Höhe überflogen hatten, gab ich den Befehl, den Stahlhelm aufzusetzen und sich gut festzuhalten. Alles verstummte, und ich war froh, als ich zugleich mit dem Wackeln der Schleppmaschine (Uffz. Wagner) einen Haufen gelandeter Flugzeuge sah. Ich setzte meine Go mitten dazwischen, ca. 100 m seitlich zur HKL, während Wagner nach links wegdrehte. Im Halbdunkel kam dann ein Pferdeschlitten, waren es Russen? Wir warteten, nein, es waren Deutsche, die dann unsere kostbare Fracht geborgen haben. Keiner ahnte, daß wir noch 51 Tage im Kessel ausharren sollten. Oft sorgenvolle Tage und auch Tage der Trauer. So verlor ich von meinen nächsten Kameraden in diesen Tagen neben meinem zweiten Flugzeugführer Ernst Brock auch noch Richard Nüske sowie Otto Galle, Max Pfeiffer, Bruno Schichtel und Claus Metzel. Der 29. 3. war ein schwerer Tag. Mein Freund Günter Langmann landete etwas zu dicht bei uns und berührte in 2 m Höhe einen Telegraphenmast. Die Maschine machte eine Rolle links und landete mit totalem Bruch auf dem Rücken. 6 tote Pioniere waren in der Maschine. Günter Langmann konnten wir schwerverletzt aus der Maschine retten. Am 29. 4. gegen Abend kamen wieder einige Go 242; als sie landeten, erhielt eine Ju 52 Feuer, so daß sie brennend vor der HKL landen mußte. Wir bildeten innerhalb weniger Minuten mehrere Stoßtrupps. Einen solchen Stoßtrupp führte ich und konnte so die Kameraden mit Ofw. Sturm sicher zu uns geleiten. Am schwersten waren die Tage vom 1. 5. – 3. 5. 1942. Ununterbrochen wurden wir mit schwerem Geschützfeuer und Stalinorgeln der Russen eingedeckt.

Uffz. Langguth arbeitete vor dem Bunker, als ihn mehrere Treffer in Knie und Unterleib trafen. Er starb ganz schnell. Max Pfeiffer war im Nachbarhaus und verbrannte durch ein Brandgeschoß, doch am schwersten traf es unser gegenüberliegendes Haus mit 45 Verwundeten. Nach einem Volltreffer brannte es aus und alle Kameraden wurden getötet, und Pius Bühler verlor sein Augenlicht.«

Überhaupt war die Lage der Schwerverwundeten im Kessel trostlos. Nur in den ersten Tagen der Einschließung war es möglich gewesen, verwundete Soldaten auszufliegen. Ende April lagen in überfüllten Kellern etwa 1500 Verwundete. Nur durch den Einflug von Sanitätspersonal und Medikamenten konnte ein völliger Zusammenbruch der ärztlichen Versorgung vermieden werden.

Nach 105 Tagen der Einschließung wurde Cholm am 5. 5. 1942 durch einen Gegenangriff des Gren.Rgt. 411 entsetzt. 1500 Soldaten der Besatzung waren in den vergangenen 3 1/2 Monaten gefallen oder ihren Verwundungen erlegen. Nicht wenige fielen dem Flecktyphus zum Opfer. Daß es den Soldaten der ›Kampfgruppe Scherer‹ überhaupt möglich gewesen war, so lange auszuharren, war nicht zuletzt dem steten Einsatz der Verbände des Lufttransportführers (Oberst Morzik) zu verdanken:

– 2122 Einsätze zum Abwurf von Versorgungsbomben wurden durch He 111-Verbände (KG 4, I./KG 53, KGrzbV 5) durchgeführt.
– 91 Ju 52 starteten – in der ersten Phase der Einschließung – nach Cholm. Mehrere hundert Verwundete konnten noch ausgeflogen werden. 27 Ju 52 gingen verloren.
– 56 zerschossene Go 242 wurden Mitte Mai 1942 von einer Untersuchungskommission der Luftflotte 1 auf dem Flugfeld Cholm gezählt. Nach einer Meldung der I./KGzbV 172, die, verstärkt durch Motorpiloten des LLG 1, als Schleppverband fungierte, wurden sogar 81 LS-Flüge nach Cholm durchgeführt.

Genaue Angaben über die Menge der durch LS transportierten Güter und die Anzahl der eingeflogenen Soldaten sind nicht erhalten geblieben. Auch die Zahl der in Cholm bei der Landung oder im Erdkampf gefallenen LS-Führer ist nicht bekannt. Bemerkenswert ist, daß zwei Piloten, die Go-FF Seidel und Köhler zweimal in den Kessel geflogen sind. Nur ein Teil der in Cholm gelandeten LS-Piloten und Bordmechaniker konnte noch namentlich ermittelt werden:

Allkämper, Baier, Bastian, Becker, Borckhardt, Brock, Brosch, Bruns, Bühler, Dinges, Dornbusch, Eck, Galle, Gassmann,

Griesmaier, Görtjes, Hahn, Häusler, Horvarth, Jauch, Jester, Kindl, Klemm, Knöbel, Koch, Köhler, Kohn, Kurre, Lang, Langguth, Langmann, Lanthelme, Laqua, Leschantz, Loos, Lutz, Lux, Matt, Mattes, Metzel, Mix, Möller, Möschel, Neu, Niehusen, Nowick, Nüske, Peterlein, Pfeiffer, Reinicke, Rolf, Schädler, Schäuble, Schichtel, Schneider, Schulz (Franz), Schulz (Friedrich), Seidel, Seifert, Sinhart, Solbrig, Stock, Stüber, Stüwe, Trautwein, Uhe, Ulmer, Volkmann, Weber, Wendisch, Wilmskötter, Zott.
Manche Besatzungsmitglieder mußten aufgrund von Verwundungen oder Typhuserkrankungen noch lange Zeit in Lazaretten zubringen und kehrten erst nach Monaten zu ihren Stammeinheiten zurück.

7. Neugliederung der fliegenden Verbände des XI. Fliegerkorps im Frühjahr 1942

Nicht zuletzt die positiven Erfahrungen, die man an der Ostfront im Herbst 1941 mit den DFS 230-Kommandos und im Winter 1941/42 mit den Go 242-Kommandos gemacht hatte, führten dazu, daß seitens des XI. Fliegerkorps der Befehl zur Aufstellung von 10 DFS 230-Staffeln und 6 Go 242-Staffeln gegeben wurde. Eine DFS 230-Staffel sollte 15 Segler und 2 He 46 Motormaschinen umfassen; die Sollstärke einer Go-Staffel betrug ebenfalls 15 Segler. Als Schleppmaschinen fanden vorwiegend He 111 Verwendung.
Diese selbständigen LS-Staffeln sollten an der Ostfront und im Mittelmeerraum vor allem zu Lufttransportzwecken – weniger zu Kampfeinsätzen – verwendet werden. Die Go 242 eignete sich im Gegensatz zur Ju 52 auch zum Transport sperriger Güter (Geschütze, Flugzeugmotoren).
Die Aufstellung dieser 1. – 10. DFS 230-Staffel und 1. – 6. Go 242-Staffel erfolgte im April/Mai 1942 durch das LLG 1, die Ergänzungsgruppen (S) 1 Langendiebach und (S) 2 Posen und die bereits an der Ostfront befindlichen Go 242-Kommandos des Luftwaffenkommandos Ost und der Luftflotte 4.
Der bisherige Aderlaß an Personal und Material änderte naturgemäß auch die Gliederung des LLG 1 (seit Dezember 1941 geführt von Gen. von Heyking). In einer Chronik der III./LLG 1 heißt es:

April 1942	Auflösung der III./LLG 1 und Umbenennung in Übungsgruppe III./LLG 1 mit der 9. Üb. Staffel. Überzähliges fliegendes Personal wird nach Langendiebach, Freiburg, Parchim und Posen abgegeben.
Juni 1942	Übernahme der Übungsgruppe durch Hptm. Lange. Hptm. Weber wird zu einem Kampfverband versetzt.
Oktober 1942	Wieder Umbenennung der Übungsgruppe III./LLG 1 in III./LLG 1; zunächst auch nur mit 9. Staffel.

Ebenso erfolgte die Umbenennung der I./LLG 1 (Hildesheim) und der II./LLG 1 (Halberstadt) in Übungsgruppe I./LLG 1 beziehungsweise Übungsgruppe II./LLG 1. Die Schleppmaschinen der I./LLG 1 wurden zu einer ›Einsatzgruppe I./LLG 1‹ zusammengefaßt; diese verlegte im Juni 1942 mit 22 Ju 52 in den Mittelmeerraum, wo Versorgungseinsätze für das Deutsche Afrika-Korps geflogen wurden. Aus dem Personal der Hildesheimer Staffeln wurden DFS 230-Staffeln gebildet, die im Mittelmeerraum und im Nordabschnitt der Ostfront zum Einsatz kamen.
Von den Halberstädter Staffeln wurden zahlreiche Piloten und Techniker im Mai 1942 nach Hagenow/Mecklenburg in Marsch gesetzt; dort kam es zur Aufstellung von Staffeln, die für den Südabschnitt der Ostfront bestimmt waren.
Ebenfalls im Sommer 1942 wurden aus Personal des LLG 1 vier Stäbe, sogenannte Verbindungskommandos (S), aufgestellt, die, verschiedenen Luftflotten zugeteilt, dort den Einsatz der LS-Staffeln lenken sollten.

Luftflotte 1	= VK(S) 1	(Oberst Brandes)
Lw. Kdo. Ost	= VK(S) V	(Oberstlt. Edler von Braun)
Luftflotte 4	= VK(S) 4	(Hptm. Schossig
Luftflotte 2	= VK(S) 2	(Hptm. Frömert)

Die Bezeichnung 1. DFS 230 – 10. DFS 230-Staffel sowie 1. Go 242 – 6. Go 242-Staffel wurde allerdings nicht lange beibehalten. Je nachdem, welcher Luftflotte, welchem Luftwaffenkommando oder Fliegerkorps die jeweilige DFS 230- oder Go 242-Staffel zugeteilt wurde, änderte sich ihre Bezeichnung.
Die 6. DFS 230-Staffel, die der Luftflotte 1 unterstellt wurde, hieß nun 1. (DFS)/VK(S) 1. Die dem Luftwaffenkommando Ost zugewiesene 4. Go 242-Staffel wurde in 1. (GO)/VK(S) V umbenannt. (Der Stab des Lw. Kdo. Ost war aus dem Stab des V. Fliegerkorps gebildet worden).
Nachdem die neuaufgestellten Staffeln ihre Einsatzräume erreicht hatten, ergab sich Mitte September 1942 folgendes Bild:

1. DFS 230-Staffel	= 1. (DFS)/VIII	(VIII. Fliegerkorps)
2. DFS 230-Staffel	= im Juli 1942 aufgelöst	
3. DFS 230-Staffel	= im Juli 1942 aufgelöst	
4. DFS 230-Staffel	= 1. (DFS)/Lw.Kdo. Don	(Lw.Kdo. Don)
5. DFS 230-Staffel	= 1. (DFS)/VK(S) 4	(Luftflotte 4)
6. DFS 230-Staffel	= 1. (DFS)/VK(S) 1	(Luftflotte 1)
7. DFS 230-Staffel	= 1. (DFS)/VK(S) V	(Lw.Kdo. Ost)
8. DFS 230-Staffel	= 1. (DFS)/VK(S) 2	(Luftflotte 2)
9. DFS 230-Staffel	= 2. (DFS)/VK(S) 2	(Luftflotte 2)

10. DFS 230-Staffel	= Umrüstung auf Go 242, wird 1. (Go)/Lw.Kdo. Don	(Lw.Kdo. Don)
1. Go 242-Staffel	= 1. (Go)/VK(S) 4	(Luftflotte 4)
2. Go 242-Staffel	= 2. (Go)/VK(S) 4	(Luftflotte 4)
3. Go 242-Staffel	= 1. (Go)/VK(S) 1	(Luftflotte 1)
4. Go 242-Staffel	= 1. (Go)/VK(S) V	(Lw.Kdo. Ost)
5. Go 242-Staffel	= 2. (Go)/VK(S) 2	(Luftflotte 2)
6. Go 242-Staffel	= 1. (Go)/VK(S) 2	(Luftflotte 2)

Während die neuaufgestellten LS-Staffeln einsatzmäßig den jeweiligen Luftflotten unterstellt waren, blieb eine weitere Neuaufstellung, das Luftlandegeschwader 2 (Parchim), unter dem direkten Kommando des XI. (Luftlande) Fliegerkorps. Im Gegensatz zum LLG 1 war das LLG 2 mit der Go 242 ausgerüstet. Die 1. (Go)/KGzbV 1 war die Keimzelle des neuen Geschwaders; bald folgten Geschwaderstab und Gruppenstab I./LLG 2. Anfang Juni 1942 wies das LLG 2 folgende Gliederung auf:

Geschwaderstab LLG 2	(Obstlt. Kupschuß)
Stabsstaffel (4 San- Go)	(Olt. Ickenroth)
I./LLG 2	(Mj. Münter)
1./LLG 2	(Hptm. Trautwein)
2./LLG 2	(Hptm. Metscher).

Im Herbst 1942 wurde die I./LLG 2 um eine 3. Staffel, im Frühjahr 1943 um eine 4. Staffel erweitert.

Auf Befehl des XI. Fliegerkorps wurde im Juni 42 aus Teilen der auf dem Fliegerhorst Posen liegenden Ergänzungsgruppe (S) 2 die II./LLG 2 gebildet. Allerdings existierte diese Gruppe nur wenige Wochen; schon Mitte September 1942 meldete das XI. Fliegerkorps die II./LLG 2 wieder als aufgelöst. Lediglich die 5./LLG 2 (vormals 1./Erg. Gr. (S) 2) blieb bestehen und verlegte im Herbst 1942 an die Ostfront, wo sie dem Verbindungskommando (S) V unterstellt wurde.

Änderungen gab es auch bei den Me 321-Staffeln. Bekanntlich waren von den vormals vier GS-Staffeln nur zwei bestehen geblieben, nämlich die GS 22 und die GS 4; diese wurden im Frühjahr 1942 in 3. (GS)/KGzbV 2 bzw. 4. (GS)/KGzbV 2 umbenannt. Sehr bedeutsam war, daß die ›Gigant‹-Staffeln jetzt mit der He 111 Z endlich ein Schleppflugzeug erhielten, dessen 6700 PS eine zufriedenstellende Startleistung darstellten. Die He 111 Z – ein Zusammenbau zweier He 111 – ging auf ein Initiative des Chefs des Technischen Amts, Ernst Udet, zurück, der den bisher praktizierten Troika-Schlepp als zu gefährlich ablehnte. Die ersten beiden

im Herbst 1941 fertiggestellten He 111 Z Prototypen nahmen sogleich die Erprobung auf, die Anfang 1942 von der E-Stelle Rechlin fortgesetzt wurde. Da auch die Schleppversuche günstig verliefen, erhielt die Firma Heinkel den Auftrag zur Fertigung von 10 He 111 Z Serienmaschinen, die dann im Laufe des Jahres 1942 ausgeliefert wurden.
Über den Bestand des XI. Fliegerkorps an Lastenseglerverbänden und einsatzbereiten Flugzeugen am 31. 8. 1942 gibt folgende Übersicht Auskunft:

Verband	*Flugzeuge (einsatzbereit)*
Stab LLG I	8 DFS 230
I./LLG 1 (Übungsgruppe)	81 DFS 230
II./LLG 1 (Übungsgruppe)	4 Hs 126, 46 DFS 230
III./LLG 1 (Übungsgruppe)	76 DFS 230
Stab LLG 2	1 He 111, 2 Go 242, 2 Go 244
I./LLG 2	1 He 111, 30 Go 242, 6 DFS 230
II./LLG 2	–
3. (GS)/KGzbV 2	1 He 111 Z, 1 Me 321
4. (GS)/KGzbV 2	1 He 111 Z, 11 Me 321
Erg. Gr. (S) 1	1 Ju 87, 32 DFS 230
Erg. Gr. (S) 2	22 DFS 230

Die Staffeln der 4 Verbindungskommandos (S) verfügten über etwa 170 Motor- und Segelflugzeuge. Über ihren Einsatz soll in den nächsten Kapiteln berichtet werden.

8. Das Verbindungskommando (S) 1 im Nordabschnitt der Ostfront 1942/43

Die im Mai 1942 durch das LLG 1 in Hildesheim aufgestellte 6. DFS 230-Staffel. (Staffelführer Lt. Lothar Reich) verlegte im selben Monat nach Hagenow. Dort erfolgte die Übernahme der Lastensegler und Fahrzeuge; per Eisenbahntransport gelangte die Staffel nach Riga-Spilve, wo sie in 1. (DFS)/VK(S) 1 umbenannt wurde. Kommandeur des der Luftflotte 1 direkt unterstellten Verbindungskommandos (S) 1 war Oberst Brandes.
Aus Personal der in Cholm eingesetzten verschiedenen Go 242-Kommandos wurde – ebenfalls im Mai 1942 – die 1. (Go)/VK(S) 1 (Staffelführer Olt. Erhard Werner) gebildet und in Riga stationiert.
Die 1. (DFS)/VK(S) 1 führte im Sommer und Herbst 1942 Versorgungsflüge nach Pleskau und Gatschina an der Leningradfront durch. Drei DFS 230 wurden der Nahaufklärungsgruppe 11 in Szolzy am Ilmensee unterstellt. Ein weiteres DFS 230-Kommando der Staffel lag in Sieverskaja.
Die 1. (Go)/VK(S) 1 verfügte im Sommer 1942 über 15 Go 242, die aber alle unmontiert in Transportkisten gelagert wurden. Einsätze wurden von dieser Staffel überhaupt nicht durchgeführt. Im Oktober 1942 verlegte die 1. (Go)/VK(S) 1 nach Lechfeld, wo sie in die I./LLG 2 eingegliedert wurde.
Auch die 1. (DFS)/VK(S) 1 verließ im Oktober 1942 Riga und kam nach Posen zur Erg.Gr.(S) 2. Innerhalb weniger Tage erfolgte nun Auflösung, Neuaufstellung und erneute Verlegung der Staffel nach Riga.
Anfang Dezember 1942 traf in Riga eine aus Flugzeugführern der III./LLG 1 gebildete und von Olt. Dittmar geführte DFS 230-Staffel ein. Diese Staffel – kurzzeitig als 2. (DFS)/VK(S) 1 bezeichnet – führte zusammen mit Infanterieeinheiten Übungsflüge, Einsatzlandungen und Gefechtsausbildung durch. Angeblich

war ein Luftlandeeinsatz gegen den im Finnischen Meerbusen gelegenen russischen Marinehafen Kronstadt vorgesehen. Nachdem dieser Plan nicht zur Durchführung kam, erfolgte im Februar 1943 die Eingliederung der 2. (DFS)/VK(S) 1 in die 1. (DFS)/VK(S) 1. Der nunmehrige Hptm. Dittmar wurde Kommandeur des VK(S) 1, das Anfang 1943 einen Bestand von 11 Motormaschinen (HS 126, Avia 534) und 15 Seglern (DFS 230) aufwies.
Ende Januar 1943 unterstellte man dem VK(S) 1 die neuaufgestellte III./LG 1 (Hptm. Lange), die von Goslar aus eigentlich zur Versorgung Stalingrads in Marsch gesetzt worden war, dann aber nach Riga-Spilve umgeleitet wurde; wahrscheinlich stand diese Verlegung in Zusammenhang mit dem geplanten Luftlandeeinsatz Kronstadt. Während die III./LLG 1 aber keinerlei Einsätze durchführte und im März nach Hildesheim und Goslar zurückkehrte, nahm von Newel aus ein Einsatzkommando der 1. (DFS)/VK(S) 1 an der Versorgung von Welikije Luki teil. Ein weiteres Einsatzkommando der 1. (DFS)/VK(S) 1 verlegte unter der Führung von Olt. Brandt Ende Januar 1943 über Lemberg nach Saporoschje, um an der Versorgung Stalingrads teilzunehmen, doch kehrte das Kommando im Februar 1943 unverrichteterdinge nach Riga zurück.
Nach einigen Versorgungsflügen in der Gegend des Ilmensees wurde das VK(S) 1 im Mai 1943 nach Wiener Neustadt und anschließend nach Belgrad-Semlin verlegt. Ungeklärt blieb das Schicksal eines Schleppzuges der 1. (DFS)/VK(S) 1 und seiner fünfköpfigen Besatzung, der am 26. 9. 1943 irgendwo zwischen Krusevac und Mostar abstürzte.
Im Oktober 1943 erfolgte die Umbenennung des VK(S) 1 in Schleppgruppe 1.

9. Das Verbindungskommando (S) V (Schleppgruppe 3) im Mittelabschnitt der Ostfront 1942–1944

KESSELEINSATZ WELIKIJE LUKI 1942/43

Anfang April 1942 wurde in Hildesheim durch das LLG 1 die 7. DFS-Staffel (Staffelführer Olt. Hans Richter) aufgestellt. Die Staffel war mit 15 DFS 230 und 2 He 46 Motormaschinen ausgerüstet; letztere wurden von Olt. Hartung und Fw. Hämmerling geflogen.
In der ersten Mai-Hälfte wurden die beiden He 46 nach Smolensk-Nord überflogen, während die Staffel selbst mit dem gesamten Personal, dem Gerät sowie den Seglern im Bahntransport folgte.
In Smolensk war der Stab des neuaufgestellten Verbindungskommandos (S) V unter Oberstlt. Edler von Braun stationiert.
Die 7. DFS-Staffel wurde dem VK(S) V als 1. (DFS)/VK(S) V unterstellt. Ebenfalls in Smolensk lag die 1. (Go)/VK(S) V; sie wurde von Olt. Schuhmacher geführt und verfügte im Frühsommer 1942 über 6 He 111 und 15 Go 242. Diese Staffel war im Mai aus dem Go-Kdo./Lw.Kdo. Ost (Lt. Auderer) gebildet worden.
Lastenseglereinsätze im Frontgebiet wurden von den beiden Staffeln in den Sommermonaten des Jahres 1942 noch nicht durchgeführt; lediglich die Go-Staffel flog mit ihren He 111 einige Luftversorgungseinsätze im Raum nordöstlich Smolensk. Dabei wurden Versorgungsgüter für abgeschnittene Truppenteile abgeworfen.
Das Lw.Kdo. Ost zog dann allerdings die Go 242 zur Durchführung von Transporten aus dem rückwärtigen Heeresgebiet zu den Flugplätzen der Frontverbände heran; so schafften die Segler unter anderem vom Luftpark Warschau Motoren für die Ju 88 der Kampfverbände herbei. Dabei mußte grundsätzlich entlang der Bahnlinien geflogen werden, um mögliche Notlandungen im Partisanengebiet zu vermeiden.

Am 19. 12. 1942 begann an der Südfront die große russische Winteroffensive gegen die deutsche Heeresgruppe B. An der Nordfront sollten durch gleichzeitige Angriffe deutsche Kräfte gebunden werden. Russische Ziele waren hierbei die Städte Witebsk und Welikije Luki.
Welikije Luki war ein für beide Seiten strategisch sehr wichtiger Verkehrsknotenpunkt an der Nahtstelle zwischen den Heeresgruppen Nord und Mitte. Die Stadt wurde von den Russen nördlich und südlich umgangen und am 26. 12. 42 eingeschlossen.
Unmittelbar nach der Einschließung von Welikije Luki wurde vom Luftwaffenkommando Ost der ›Gefechtsverband Wilke‹ unter Führung des Kommodore des KG 53, Oberst Wilke, gebildet, um die Besatzung der Stadt zu unterstützen. Diesem ›Gefechtsverband Wilke‹ waren – in wechselnder Stärke – verschiedene Kampf-, Sturzkampf- und Jagdgruppen sowie Aufklärungs- und Lastenseglerstaffeln unterstellt. Die Durchführung von Versorgungseinsätzen oblag vor allem dem VK(S) V und den KG 4 und KG 53. Da die Stadt für einen Großkampf nicht ausreichend bevorratet war, stellte das Grenadierregiment 277 umgehend Antrag auf Luftversorgung. Die 1. (Go)/VK(S) V begann daher ab Ende November 1942 ihre He 111 für den Abwurf von Behältern einzusetzen. Abwurfplatz war das Gebiet des Ostbahnhofs mit seinem Rangiergelände. Die He 111 flogen von Süden kommend an, lösten im Langsamflug in etwa 200 m Höhe die Behälter aus und flogen im Tiefstflug über russisches Gebiet nach Norden ab. Die russische Abwehr wurde aber bald stärker, so daß immer weniger Versorgungsbomben in deutsche Hände fielen. Zudem verhinderte die Wetterlage oft den Start der Transport- und Kampfmaschinen. Immer dringender wurden daher die Hilferufe der Eingeschlossenen:

6. 12. 1942: Munition reicht noch für 8 Tage, wann Lastensegler?
9. 12. 1942: Munition vordringlich!
12. 12. 1942: Versorgungsbomben reichen nicht! Unbedingt erforderlicher Einsatz von Lastenseglern fand nicht statt!

Olt. Hartung, inzwischen bei der 1. (Go)/VK(S) V, bereitete den ersten LS-Einsatz vor:

»Die Landungen sollten im Schutz der Dämmerung oder der Nacht erfolgen, und zwar ebenfalls im Bahngelände im Osten. Dazu mußte das Landefeld vorbereitet und beleuchtet werden. Diese Aufgabe sollte einer unserer LS-Führer übernehmen, da im Kessel kein geeigneter Mann dafür zur Verfügung stand. Für diesen Auftrag meldete sich von der Go-Staffel Uffz. Lorenz freiwillig. Wir flogen mittags bei wolkenlosem Himmel und strahlendem Sonnenschein ab, gingen auf Absprunghöhe herunter und erreichten das Ziel im Langsamflug; auf ein entsprechendes Signal sprang Lorenz aus der geöffneten Bodenluke ab. Wir sind dann in üblicher Weise im Tiefflug zurückgeflogen.

Für die dann in der Dunkelheit durchzuführenden Schleppflüge wurden verschiedene Vorbereitungen getroffen:

1. Auf der Oberseite beider Tragflächen der He 111 wurden abgedeckte Positionslampen angebracht, die die Tragflächen schwach beleuchteten. Dadurch erhielt der LS-Führer die Möglichkeit, die Lage beider Flugzeuge zueinander zu erkennen, dem Schleppflugzeug exakt zu folgen und gleichsam ›nach Sicht‹ zu fliegen.
2. An die Bordsprechanlage der He 111 wurde der Segler angeschlossen, d. h. ein Kabel wurde mit dem 40 m langen Schleppseil verbunden. Wir konnten uns während des Fluges verständigen.«

Am 16. 12. 1942, zwei Stunden nach Mitternacht, startete dann von Orscha der erste Schleppzug nach Welikije Luki. Gesteuert wurde die Go 242 von Ofw. Rademacher und Ogfr. Weyermanns. Rademacher zählt zu den wenigen Lastensegler-Flugzeugführern, die den Einsatz Welikije Luki überlebten:

»Wir hatten 3 t Medikamente und Post geladen. Es war eine dunkle Nacht. Nach etwa 2 Stunden waren wir über Welikije Luki in etwa 2000 m Höhe. Nachdem der Schlepp-Pilot noch eine Runde geflogen hatte, bestätigte ich, die Landebahn erkannt zu haben und klinkte aus. Die Landebahn war gut durch die roten und grünen Positionslampen zu erkennen. Von dort aus wurde auch die erste grüne Leuchtpatrone abgeschossen. Während ich dann einen Vollkreis drehte, schossen auch die Russen aus ihren Stellungen grüne Leuchtkugeln. Bei etwa 1000 m setzte heftiges MG-Feuer ein, doch erreichten uns die Garben nicht. Ich drückte die Go an und stellte mit Schrecken fest, daß die Geschwindigkeit 370 km/h betrug. Nach einer hochgezogenen Linkskurve steuerte ich mit voll ausgefahrenen Bremsklappen die Landebahn an. Der ausgefahrene Bremssporn fand auf dem völlig vereisten Landefeld keinen Halt. Noch immer hatte ich zuviel Fahrt und raste auf das Holzhaus am Ende der Landebahn zu. Unmittelbar dahinter befand sich, so hatte man mir vor dem Start bedeutet, die Hauptkampflinie. So steuerte ich das Fenster des Hauses an, das mir so groß wie die Kanzel der Go erschien. Leider stand 10 m vor dem Haus eine große Betonsäule. Diese riß einen Meter von der rechten Tragfläche ab. Durch diesen Widerstand slippte die Go nach links auf das Haus zu. Gebälk durchschlug die Kanzel und brach mir den rechten Unterarm. Als dann die linke Tragfläche am Haus Halt fand, setzte sich die Go wieder gerade und drückte die gesamte Hauswand ein. Krachend fiel das Haus über uns zusammen. Danach Dunkelheit, Staub und völlige Ruhe. Ich spürte meinen linken Arm nicht mehr. Pioniere holten uns aber dann heraus, und wir wurden von einem Sanitäter behandelt. Mit gro-

ßer Eile luden Soldaten die unbeschädigte Ladung auf bereitgestellte LKW.
Sie wußten, was bald kommen würde. Wir machten uns auf den Weg zum Hauptverbandsplatz. Insgesamt brauchten wir 3 Stunden, denn bald setzten Fliegerangriffe ein, und ein unheimliches Bombardement ging bald auf uns nieder. Immer wieder Deckung suchend, lernten wir die Schrecken des Krieges kennen. Das grauenvollste war der Hauptverbandsplatz! Tote und Verwundete lagen in den Gängen. Dazu Schreie und entsetzlicher Gestank. – Nachdem wir verarztet waren, wurden wir zum Regimentsgefechtsstand entlassen.«

Die Landung des ersten Seglers wurde seitens der Eingeschlossenen mit großer Freude vernommen. Das Rgt. 277 beantragte, Lastensegler in großer Zahl einzusetzen und auch Fallschirmjäger einzufliegen. Die außerordentlich schlechte Wetterlage indes verhinderte in den nächsten Tagen eine Zuführung von Reserven. Russische Luftangriffe und Artilleriefeuer fügten den Verteidigern ständig Verluste zu. Bedingt durch Mangel an Munition und schweren Waffen begann die Kraft der Eingeschlossenen immer mehr zu erlahmen. Auch Versuche, den russischen Einschließungsring von außerhalb zu sprengen, blieben erfolglos. Symptomatisch für die Stimmung im Kessel war ein Funkspruch vom 24. 12. 1942: »Es muß alles versucht werden, uns sofort Munition und Waffen mit einem Massenaufgebot von Lastenseglern zu bringen. Für Nachtlandungen auf dem Jahrmarktsplatz ist gesorgt. Die Truppe leistet Unmenschliches!«
Am 25. 12. 42 klarte endlich der Himmel auf, doch ein anfliegender Lastensegler, beladen mit 16 Soldaten, wurde getroffen und stürzte unmittelbar vor den eigenen Linien brennend ab.
Auch die He 111-Einheiten, die an diesem Tag Behälter abwarfen, verloren eine Maschine über der Stadt. Dann verhinderte eine Wetterverschlechterung wieder für Tage jeglichen Einsatz.
Der Oberbefehlshaber des Lw.Kdo. Ost, Gen. von Greim, funkte am 27. 12. 1942 an den Kampfkommandanten von Welikije Luki: ›Meine Besatzungen stehen startbereit, um bei jeder möglichen Wetterlage sie zu versorgen und Entlastung zu bringen. Seien Sie und Ihre tapferen Männer überzeugt, daß wir jede Gelegenheit mit brennendem Herzen erwarten, um Ihnen das Aushalten zu ermöglichen.«
In den frühen Morgenstunden des 29. 12. 1942 gelang dann 5 Lastenseglern die Landung auf dem Bahngelände des Ostbahnhofs. Unter den Gelandeten befand sich Uffz. Mayer. Er war als letzter gestartet und traf kurz vor dem Morgengrauen über Welikije Luki

ein. Aus 400 m Höhe erkannte er den – allerdings nur notdürftig hergerichteten – Leuchtpfad und klinkte aus. Starker Beschuß zwang ihn zum Ausweichen mit steilem Anflug. Dabei löste sich die Verankerung des an Bord befindlichen Geschützes; der Segler wurde stark kopflastig und konnte von den beiden Piloten nur mit Mühe kurz vor dem Aufsetzen wieder in eine normale Fluglage gebracht werden. Am Nachmittag landeten dann zwei weitere Segler glatt. Auf Befehl des Lw.Kdo. Ost sollte ein Nachtlandeplatz für ›Störche‹ vorbereitet werden, um eingeflogene LS-Besatzungen wieder abzuholen. Fw. Knut und Uffz. Mayer bekamen vom Kampfkommandanten der Festung den Auftrag, diesen Leuchtpfad anzulegen. Doch das gelang nicht, da russisches MG-Feuer die auf dem mit Granattrichtern überzogenen Wiesengelände ausgelegten Lampen auslöschte. Daraufhin wurde der ›Storch‹ mit einer Leuchtkugel zur Umkehr aufgefordert.
Am 30. 12. 1942 stürzte ein von Fw. Güldenpfennig gesteuerte DFS 230 der 1. (DFS)/VK(S) V über Welikije Luki ab. Dagegen gelang es am 31. 12. 1942 vier Pz. Abwehrkanonen mit Bedienungen einzufliegen.
Um die Jahreswende 1942/43 wurde das Verbindungskommando (S) V durch eine weitere Go-Staffel, die 5./LLG 2 (Olt. von Domarus) verstärkt. Diese selbständige, also nicht dem LLG 2 unterstellte Staffel war im Spätsommer 1942 in Posen aus der 1./Ergänzungsgruppe (S) 2 gebildet und Anfang Oktober im Eisenbahntransport nach Charkow in Marsch gesetzt worden. Ebenso wie die I./LLG 2 sollte diese Go-Staffel am Unternehmen ›Hasdrubal‹ (Besetzung der Ölfelder von Baku) teilnehmen. Da dieser Einsatz entfiel, gelangte die 5./LLG 2 schließlich nach einer mehrwöchigen Irrfahrt durch Mittelrußland nach Olsufjewo, südöstlich von Orscha. Ende Dezember 1942 schleppten He 111 des KG 4 – die 5./LLG 2 verfügte zu diesem Zeitpunkt noch über keine eigenen Motormaschinen – die Lastensegler der Staffel nach Orscha.
Neben den ungünstigen Wetterverhältnissen beeinträchtigte auch die russische Luftabwehr die Versorgungseinsätze immer stärker. So wurde am 2. 1. 1943 der Staffelkapitän der 1. (Go)/VK(S) V, Olt. Schuhmacher, mit seiner Besatzung bei einem Abwurfeinsatz abgeschossen. Daraufhin übernahm Olt. Hartung die Führung dieser Staffel.
Ende Dezember 1942 war es den Russen gelungen, den Kessel zu spalten. Die Reste der Besatzung wurden im Ostteil von Welikije Luki (Bahnhof) und in der Zitadelle an der Lowat zusammengedrängt.

Obwohl die He 111 immer wieder im Tiefstflug (Abwurfhöhe 80 – 200 m) die Flaksperren der russischen Abwehr durchbrachen, gelangte nur ein geringer Teil der Behälter in die Zitadelle, denn dieser Stützpunkt wies nur eine Ausdehnung von 250 mal 120 m auf. Erstmalig wurden jetzt sogar Stukas zum Versorgungsabwurf eingsetzt, doch zerschellten die Behälter bei dem harten Aufschlag. Angesichts der verzweifelten Lage der Eingeschlossenen plante man seitens des VK(S) V Anfang Januar 1943, mit Bremsfallschirmen ausgerüstete Lastensegler vom Typ DFS 230 in die Zitadelle stürzen zu lassen. In der Abenddämmerung des 4. 1. 43 startete Lt. Schneider von der 1. (DFS)/VK(S) V zu diesem schwierigen Einsatz. Als der Schleppzug über Welikije Luki ankam, war es bereits zu dunkel, um das Ziel zu erkennen; zudem erhielt der Segler Treffer im Höhenleitwerk, ein gezielter Sturz war somit unmöglich. Lt. Schneider mußte umkehren.

Dennoch gab man seitens der Luftwaffe nicht auf, den Belagerten Nachschub zuzuführen. So verlegte das in Riga stationierte VK(S) 1 in den ersten Januartagen 1943 unter Führung von Lt. Sonneborn ein Einsatzkommando (3 DFS 230) nach Newel. Der von dort am 6. 1. 43 gestartete Gfr. Frenzel wurde aber über Welikije Luki abgeschossen. Ein zweiter Segler mußte wegen heftigen Schneetreibens ausklinken, doch glückte dem Piloten, Ogfr. Seifart, noch eine Landung diesseits der deutschen Linien.

Am 7. 1. 1943 unternahm das VK(S) V einen weiteren Versuch, der Besatzung im Ostteil der Festung Verstärkung zuzuführen. Der Pilot des Motorflugzeuges, Fw. Hörning, berichtet:

»Am 7. 1. hatte ich den Auftrag, eine Go 242 von Orscha-Süd nach Welikije Luki zu schleppen. Die Beladung der Go bestand aus einem Pionier-Stoßtrupp (1/16) mit Gerät. Meine Besatzung bestand aus dem Beobachter Ofw. Burde, Bordfunker Fw. Büchel, Bordmechaniker Fw. Weyand. Der Start ging um 9.30 Uhr glatt vonstatten. Als ich nach unserer Koppelnavigation über Welikije Luki sein mußte, lag unter mir eine geschlossene Decke, die ein Erkennen des Zieles und damit ein Ausklinken der Go unmöglich machte. Ich kurvte nun langsam von 1400 m auf 350 m herab und versuchte, in der Hochnebeldecke fliegend, das Ziel zu erkennen. Das gelang trotz langen Suchens nicht. Dann stieß ich nach unten durch und flog in einer Höhe von etwa 120 m über qfe Orscha nach Westen. Ich wollte Bodenorientierung aufnehmen und dann das Ziel erneut unter der Wolkendecke anfliegen. Sofort, nachdem ich Bodensicht hatte, setzte starkes MG-Feuer ein. Das Flugzeug erhielt eine größere Anzahl Treffer.

Augenblicke später erhielt das Flugzeug unmittelbar hintereinander 5 Flakvolltreffer. Ein Treffer krepierte im rechten Teil des Instrumen-

tenbrettes und riß es aus seiner Halterung. Ein zweiter riß den Draufsichtkompaß des Führers ab und explodierte hinter dem Instrumentenbrett. Durch den Explosionsdruck zersprangen die großen Scheiben in der Kabine und beide Fenster flogen raus. 2 weitere Treffer trafen den linken Motor. Einer davon riß wahrscheinlich ein ganzes Luftschraubenblatt ab.
Als Folge des fehlenden Luftschraubenblattes traten so starke Schwingungen im ganzen Flugzeug auf, daß ich in jedem Augenblick sein Auseinanderbrechen erwartete. Die Funkanlage riß zum Teil aus der Aufhängevorrichtung. Die restlichen Scheiben in der Kanzel zersprangen. Das Instrumentenbrett fiel rechts vollkommen herab.
Mit allen Mitteln versuchte ich, den linken Motor abzustellen. Das gelang mit Zündung und Schnellstopp nicht. Auch ein Abwürgen des Motors mit der Luftschraubenverstellung war nicht möglich. Er lief mit vielleicht 800 Umdrehungen weiter, und ich war bis zur Landung in jedem Augenblick darauf gefaßt, daß der Motor aus der Fläche herausriß oder andere Teile des Flugzeugs zum Abmontieren brachte.
Das Gelände unter uns war für eine Bruchlandung denkbar schlecht. Nirgends war auch nur ein etwa 100 m langes Feld zu entdecken. Eine Kurve konnte ich nicht fliegen, sondern nur noch versuchen, im Geradeausflug ein Feld zu finden, das eine Landung ohne schwerste Beschädigungen des Flugzeuges ermöglichte.
Inzwischen war ich bis auf wenige Meter über Grund gefallen und mußte immer mehr ziehen, wenn wir nicht gegen eine der vielen Anhöhen auffliegen wollten. Dabei berührte der Sporn ein Haus.
Da die Fahrt immer geringer wurde, mußte ich in jedem Augenblick mit unserem Absturz rechnen. Deshalb ließ ich, als vor mir ein etwa 70 m langer abfallender Hang auftauchte, das Flugzeug in das dort stehende mannshohe Gestrüpp fallen, weil ich hoffte, daß dies die Landestrecke verkürzte. Das Flugzeug rutschte etwa 50 m. Die Besatzung blieb unverletzt und verließ in größter Eile das Flugzeug.«

Auch der Pilot der Go, Jakob Neu, konnte diesseits der deutschen Linien landen.
Nur ganz wenigen Go 242 und DFS 230 gelang in der ersten Januarhälfte noch eine Landung im Ostteil der Festung. So beobachtete Uffz. Mayer von einem im Bahnhofsgelände angelegten Stützpunkt die Landung von 2 Go 242. Beide Segler erhielten schon im Anflug Flaktreffer. Der Bordmechaniker der ersten Go war bereits bei der Landung tot, der Flugzeugführer fiel in dem Augenblick, als er das Fenster des Bahnhofsgebäudes erreichte und hereingezogen werden sollte. Die zweite Go 242 (FF Uffz. Hirschmann) hatte Kartuschen für die wenigen im Kessel befindlichen Geschütze geladen. Durch den russischen Beschuß entzündeten sich einige Kartuschen, und aus dem Segler schlug an einer

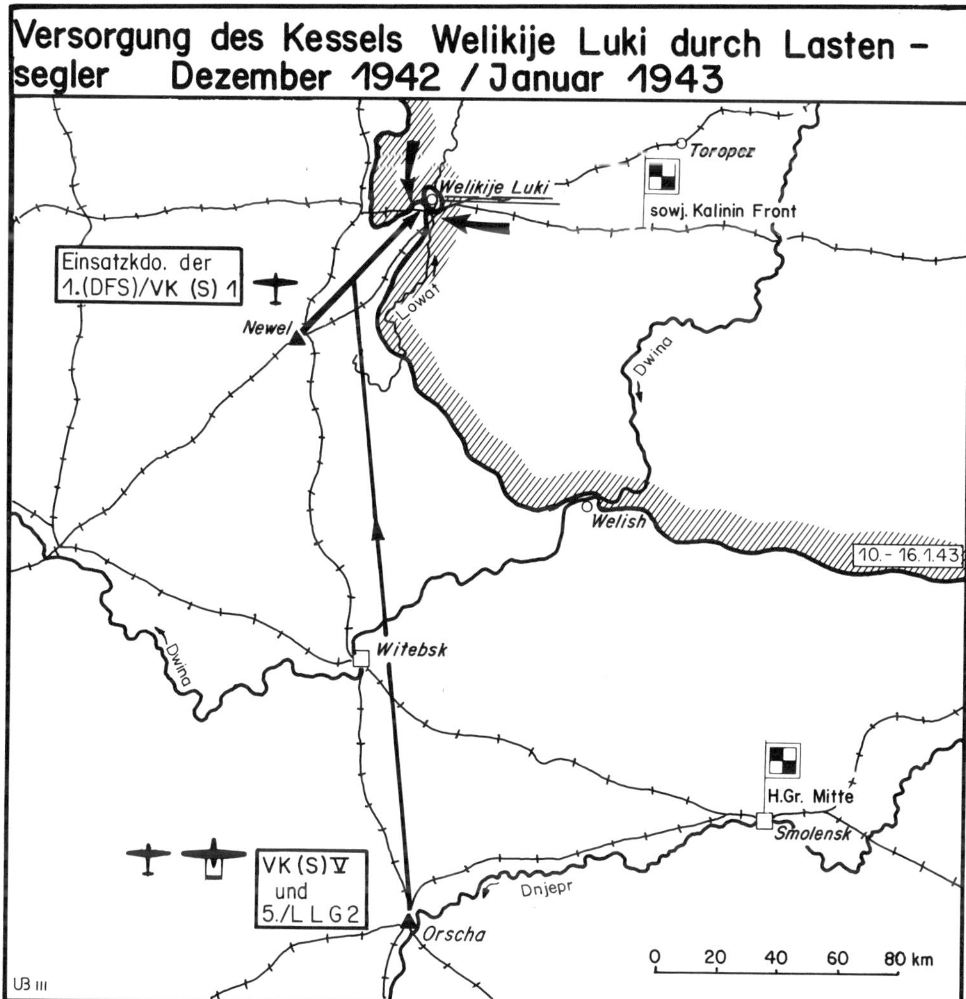

Versorgung des Kessels Welikije Luki durch Lastensegler Dezember 1942 / Januar 1943

Seite Feuer, das aber beim Aufsetzen bereits wieder erloschen war. Hirschmann berichtete später, daß sein Bordmechaniker während des Slipp (Seitengleitflug) die dem Fahrtwind zugeneigte stoffbespannte Seitenwand des Seglers eingetreten hatte. Dabei waren wohl in der Maschine so starke Verwirbelungen entstanden, daß das Feuer augenblicklich erlosch.

Die Versorgungseinsätze der Lastensegler und He 111 konnten den Untergang der Festung verzögern, aber nicht verhindern. Am 16. 1. 1943 mußten die Reste der Besatzung kapitulieren. Ofw. Rademacher hat die letzten Kampftage im Ostkessel miterlebt:

»Gegen Ende des Jahres 1942 erreichten wir das Gelände des Güterbahnhofs. In einem oberirdischen Betonbunker trafen wir 14–16 Mann von LS-Besatzungen. Von hier aus beobachtete ich im Morgengrauen den Einflug einer Go 242. Sie flog auf einen Lokschuppen zu, landete, drehte sich und stand still. Über die Steuersäule gebeugt sahen wir den LS-Führer liegen. Die Maschine war nicht zu bergen. Nach einer Weile sprang ein Mann aus der Go und lief auf unser Zeichen hin auf unseren Bunker zu. Eine Pak feuerte auf ihn, doch er erreichte uns unbeschadet. Es war der Bordwart, ein Gefreiter. Er sagte uns, der Flugzeugführer sei Ofw. Kulinna gewesen, der bei der Landung tödlich getroffen wurde.
Anfang Januar wurde uns klargemacht, daß wir uns entweder zum Stützpunkt Budapest oder zum Bahnhof (Regimentsgefechtsstand) absetzen müßten, da die Hauptkampflinie verlegt würde. Heinrich Weyermanns, Jochen Gent, Fred Knuth, Albert Lorenz und ich wollten zum Bahnhof. Die übrigen LS-Besatzungen schlossen sich Heeresangehörigen an, um sich zum Stützpunkt Budapest durchzuschlagen; die meisten sind dort im Endkampf gefallen. Etwa um den 6. 1. 43 gelangten wir zum Regimentsgefechtsstand. Es waren schon einige uns unbekannte LS-Besatzungen dort.
Außer den Verwundeten wurden alle Dienstgrade zur Wache außerhalb des Bunkers eingeteilt. Am 13. 1. erlitt mein Bordwart schwerste Verletzungen, denen er einige Tage später erlag. In den letzten Tagen des Kampfes gab es keine Verpflegung und kein Wasser. Wir lebten kärglich von den eigenen Reserven. In der Frühe des 14. 1. 43 waren Soldaten eines estnischen Regiments über uns und wir im Bunker eingeschlossen. Oberstlt. von Sass lehnte aber die Kapitulationsaufforderung ab. Nachdem die Parlamentäre den Bunker verlassen hatten, hieß es, es wird weitergekämpft. Durchhaltebefehle. . . Ein Wahnsinn! Am Nachmittag war dann noch eine schwere Detonation; man hatte versucht, den Bunker zu sprengen, doch er hielt stand. Nach Verhandlungen wurden die Verwundeten übergeben. Als die Türen geschlossen waren, wurde weitergekämpft. Gegen Mittag des 15. 1. bemerkte man, daß in den Bunkereingang Öl gegossen wurde und mit Handgranaten entzündet wurde, man wollte uns ausräuchern. MG-Schlitz und Tür wurden mit nassen Decken abgedichtet. Durch die beiden gesprengten Eingänge kam noch so viel Luft, daß wir überleben konnten. Am Morgen des 16. 1., nachdem in der Nacht noch einmal alle Angriffe abgewehrt worden waren, kapitulierte Oberstlt. von Sass. Wir waren am Ende. Nach 10 Tagen ohne Tageslicht war von den bärtigen, abgemagerten und bleichen Gesichtern niemand mehr zu erken-

nen. Der Marsch in die Gefangenschaft ging über den Sammelpunkt Welikije Polje. Wieviele von den LS-Besatzungen in Gefangenschaft geraten waren, konnte ich nicht in Erfahrung bringen.
Auf dem Marsch zum Durchgangslager 270 Boronowitschi – ich weiß nicht, wieviele Tage und Nächte wir unterwegs waren – blieben viele Soldaten vor Erschöpfung oder aufgrund ihrer Verwundungen liegen und wurden von den Russen erschossen. Am Ende des Zuges war eine dauernde Knallerei. Alle Erschöpften, die am Ende des Zuges waren, liefen um ihr Leben, bis sie doch zusammenbrachen und erschossen wurden. Im Laufen wurden wir von den Russen wahllos gefilzt. Auch Lederstiefel wurden ausgezogen. Die Gefangenen mußten barfuß weiterlaufen, aber nicht weit, da waren ihre Füße erfroren und sie wurden erschossen. Im Lager Boronowitschi hieß es, daß von den im Kessel Welikije Luki eingeschlossenen Soldaten etwa 2000 in Gefangenschaft geraten seien. Davon sollten noch etwa 600–800 Mann das Durchgangslager erreicht haben.«

Aus dem Abschlußbericht des Lw.Kdo. Ost über die Kämpfe um Welikije Luki, der, soweit es die Luftversorgung durch LS betrifft, im Anhang (Anlage 7) wiedergegeben ist, geht hervor, daß insgesamt 17 Lastenseger (11 Go 242, 6 DFS 230) in der Stadt gelandet sind. Mindestens 2 weitere Segler stürzten infolge Beschuß über russischem Gebiet ab. 6 Segler wurden wieder zurückgeschleppt oder führten Notlandungen diesseits der deutschen Linien durch.
30 LS-Flugzeugführer und Bordmechaniker der 1. (Go)/VK(S) V, 1. (DFS)/VK(S) V, 5./LLG 2 und 1. (DFS)/VK(S) 1 kamen bei dem Kesseleinsatz ums Leben oder gerieten bei der Kapitulation des Kessels am 16. 1. 1943 in russische Gefangenschaft:

1. (Go)/VK(S) V
Uffz. Bülte, Flg. Dirschus, Uffz. Gent, Gfr. Grammel, Uffz. Hirschmann, Fw. Knute, Ogfr. Krupka, Uffz. Lange, Uffz. Lorenz, Ogfr. Matthes, Uffz. Mayer, Ogfr. Rademacher, Flg. Schilling, Lt. Singer, Ogfr. Tschich, Ogfr. Weyermanns, Gfr. Zimmermann.

5./LLG 2
Gfr. Buchau, Gfr. Dittombee, Flg. Dörr, Fw. Franke, Ofw. Kulinna, Fw. Schuster.

1. (DFS)/VK(S) V
Uffz. Bischoff, Gfr. Endter, Uffz. Fiech, Fw. Güldenpfennig, Uffz. Isensee, Uffz. Loquingen,

1. (DFS)/VK(S) 1
Gfr. Franzl.

BRENNPUNKTE 1943/44: OREL – GOMEL – KOWEL

Wie sehr der Welikije Luki-Einsatz an den Kräften des VK(S) V gezehrt hatte, wird auch daraus ersichtlich, daß die beiden Staffeln des Verbandes am 10. 2. 43 nur noch über 9 einsatzbereite Schleppmaschinen (4 He 111 und 5 Hs 126) sowie über 6 einsatzbereite DFS 230 verfügten. Dennoch gab es keine Ruhepause für die Besatzungen. Da das Lw.Kdo. Ost im Gegensatz zur Luftflotte 4 nur über sehr wenige Ju 88- und He 111-Kampfgruppen verfügte, mußten die Motorbesatzungen des VK(S) V oft auch zu Kampfeinsätzen starten. Die He 111 waren mit entsprechenden Zieleinrichtungen für den Bombenabwurf ausgestattet. Aufgrund dieser Ausrüstung fungierten die He 111 der 1. (Go)/VK(S) V im März/April 1943 häufig als ›Feuerwehr‹, wenn es galt, den Abwehrkampf des Heeres an der nördlich Smolensk bis in den Raum Newel verlaufenden Front zu unterstützen. Auch die DFS-Staffel wurde in dieser Zeit mit ihren Hs 126 vorübergehend für den Abwurf von Bomben eingesetzt, teils über Partisanengebieten oder als ›Störer‹ im Dämmerungseinsatz.
Im Mai 1943 verließ Olt. Domarus die 5./LLG 2. Sein Nachfolger als Staffelkapitän wurde Olt. Hartung. An seine Stelle trat als Staffelführer der 1. (Go)/VK(S) V Olt. Auderer. Die 5./LLG 2 blieb weiterhin dem VK(S) V unterstellt, so daß sich Ende Mai 1943 folgende Gliederung ergab:

VK(S) V	Kdr.	Mj. Geres	69 Maschinen
1. (DFS)/V	St. Kpt.	Olt. Richter	15 DFS, 10 Hs 126, 3 Do 17
1. (Go)/V	St. Kpt.	Olt. Auderer	10 Go 242, 7 He 111
5. /LLG 2	St. Kpt.	Olt. Hartung	20 Go 242, 4 He 111.

Die letzte deutsche Großoffensive, der Angriff auf den Kursker Bogen, am 5. 7. 1943, bedingte auch eine erhebliche Steigerung der Einsatztätigkeit der LS-Staffeln der Luftflotte 6 (vormals Lw. Kdo. Ost). Vom Startplatz Olsufjewo flogen die He 111 Luftversorgungseinsätze für die deutschen Panzerspitzen bei Orel, während die DFS 230 der 1. (DFS)/VK(S) V pausenlos Benzin und Munition von Brjansk nach Orel schafften und auf dem Rückflug Verwundete abtransportierten.
Bekanntlich scheiterte diese deutsche Offensive; die im Laufe des Spätsommers und Herbst 1943 vom VK(S) V benutzten Flugplätze Bobruisk und dann Bialystok lassen das Zurückweichen der Front offenkundig werden. In den Oktober 1943 fiel dann die Umbenennung des VK(S) V in Schleppgruppe 3, wobei die 5./LLG 2 als 3. (Go)/Schleppgruppe 3 nun endgültig eingegliedert wurde.

Über die Einsätze der Schleppgruppe 3 in den Herbst- und Wintermonaten 1943/44 berichtet Olt. Hartung:

»Auch in Bialystok sind wir zunächst nur ganz kurze Zeit gewesen. Wir mußten wieder eine He 111-Einsatzstaffel zusammenstellen, wozu Personal und Material aus beiden Go-Staffeln kam. Wir verlegten wieder mit unseren He 111 sowie einigen Go 242 für unsere eigenen Personal-und Materialtransporte mit dem nötigsten Wartungspersonal, Werkzeugen und Geräten nach Osten, um dort von verschiedenen Plätzen aus Kampfeinsätze, fast ausschließlich Nachteinsätze zu fliegen. Startplatz dieser Einsatzstaffel war wiederholt Baranowitsche, aber auch Puchowitsche und Seschtschinskaja. Die Ziele unserer Nachteinsätze lagen hauptsächlich im Raum südöstlich Smolensk und im Bereich Gomel. Oft flogen wir mehrere Einsätze pro Nacht.
Ein außerordentlich kritisches und schwieriges Gebiet waren die an der Südgrenze des Mittelabschnittes gelegenen Pripjet-Sümpfe. Die sowjetische Armee hatte in den Wintermonaten 1943/44 unter Ausnutzung des Frostes, der Sümpfe und Gewässer passierbar machte, gepanzerte Truppen nach Westen vordringen lassen und stand Mitte März 1944 plötzlich mit starken Kräften vor Kowel, einem am Westrand des riesigen Sumpfgebietes liegenden wichtigen Versorgungsstützpunkt und Verkehrsknotenpunkt für den gesamten deutschen Mittelabschnitt. Am 17. 3. 44 war der Einschließungsring um Kowel geschlossen, und der Sturm auf die Stadt setzte ein.«

Seitens der Luftflotte 6 wurde am 19. 3. 44 die Luftversorgung der Stadt Kowel befohlen und das KG 55 und die Schleppgruppe 3 mit der Durchführung beauftragt. In Kowel waren etwa 4000 Mann verschiedenster Einheiten (Landesschützen, Polizei, SS-Kavallerie, Pioniere, Eisenbahner) eingeschlossen. Da der Kessel eine nur geringe Ausdehnung hatte, kam nur der Abwurf von Versorgungsbomben und der Einsatz von Lastenseglern in Frage. Unter der Führung von Olt. Hartung wurde wieder eine He 111-Einsatzstaffel zusammengestellt, der während des Kampfes um Kowel nach und nach sämtliche verfügbaren He 111 einschließlich der Reserven nach Baranowitsche zugeführt wurden. Im Gegensatz zu Welikije Luki waren allerdings wesentlich bessere Wetterbedingungen zu verzeichnen, somit gab es keine Ausfallzeiten durch Schlechtwetter; zudem war eine leistungsfähige Werft vorhanden. Versorgungsgüter wurden laufend und in großen Mengen durch Ju 52 herangeschafft.
Am 20. 3. 44 erfolgte der erste Einsatz der He 111 der Einsatzstaffel/Schleppgruppe 3, die aus nur 250 m Höhe die dringend benötigte Munition abwarfen. Die starke russische Jagd- und Flakabwehr führte allerdings zu erheblichen Verlusten. In der Einsatzzeit

20. 3. – 7. 4. 44 wurden von 12 Besatzungen 7 abgeschossen; immerhin gelang es davon 4 Besatzungen, die deutschen Linien zu erreichen. Unter den Gefallenen der Schleppgruppe 3 war auch der St. Kpt. der 2. (Go)/Schleppgruppe 3, Olt. Auderer, der Ende März über Kowel abgeschossen wurde sowie der Gruppenadjudant, Olt. Köhler.
Neben den He 111 der Schleppgruppe 3 waren auch die LS der 1. (DFS)/Schleppgruppe 3 an der Versorgung Kowels beteiligt.
Am 29. 3. 44 schleppte Olt. Richter mit einer Ju 87 Uffz. Döring über die Festung, dem mit seinem Segler eine glatte Landung im Bahnhofsgelände glückte. An Bord hatten sich auch zwei Ärzte befunden. So gut wie beim ersten Mal ging es nicht immer ab. Zwei Tage später starteten wieder 2 DFS 230 bei Schneetreiben und Seitenwind aus dem Platz heraus. Sie bekamen über Kowel Flakfeuer und mußten durch die explodierenden Granaten hindurchkreuzen, ehe sie zur Landung ansetzen konnten. Der Flugzeugführer der ersten Maschine, Uffz. Zelatkiwitz, erlitt beim Aufsetzen schwere Verletzungen, denen er wenig später erlag. Uffz. Meissner, der zweite Pilot, mußte unter Artilleriebeschuß zusammen mit Grenadieren seine wertvolle Ladung bergen. Für den Nachmittag des 31. 3. 43 waren wieder Segler angesagt. Unter Beschuß auf dem Bauch kriechend, legten die bereits eingeflogenen LS-Piloten Landezeichen aus. Von unten sahen sie nun, wie sich ihre vier Kameraden durch das Flakfeuer hindurchwanden. Der erste Segler, gesteuert von K. H. Hoffmann, stellte sich auf den Kopf. Mit hoher Fahrt, um der Luftabwehr zu entgehen, kam er herunter und beschrieb noch eine Kurve um die Kirche, weil er zuviel Fahrt hatte, um gleich aufsetzen zu können. Wenige Meter über dem Boden schwebte er an, machte einen Satz über die Eisenbahnbrücke hinweg, slippte und setzte sich genau auf eine Eisenbahnweiche. Ungefähr 50 m daneben hielt einer der ›Panther‹ der 8./SS-PzRgt 5, die wenige Tage vorher durch den Einschließungsring gebrochen waren. Die von Hoffmann mitgebrachte Panzermunition wurde sogleich von den Panzermännern übernommen. Inzwischen schoß die Feindflak immer noch auf die anderen drei Flugzeuge. Sie waren dicht von Explosionswolken umgeben und dann wurde eine Maschine getroffen und kurz darauf auch die andere. Die beiden Piloten, Uffz. Völk und Uffz. Schaub, kamen ums Leben. Dem vierten Flugzeugführer, Uffz. Lehner, hingegen glückte die Landung.
Der letzte Lastensegler, der in Kowel landete, war das Flugzeug des Fhj. Fw. von Ditfurth. Er berichtet:

»Ich startete am 2. 4. in Biala-Bodlaska und hatte neben einem schweren Granatwerfer samt Munition auch Panzerfäuste geladen. In 3000 m Höhe kam ich über Kowel an und faßte sofort mein Ziel, die Gleisanlagen des Bahnhofs, auf. Gleichzeitig erfolgte ein starker deutscher Luftangriff, der die Flak niederhalten sollte. Unmittelbar über dem Ziel löste ich meinen Fallschirm aus, um senkrecht zu stürzen. Beim Start hatte sich allerdings Schnee am Schirm festgesetzt und war während des Fluges gefroren, so daß die Reißschnüre den Schirm nicht öffnen konnten. Das war für mich eine schreckliche Situation, denn ich befand mich in starkem Flakfeuer. Zum Glück erfaßten die Jäger sofort meine Situation, als ich über das Ziel hinausschoß und hielten mit ihren Bordwaffen die feindlichen Stellungen nieder. Bis ich die 3000 m herabgekurbelt hatte, mußte ich bei dem geringen Durchmesser des Kessels mehrmals die feindlichen Stellungen überfliegen. Ich entschloß mich, westlich des Bahnhofsgeländes zu landen. Unmittelbar nach Einleitung der Landung versagte mein Steuerruder. Glücklicherweise richtete sich die Maschine unmittelbar vor der Bodenberührung wieder ein wenig auf und schoß zwischen zwei Bäumen in den Boden. Beide Tragflächen wurden abgerissen und die Kanzel bohrte sich einige Meter weit vorne in den Boden. Durch den Aufprall rissen meine Haltegurte und mein Kopf schlug auf das Instrumentenbrett. Ich befreite mich sofort mit meinem Kappmesser aus der Maschine und machte meine Maschinenpistole schußfertig, in der Sorge, daß ich mich auf russischem Gebiet befand. Als einige Soldaten auf mich zukamen, eröffnete ich sofort das Feuer, ohne erst festzustellen, ob es deutsche Soldaten waren. Zu benommen war ich vom Sturz und der Aufregung. Erst als unser Erkennungssignal geschossen wurde und ich deutsche Rufe hörte, löste sich meine Anspannung. Freudig lief ich auf eine Gruppe deutscher Soldaten zu, als mich auch schon eine laute Stimme zu Boden zwang. Wir befanden uns unmittelbar zwischen den Kampflinien. Schließlich brachte mich ein Panzer in Sicherheit.«

Bis zum 5. 4. 1944 mußten die Lastenseglerpiloten in Kowel ausharren; dann gelang es deutschen Panzerverbänden, Kowel zu entsetzen.

DIE AUFLÖSUNG DER SCHLEPPGRUPPE 3

In den folgenden Wochen und Monaten führte die Schleppgruppe 3 – sie verfügte Anfang Juni immerhin über 18 Schleppflugzeuge und 50 Lastensegler – kaum noch Einsätze durch, da der immer knapper werdende Betriebsstoff von der Luftflotte 6 vor allem den Jagd- und Schlachtfliegerverbänden zugewiesen wurde.
Der russische Großangriff vom 22. 6. 1944 gegen die Heeresgrup-

pe Mitte führte dann innerhalb weniger Tage zum völligen Zusammenbruch der Front im Mittelabschnitt der Ostfront. Die Reste dreier deutscher Armeen fluteten nach Westen und suchten sich der russischen Umklammerung zu entziehen. Zahllose ›wandernde Kessel‹ bildeten sich, die sich auf die Beresina zu bewegten, in der – vergeblichen – Hoffnung, dort Auffanglinien vorzufinden. Die Aufgabe der Luftflotte 6, die abgeschnittenen Kampfgruppen zu versorgen, war unlösbar. Zum einen standen nur etwa 50 Transportflugzeuge zur Verfügung; zum anderen war die genaue Lage der einzelnen Truppenteile in den ausgedehnten Waldgebieten oft nicht bekannt.

Auch die von Westen herangeführten Pz-Verbände gerieten bald in das allgemeine Chaos. Über die Versorgung der 12. PzDiv. durch Maschinen der Schleppgruppe 3 berichtet Gen. Lt. Niepold, seinerzeit Ia der 12. PzDiv.:

»Die 12. PzDiv. kämpfte Anfang Juli 1944 zwischen Bobruisk und Minsk im Raum Marina Gorka. Nachdem durch den Vorstoß eines Btl. der Div. 15–20 000 Soldaten, die sich aus dem eingeschlossenen Bobruisk zurückkämpften, der Weg zu den eigenen Linien geöffnet war, trat die Div. befehlsgemäß südlich Minsk vorbei den Rückzug nach Westen zum Njemen bei Stolpce und über den Fluß an.

Die beiden Brücken bei Stolpce waren kurz zuvor vom Feind gesperrt worden, so daß die Div. gezwungen war, am 4. 7. 44 nach Nordwesten auszubrechen und bei Jeremicze (28 km nordwestl. Stolpce) den Njemen zu überschreiten.

Die Betriebstoffvorräte waren damit erschöpft. Die Division drängte auf sofortige Versorgung. Am Nachmittag des 5. 7. funkte die 9. Armee: ›Luftversorgung Betriebsstoff ab 16.30 Uhr 24 HE (Hektoliter), ab 20.00 Uhr 20 HE, ab 21.00 Uhr Lastensegler. Landekreuze auslegen, weiße Leuchtkugeln schießen, Truppe anweisen, daß eigene Flugzeuge, gez. v. Vormann.‹ Die Zeit war zu kurz, um die Truppe noch verständigen zu können. Am späten Nachmittag ertönten plötzlich die Motoren vieler schwerer Flugzeuge. Von Westen her flogen etwa 25 Flugzeuge in niedriger Höhe auf uns zu. Alles nahm volle Dekkung, weil es sich eigentlich nur um einen sowj. Bombenangriff handeln konnte; deutsche Flugzeuge hat die Division ja seit Beginn der Kämpfe vor 10 Tagen nicht mehr gesehen. Kurz darauf ertönte der Ruf: ›Das sind ja eigene!‹ Schnell wurden Landekreuze ausgebreitet. Der Himmel war dann voll von bunten Fallschirmen, an denen Versorgungsbomben hingen. Sofort begannen die Soldaten, die kostbaren Benzinkanister zu bergen. Es folgten später weitere Flugzeuge, die Lastensegler ausklinkten. Sie landeten in der Nähe des Divisionsgefechtsstandes unweit der Brücke, wo sich die Piloten meldeten. Sie wurden später von ›Störchen‹ abgeholt. Einem Piloten gab ich eine Anforde-

rung von Karten mit, da wir solche von dem jetzigen Gebiet nicht besaßen. Mancherorts führte man bereits nach Kartenausschnitten aus dem ›Völkischen Beobachter‹!
Diese Betriebsstoffversorgung befreite die 12. PzDiv. aus einer sehr bedrohlichen Lage.«

Die ca. 10 DFS 230, die von Kuriany startend, am 5. 7. 44 die 12. PzDiv. bei Jeremicze versorgten, gehörten zur 1. (DFS)/Schleppgruppe 3.
Zwei Tage später erfolgte ein weiterer LS-Einsatz. Diesmal landeten die Segler bei Wielka Wola (36 km nordwestl. Slomin). Zu den Piloten, die an diesen letzten Einsätzen der Schleppgruppe 3 teilnahmen, gehörte auch der LS-FF K. Hoffmann. Als Folge des raschen russischen Vordringens verlegte die Schleppgruppe 3 im Juli 1944 dann in den Raum Warschau und im August nach Kreising bei Posen. Hier übernahm Hptm. Herzog die Gruppe anstelle des abgelösten Mj. Geres. Dem neuen Kommandeur blieb aber nur noch die Aufgabe, die im September befohlene Auflösung der Schleppgruppe 3 durchzuführen.
Ein Teil des fliegenden Personals, das man in Reserve halten und jederzeit wieder greifbar haben wollte, wurde als Wehrmachtsstreifen im Eisenbahnbereich verwendet. Neun erfahrene Motorbesatzungen wurden zur Schleppgruppe 1 nach Belgrad versetzt. Die meisten Gruppenangehörigen jedoch wurden von Fallschirmjägereinheiten übernommen.

10. Lastensegler im Südabschnitt der Ostfront 1942–1944

AUFSTELLUNG UND EINSATZ DES VERBINDUNGSKOMMANDOS (S) 4

Am 28. 6. 1942 begann im Süden der Ostfront die deutsche Sommeroffensive, die von 1200 Maschinen der Luftflotte 4 unterstützt wurde. Das der Luftflotte 4 unterstellte VK(S) 4 (Hptm. Schossig) verfügte über 3 LS-Staffeln mit ungefähr 45 Seglern (DFS 230, Go 242) und 15 Schleppmaschinen (He 111, He 46, Hs 126):

– 1. (Go)/VK(S) 4 (Hptm. Burek)
– 2. (Go)/VK(S) 4 (Olt. Hoffmann)
– 1. (DFS)/VK(S) 4 (Hptm. Faè)

Ebenfalls im Südabschnitt operierte die dem VIII. Fliegerkorps direkt unterstellte 1. (DFS)/VIII (Olt. Schmidt) mit 2 He 46 und 15 DFS 230.
Aufgabe der Lastenseglereinheiten wie auch der Lufttransportgruppen war es, Heeresverbände mit Betriebsstoff und Munition zu versorgen, rasch angelegte Feldflugplätze zu bevorraten, Jagd- und Stukagruppen bei Verlegungen zu unterstützen, sowie Flugzeugmotoren und Ersatzteile von Feldluftparks heranzuschaffen. Auf Rückflügen waren Verwundete und Urlauber mitzunehmen. Wie knapp der Transportraum war, zeigt sich auch daran, daß die III./KG 4 als Transportverband eingesetzt wurde. Der Gruppe wurde am 14. 7. 42 in Charkow-Woitschenko die 2. (Go)/VK(S) 4 unterstellt. Da die III./KG 4 im Frühjahr 1942 in Faßberg für den Schleppflugbetrieb umgerüstet und die He 111-Besatzungen entsprechend geschult worden waren, standen nun ausreichend Schleppmaschinen zur Verfügung. Auch He 111 der KGrzbV 5 wurden zu Schleppeinsätzen herangezogen. Poltawa, Nikolajew, Saporoschje, Tazinskaja, Dnjepropetrowsk, es gab kaum einen

Flugplatz oder Feldflughafen, der von den Seglern der beiden Go-Staffeln nicht angeflogen wurde.
Go 242, gesteuert von den Flugzeugführern Schneider und Dröge, unterstützten das VIII. Fliegerkorps bei der Eroberung Sewastopols; andere Segler begleiteten den Vormarsch der 17. Armee; Stalino, Taganrog und Rostow hießen hier die Absprungplätze. Am 21. 10. führte ein Versorgungsflug die Besatzung Uffz. Solbrig/Uffz. Deter sogar bis an das an den Ausläufern des Kaukasus gelegene Armawir. Dieselbe Besatzung landete am 14. 11. 1942, nur wenige Tage vor dem Großangriff der Roten Armee, in Stalingrad-Pitomnik, jenem Flugplatz, der dann für die Versorgung der 6. Armee eine so überragende Bedeutung bekommen sollte. Nicht unerwähnt bleiben soll auch, daß seitens des Feldluftgaukommandos XXV (Rostow) mehrere sogenannte Werkstatt-Go 242 eingesetzt wurden.
Wenngleich die DFS 230 auch nicht über den geräumigen Laderaum der Go 242 verfügte, so konnten sich auch die beiden DFS 230-Staffeln über mangelnde Aufträge nicht beklagen. Über den Weg der 1. (DFS)/VK(S) 4 von Mecklenburg bis an den Unterlauf des Dnjepr liegt ein Bericht von Josef Kolligs vor:

»Die DFS-Flugzeugführer für die 1./4. wurden aus der II./LLG 1 zusammengestellt und in Hagenow für den Einsatz ausgerüstet. Da die Ju 52-Schleppbesatzungen noch keine Schlepperfahrungen hatten, wurden noch schnell Einweisungsflüge auf dem Flugplatz Hagenow durchgeführt. Am Abflugtag wurden dann jeweils 3 DFS 230 einer Schleppmaschine zugeteilt. Die Länge des Schleppseiles für den mittleren Segler betrug 40 m, für den rechten und linken Segler 80 m. Die Strecke Hagenow – Nikolajew wurde in zwei Etappen geflogen: Hagenow – Liegnitz, Liegnitz – Tschenstochau/Polen; hier Zwischenlandung und Auftanken der Schleppmaschinen bis Nikolajew. Von hier aus erfolgten zahlreiche Versorgungsflüge für verschiedene Einheiten. Nach geraumer Zeit verlegten wir nach Charkow. Dann ging es weiter nach Saporoschje, weiterhin Nachschubeinsätze. Einige LS-Führer wurden zu anderen Luftwaffenverbänden kommandiert.«

Dazu gehörte auch der Gfr. Behnke:

»Ich wurde mit meinem LS der Nahaufklärer-Staffel 3. (H) 13 zugeteilt. In fast ununterbrochenem Einsatz habe ich vom Flugplatz Kartmyschik-Nem bei Simferopol (Krim) den Gefechtslandeplatz dieser Staffel in Mamaruskaja, an der engsten Stelle der Straße von Kertsch gelegen, versorgt. Mein Schleppflugzeug war eine Hs 126. Ich flog Ersatzteile, Verpflegung, technisches und fliegendes Ablösungspersonal, auf dem Rückweg dann Kranke oder Urlauber der Staffel bis zu dreimal am Tage. Alle diese Flüge galten als Frontflüge, da die Strecke von sowjetischen Jagflugzeugen überwacht wurde. Mehrmals mußte ich deswegen ausklinken und in der Steppe landen, konnte jedoch immer wieder abgeschleppt werden. Im Herbst 1942 wurde die 3. (H) 13 nach Wollosowo (ca. 30 km südlich Leningrad) verlegt. Zweimal flog ich die Strecke quer durch Rußland von der Krim nach Wollosowo.«

Friedrich Zitzmann berichtet über den Einsatz der 1. (DFS)/VIII, der zweiten in Südrußland stationierten DFS 230-Staffel:

»Anfang Mai 1942:	Zusammenstellung der Staffel in Langendiebach, Staffelkapitän Olt. Schmidt, Aufrüstung in Eschborn.
31. 5. 1942:	Verladebefehl, Bahnfahrt über Frankfurt, München, Salzburg nach St. Pölten; hier trennte sich das fliegende Personal von der Staffel, übernahm die Maschinen und folgte auf dem Luftweg. Der andere Teil der Staffel fuhr dann per Bahn über Wien, Warschau, Brest, Minsk nach Kursk.
13. 6. 1942:	Ankunft in Kursk. Mit Lastkraftwagen ging es bei glühender Hitze über staubige Rollbahnen zum ersten Liegeplatz.
16. 6. 1942:	Verlegung von Ochotschewka zum zweiten Liegeplatz.
26. 6. 1942:	Angriff russischer Tiefflieger; keine Ausfälle, aber Beschädigungen einiger LS.
28. 6. 1942:	Beginn der Offensive. Um 2.00 Uhr starteten die Stukas, denen wir als Transport-LS zugeteilt waren. Es waren die Verbände mit dem ›Bamberger Reiter‹ und dem ›Foxterrier‹ als Wappen. Unter den Stuka-Piloten waren Mj. Dr. Kupfer und Olt. Rudel. Das Transportgut bestand vorwiegend aus Verpflegung, Bekleidung, Munition, Bomben und Treibstoff. Beim Rückflug wurden Verwundete mitgenommen.
11. 7. 1942:	Start nach Makejewka. Die Flugzeugmechaniker waren als Bordmechaniker eingeteilt und flogen die Einsätze mit.
17. 7. 1942:	Hier in Makejewka gab es viele Reparaturen durch Feindeinwirkung sowie aufgegangene Leimungen der Schäftungen, an den Flächenbeplankungen und am Höhenruder, vermutlich durch starke Temperaturschwankungen.
19. 8. 1942:	Start nach Saporoschje über Charkow, jeweils im Verband.
11. 9. 1942:	Ein großer Teil der Staffel wurde am 11. 9. zur 1. (DFS)/VK(S) 4 (Hptm. Faè) kommandiert.

13. 9. 1942: Flug mit der Ju 52 nach Mariŭpol und am 14. 9. nach Elista (Kalmückensteppe).«

Im Herbst 1942 stießen die Armeen der Heeresgruppe A gegen den Kaukasus vor, während Verbände der Heeresgruppe B über Donez und Don zur Wolga vorrückten und Stalingrad angriffen. Mitte September 1942 klaffte zwischen der Heeresgruppe B und der Heeresgruppe A eine ungefähr 300 km breite Lücke; der Schutz dieses riesigen Gebiets war seit Ende August praktisch einer Division anvertraut, der 16. (Mot.) Inf. Div. Ihre Basis war Elista in der Kalmückensteppe. Ihre Aufgabe bestand in der Überwachung und der Aufklärung bis zum Kaspischen Meer und zum Wolgadelta. Zur Unterstützung der Division war in der zweiten Septemberhälfte seitens der Luftwaffe eine Reihe von Flugzeugen abgestellt worden. Neben der in Elista stationierten verstärkten 1. (DFS)/VK(S) 4 (Hs 126/DFS 230) gehörten zu diesem Kommando die 5. (H) 12 mit Fw 189 und einige Me 109 und Me 110 vom JG 3 beziehungsweise ZG 1. Betriebsstoff für die Flugzeuge wurde von tieffliegenden Ju 52 in Fässern über dem Feldflugplatz abgeworfen. Aufgabe der 1. (DFS)/VK(S) 4 war es, die noch weiter ostwärts von Elista gelegenen Feldflugplätze Jaschkul und Utta mit Benzin, Munition und Verpflegung zu versorgen. Stetig pendelten die Schleppzüge bis Mitte Oktober zwischen den verschiedenen Plätzen. Immer störender machten sich in der deckungslosen Ebene die Angriffe russischer Flugzeuge bemerkbar; mehrfach wurden Segler bei der Landung von Bombenangriffen überrascht. Bald gab es kaum noch DFS 230, die keine Splitterschäden aufwiesen. Ende Oktober verlegte die 1. (DFS)/VK(S) 4 zurück nach Saporoschje.

Durch die Einschließung der 6. Armee in Stalingrad waren die Lufttransportverbände der Luftflotte 4 über alle Maßen beansprucht; auch das VK(S) 4, das jetzt von Hptm. Landwehr geführt wurde, sollte zu Versorgungsflügen eingesetzt werden. Im Dezember 1942 flog Lt. Neumann, Staffeloffizier der 1. (DFS)/VK(S) 4, mit einer He 111 in den Kessel; er kehrte verwundet zurück und erklärte einen LS-Einsatz für unmöglich. Immerhin gelangte am 8. 12. 42 noch ein Schleppzug der 1. (DFS)/VK(S) 4 von Saporoschje über Makejewka nach Morosowskaja, einem wichtigen Einsatzhafen der He 111-Verbände für die Luftversorgung Stalingrads. Nebel und Vereisung der Maschinen hinderten die Besatzung (LS-FF Max Smyczek) zwei Tage am Rückflug. Am 10. 12. 42 schließlich gelang der Start, und Uffz. Smyczek flog mit seinem Segler 10 Verwundete nach Stalino aus. Für die verschiedentlich zu lesende Behauptung, daß im Dezember 1942 doch noch Go 242 des VK(S) 4 nach Stalingrad eingeflogen sind, ließen sich keine Belege finden.

LASTENSEGLERSTAFFELN DES LW.KDO. DON IN DER WINTERSCHLACHT 1943

Neben den Staffeln des VK(S) 4 operierten ab Herbst 1942 zwei weitere LS-Einheiten im Süden der Ostfront, die 1. (DFS)/ Lw.Kdo. Don und die 1. (Go)/Lw.Kdo. Don, die beide dem Ende August 1942 in Charkow gebildeten Luftwaffenkommando Don unterstellt waren und vor allem zur Unterstützung der 2. deutschen und 2. ungarischen Armee herangezogen wurden.
Die 1.(Go)/Lw.Kdo. Don war im April 1942 in Hildesheim unter der Bezeichung 10. DFS 230-Staffel aufgestellt worden. Staffelkapitän war Olt. Braune. Im August wurde die Staffel nach Posen verlegt und von DFS 230 auf Go 242 umgerüstet. Als Staffelkapitän führte jetzt Olt. Kalthoff. Anfang September 1942 wurde ein Vorkommando unter Uffz. Inselberger nach Konotop/Rußland in Marsch gesetzt, mit der Aufgabe, Unterkünfte und Flugzeughallen vorzubereiten. Einem zweiten Kommando unter Lt. Kortum oblag es, aus Parchim dort lagernde 15 Go 242 Lastensegler auf Güterwagen zu verladen und mit einem Begleitkommando von 15 Mann nach Konotop zu bringen. Die übrige Staffel unter Olt. Kalthoff wurde ebenfalls in Posen auf Güterzüge verladen und mit Kfz. und Werkstattzug nach Südrußland in Marsch gesetzt, wo sie nach 10 Tagen Rollzeit ankamen.
Dank der guten Arbeit des Vorkommandos wurde unter Einsatz der gesamten Staffel zügig entladen, die Lastensegler aufgerüstet, diese in den bereitstehenden Holzhallen aufgestellt und Quartier bezogen. Die Staffel verfügte zu diesem Zeitpunkt über 15 Go 242 und einen Fieseler ›Storch‹.
Ein Werkstattzug mit technischen Einrichtungen und Werkzeugen für Schlosser, Schreiner, Klempner, Anstreicher, Sattler, Fallschirmwarte und LS-Prüfer, ein Werkstattzug mit technischen Einrichtungen für Motorfahrzeuge sowie die allgemeine Staffeleinrichtung für Verwaltung, Rechnungsführer, Waffenmeister, Verpflegung und Küche komplettierten die Zusammensetzung der nun als 1. (Go)/Lw.Kdo. Don bezeichneten Staffel. In der Folgezeit wurden Verladeübungen durchgeführt, eine in Konotop liegende ungarische Einheit stellte Material zur Verfügung. Doch das

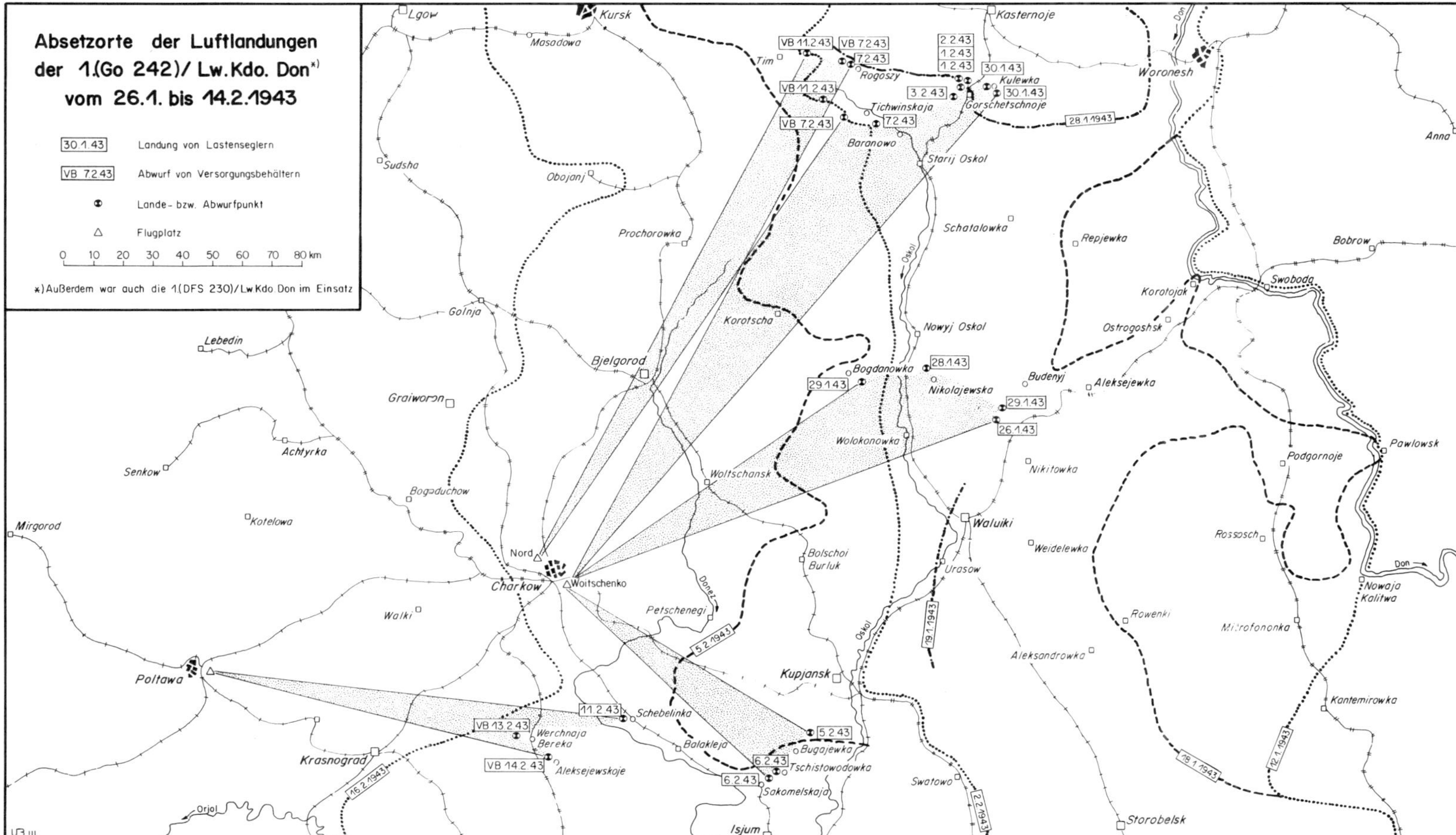

Absetzorte der Luftlandungen der 1.(Go 242)/ Lw.Kdo. Don*)
vom 26.1. bis 14.2.1943
30.1.43 Landung von Lastenseglern
VB 7.2.43 Abwurf von Versorgungsbehältern
Lande- bzw. Abwurfpunkt
Flugplatz
0 10 20 30 40 50 60 70 80 km
*) Außerdem war auch die 1.(DFS 230)/Lw.Kdo. Don im Einsatz
Lgow
Kursk
Masadowa
Kasternoje
Woronesh
Don
Anna
Tim
VB 11.2.43
VB 7.2.43
7.2.43
Rogoszy
2.2.43
1.2.43
1.2.43
30.1.43
Kulewka
30.1.43
3.2.43
Gorschetschnoje
Tichwinskaja
VB 7.2.43
7.2.43
Baranowo
Starij Oskol
28.1.1943
Sudsha
Obojanj
Prochorowka
Schatalowka
Repjewka
Bobrow
Oskol
Swoboda
Korotojak
Ostrogoshsk
Golnja
Korotscha
Nowyj Oskol
Lebedin
Bjelgorod
Bogdanowka
28.1.43
Nikolajewska
Budenyj
Aleksejewka
29.1.43
29.1.43
26.1.43
Graiworon
Wolokonowka
Achtyrka
Pawlowsk
Podgornoje
Senkow
Bogoduchow
Woltschansk
Nikitowka
Mirgorod
Kotelowa
Waluiki
Weidelewka
Rossosch
Nord
Bolschoi Burluk
Charkow
Woitschenko
Urasow
Donez
Nowaja Kalitwa
Walki
Petschenegi
Rowenki
Mitrofononka
5.2.1943
19.1.1943
Aleksandrowka
Poltawa
Kupjansk
11.2.43
Schebelinka
Kantemirowka
VB 13.2.43
Werchnaja Bereka
5.2.43
Balakleja
Bugajewka
Krasnograd
VB 14.2.43
Aleksejewskoje
6.2.43
Tschistowodowka
18.1.1943
12.1.1943
16.2.1943
6.2.43
Sakomelskaja
Swatowo
Orjol
2.2.1943
Storobelsk
Isjum

Wichtigste fehlte: die Staffel hatte keine Schleppflugzeuge. Gegen Ende des Jahres 1942 übernahm Lt. Kortum von Olt. Kalthoff die Führung der Staffel.
Die 1. (DFS)/Lw.Kdo. Don (Olt. Sannek) wurde im Frühjahr 1942 in Eschborn als 4. DFS 230-Staffel aufgestellt, im September nach Konotop verlegt und als 1. DFS-Staffel dem Lw.Kdo. Don unterstellt. Einige Nachubeinsätze im rückwärtigen Gebiet der 2. Armee folgten; zum Teil wurden Schleppzüge der Staffel auch Stuka- oder Jagdgruppen bei Verlegungen unterstellt.
Die russischen Winteroffensiven beendeten dann die Phase relativer Ruhe für die beiden LS-Staffeln.
Der erste Großangriff richtete sich bekanntlich gegen die 6. deutsche Armee und zwei rumänische Armeen im Raum Stalingrad. Nach deren weitgehender Vernichtung begann dann am 25. 1. 43 der russische Angriff gegen die 2. ungarische Armee, die aufgrund ihrer unzureichenden Ausrüstung innerhalb weniger Tage überrannt wurde; in den Strudel ihres Untergangs wurde sehr bald auch die nördlich anschließende 2. deutsche Armee gerissen. Sie mußte ihre Stellungen am Don aufgeben und sich nach Westen zurückziehen, wobei ihre Divisionen und Regimenter ständig Gefahr liefen, von russischen Panzerspitzen überflügelt, umzingelt und aufgerieben zu werden. Zahlreiche ›wandernde Kessel‹ bildeten sich, die Soldaten versuchten sich zu Fuß bei großer Kälte zum Oskol durchzuschlagen. Einzig aus der Luft konnte den unter Munitions- und Verpflegungsmangel leidenden eingeschlossenen Kampfgruppen Nachschub zugeführt werden. Für diese Aufgabe standen dem Lw.Kdo. Don nur die neu aufgestellte KGrzbV 25 (He 111) und die rasch formierte Transportgruppe Don (Hptm. Geisler) zur Verfügung; letztere bestand aus der 1.(DFS)/Lw.Kdo. Don und der 1.(Go)/Lw.Kdo. Don sowie 2 Ju 52-Staffeln.
Die 1.(DFS)/Lw.Kdo. Don – inzwischen verstärkt durch weitere Flugzeugführer aus Goslar und Langendiebach – begann ihre Versorgungsflüge am 13. 1. 43. Fw. Scheuing startete mit seinem LS – geschleppt von Lt. Simon – in Charkow und transportierte 37 000 Schuß Munition in den Kessel von Tscherkowo, in dem etwa 8000 Soldaten eingeschlossen waren. Nach der Landung wurde der Segler zerstört, und Scheuing schlug sich zusammen mit den Eingeschlossenen nach Westen durch.
Von einem weiteren Piloten, dem Gfr. Herr, liegt ein Einsatzbericht – verfaßt unmittelbar nach Rückkehr zur Staffel – vor:

Go 242 nach dem Ausklinken

Der Rumpf einer Me 109 wird verladen

Angehörige der Staffel Hptm. Maedge (3./ Schleppgruppe 2) in Saporoschje

Oben:
Schleppzug der 1. (DFS)/VK(S) 4 startet vom Flugplatz Elista (Kalmückensteppe), Herbst 1942

Mitte links:
Hptm. Fae (mit Schirmmütze), Staffelkapitän 1. (DFS)/VK(S) 4

Mitte rechts:
Josef Kolligs (links)

Unten:
Ausgebrannter Segler in Elista

Go 242 der 1. (Go)/Lw.Kdo. Don wird zusammengebaut

Fw. Scheuing (1. (DFS)/Lw.Kdo. Don) nach der Landung im Kessel Tschertkowo am 13. 1. 1943

Bei der Landung auf ein Hindernis geprallte Go 242 der 1. (Go)/ Lw.Kdo. Don

Go 242 der 1. (Go)/Lw.Kdo. Don versorgen eingeschlossene Teile der 2. Armee, Februar 1943

In Winniza bruchgelandete Avia, Januar 1943

Saporoschje Februar 1943: Verlegung zur Krim

In Bagerowo landende DFS 230 der II./LLG 1

Maschinen der II./LLG 1 auf der Krim

Landefeld Bittersalzsee: Infanteristen vor dem Flug zur Krim

Russische Hilfswillige entladen DFS 230

Lt. Raschke, Startoffizier LLG 1 in Timoschewskaja

Ausgeklinkte Go 242 der I./LLG 2

Schleppzug Arado 65/DFS 230 der IV./LLG 1

Grab des Gfr. Kresse (I./LLG 1), gefallen am 6. 3. 1943

He 111 der 17./
LLG 1 erprobt
Starrschlepp und
Seilschlepp mit
zwei DFS 230

He 111 Z/Go 242
Doppelschlepp-
zug über der Ta-
manhalbinsel

Start einer Me 321
des GS-Kdo. 2 in
Bagerowo

»Am 2. 2. 43 erhielt ich den Auftrag, mit einem DFS 230 eingeschlossene Teile der 2. Armee bei Gortschetschnoje mit Munition und Handgranaten zu versorgen. Der Start erfolgte um 14.30 Uhr in Charkow- Nord bei klarem Wetter. Nach ungefähr einer Stunde Flugzeit war ich bei Sonnenuntergang 1500 m über dem Einsatzziel. Nach dem Ausklinken drückte ich die Maschine nach unten, flog im Tiefflug das Dorf an und landete dicht neben einer Häuserreihe an der Rückzugsstraße. Da das Dorf stark gesichert war, konnte die Ladung von der dort liegenden Division restlos geborgen werden. Das LS wurde auftragsgemäß gesprengt und verbrannt.
Mit der ersten Kolonne, die den Ort am 3. 2. verließ, marschierte ich in Richtung Staryj-Oskol. Auf halber Strecke wurde die Rollbahn durch den Feind gesperrt, und wir erhielten dort Beschuß aus Panzern. Wir wichen nach SW aus und erreichten nachts um 02.00 Uhr Staryj-Oskol. Dort erfuhr ich von der dort liegenden Division, daß der Ort ebenfalls eingeschlossen war und die Division nach Tim durchbrechen wollte. Am 4. 2. marschierte ich mit einer Marschkolonne in Richtung Tim ab. Am 5. 2. hatten wir bei Lukjanowka starken Granatwerferbeschuß und Verluste. Gegen Mittag schloß ich mich der Kompanie Lt. Höllfritsch an und war bis zum 14. 2. Melder in seiner Kompanie. Am 6. 2. gruben wir uns vor Krassnyj-Chatow wegen starkem Beschuß ein. In der Nacht wurde der Ort genommen. Am 7. 2. übernahm unsere Kompanie die Sicherung des Ortes gegen Norden. Am 8. 2. marschierten wir als Nachhut der Division weiter. Am 9. 2. bogen wir von der Rollbahn in Richtung Manturowo ab und übernahmen die Sicherung der Division südlich von Pussatschi. Dort fingen wir im Rahmen eines Pi.-Batl. einen russischen Panzer- und Infanterieangriff auf und deckten den Rückmarsch der Division ohne eigene panzerbrechende Waffen bis Manturowo. Am 10. 2. marschierten wir bis Sminez und übernahmen dort die Sicherung des Ortes nach Norden. Am 11. 2. erreichten wir Subbotino und am 12. 2. übernahmen wir nochmals die Flankensicherung nach Norden bei Inkaterinow. In der Nacht vom 13. zum 14. 2. marschierten wir im Schneetreiben bis Obojan, das der Russe nur noch von 3 Seiten eingeschlossen hatte. Dort traf ich weitere Flugzeugführer der 1.DFS 230/Don und 1.Go 242/Don. Durch Funkspruch meldete ich unseren Standort und erhielt vom A.O.K. 2 durch Funk Nachricht, daß wir mit einer Ju 52 zurückfliegen sollten. Nachdem wir am 15. 2. vergebens auf die Ju 52 gewartet hatten, flogen wir am 16. 2. mit einer Ju 52 der Transportgruppe Don nach Poltawa und meldeten uns bei der Staffel zurück.«

Um den Nachschub an Flugzeugen sicherzustellen, war bereits am 14. 1. 43 ein Kommando Techniker nach Konotop in Marsch gesetzt worden; von diesem wurden die zum Teil auf offenen Waggons verladenen DFS 230 aufgebaut, montiert und startklar ge-

macht, bei Temperaturen um −30° eine äußerst gefährliche und schwierige Tätigkeit, war doch das Bodenpersonal ständig der Gefahr von Erfrierungen ausgesetzt.
Insgesamt 13 DFS 230 setzte die 1.(DFS)/Lw.Kdo. Don in der Zeit vom 13. 1.−12. 2. 43 ein; zwei weitere Segler der Staffel wurden am 12. 2. bei einem Luftangriff auf den Flugplatz Charkow-Nord zerstört.
Ende Januar verlegte die Staffel von Charkow nach Poltawa und am 20. 2. 43 nach Kiew-West.
Aufgrund ihrer recht erheblichen Zuladefähigkeit fiel den Go 242 der 1.(Go)/Lw.Kdo. Don bei den Versorgungseinsätzen eine große Rolle zu. Der erhalten gebliebene Einsatzbericht der 1.(Go 242)/Lw.Kdo. Don schildert die Einsatztätigkeit der Staffel vom 20. 1.−19. 2. 43:

»Am 20. 1. 1943 fand eine Besprechung des Kommandeurs der Lufttransportgruppe Don, Hptm. Geisler, mit dem Staffelführer, Lt. Kortum, statt. Die 1.(Go)/Lw.Kdo. Don sollte mit den Lastensegelflugzeugen die Kessel Millerowo, Charkowo, Komtemerowko durch Luftlandung versorgen. Der Staffel wurde am gleichen Tage eine He 111H-16 zugewiesen. Eine Motorschleppbesatzung wurde aufgrund einer Besprechung des Staffelführers mit der 1./KGrzbV 25 aushilfsweise zur 1.(Go)/Lw.Kdo Don kommandiert. Die Schleppeinweisung erfolgte am 21. 1. 43. Zugleich wurden die letzten noch nicht klar gemeldeten Lastensegelflugzeuge eingeflogen.
Charkow-Woitschenko wurde als Abflughafen bestimmt. Das Gros der Staffel sollte in Konotop verbleiben. Am 21. 1. 43 wurde der Einsatz als nicht erforderlich gemeldet, da alle Kessel mit sofortiger Wirkung aufgelöst wurden. Auf fernmündlichen Befehl des Lw.Kdo. Don am 21. 1. 43 sollte ein Einsatzkommando mit 4 Go 242 nach Charkow-Woitschenko verlegt werden. Wettermäßig war die Überführung am Tage nicht möglich und erfolgte deshalb in der Nacht zum 25. 2. 43. Der Überführungsflug mit der Vollast-Go war einwandfrei. Der zweite Überführungsflug wurde ebenfalls in der Nacht durchgeführt. Am Morgen des 26. 1. 43 startete die erste Go 242 mit 3200 kg Ladung von Charkow-Woitschenko.
In den folgenden Tagen wurden in der Zeit vom 26. 1. 43 bis zum 11. 2. 43 insgesamt 17 Go 242 zur Versorgung der eingekesselten Truppen eingesetzt. Die Ladung setzte sich aus Kraftstoff, Munition, Verbandsstoff und Verpflegung zusammen. Durchschnittlich wurden die Go 242 bis zu 3800 kg beladen. Die Flüge führten in die Räume zwischen Woronesch und Staryj-Oskol, sowie Pesseh und Nikolajewka. Da es dem Heer aus taktischen Gründen nicht möglich war, genaue Absetzorte für die Go 242 bzw. Standorte der zu versorgenden Truppen anzugeben, wurden fast sämtliche Einsätze durch eigene

Aufklärung durchgeführt, erschwert durch feindlichen Flak- und Infanteriebeschuß während des Anfluges.
Neben den Go-Absetzaufträgen flog die Staffel bei ungünstigen Witterungsverhältnissen (50–100 m Wolkenuntergrenze) Aufträge mit Lastenabwurfbehältern (Munition, Kraftstoff, Verpflegung).
Der dritte Einsatz mit Go 242 am 28. 1. 43 wurde noch in der Dämmerung angesetzt, da sonst eine Panzergruppe ihre Fahrzeuge hätte vernichten müssen. Der Flug wurde ebenfalls einwandfrei durchgeführt.
Bei fast allen Einsätzen war die Lage so, daß in unmittelbarer Nähe der zu versorgenden Truppe der Feind mit Infanterie- und Flakbeschuß die Landung erschwerte, so daß der Go-Flugzeugführer gezwungen war, das Flugzeug mitten im Ort zu landen. Neben den Einsätzen wurde die Überführung der in Konotop abgestellten Go 242 planmäßig durchgeführt.
In Charkow-Rogan war ein Kommando der Staffel in Stärke von 40 Mann zur schnellen Aufrüstung der im Luftpark stockierten Gos eingesetzt. Bis zur Sprengung des Luftparkes Rogan wurden unter schwierigsten Umständen und in unermüdlichem Einsatz 9 Lastensegelflugzeuge aufgerüstet und so der Vernichtung entzogen. Das Aufrüsten vollzog sich mit primitiven Hilfsmitteln bei größter Kälte in geöffneten Hallen. Auch diese Flugzeuge wurden laufend zum Einsatzhafen überführt. Im Zuge der Rückverlegung wurde am 11. 2. 43 das Einsatzkommando von Charkow-Woitschenko nach Poltawa verlegt.
Zusammengefaßt kann gesagt werden, daß bei allen Einsätzen die Ladung ihren Bestimmungsort erreichte.
Eine Besatzung fiel nach der Landung im Feuergefecht mit russischen Kräften in deutscher Uniform. Auf dem Rückmarsch zu den eigenen Linien wurde ein Go-Bordmechaniker nach der Ausführung eines Sonderauftrages vermißt. Alle Besatzungen mußten sich in langen Märschen, zum Teil mit Feindberührung, zur Truppe durchschlagen und haben sich im Erdkampf besonders bewährt. (Bescheinigung von Kampfgruppen Aldrian und Bestel.) Eine besondere Anerkennung wurde der 1.Go-Staffel/Don vom Führer des XIV. Panzerkorps durch das Luftwaffenkommando Don für die schneidigen Einsätze ausgesprochen.«

All diese Einsatzflüge wurden von der 1.(Go)/Lw.Kdo. Don ganz selbständig durchgeführt. Dazu gehörte gründlichste kartographische Vorbereitung, Aufklärungsflüge durch Fieseler ›Storch‹ oder He 111, Festlegung der besten Landungsmöglichkeiten, Umfliegen aller Gefahrenpunkte (z. B. MG-Nester), Berücksichtigung der sich dauernd ändernden Frontlage. Dadurch waren Überraschungsflüge bei Nacht, Landungen bei aufgehender Sonne oder Abenddämmerung in den jeweiligen Kesseln sowie Flüge unter 100 m Höhe möglich.

Zuladung war Verpflegung, Munition, Kraftstoff und Ersatzteile. War ein Rückflug möglich, wurden Verwundete aus den Kesseln geflogen.
Wenn bei den jeweiligen Kesselflügen die Landemöglichkeit für den Fieseler ›Storch‹ bestand (FF Fw. Melcher), wurde die LS-Besatzung durch diesen zurückgeholt, oder sie mußte sich mit den kämpfenden Truppen zu den deutschen Linien durchschlagen.
Vor Aufgabe des Kessels wurde am 19. 2. 43 über Borispol nach Schitomir verlegt. Das Gros der Staffel erreicht auf dem Bahnwege und die Fahrzeugkolonne auf der Rollbahn den Fliegerhorst Schitomir.
Von Schitomir wurden im März/April 43 wichtige Transporteinsätze für die Luftflotte 4 geflogen. Anfang Mai 1943 verlegte die Staffel nach Saporoschje und wurde dem VK(S) 4 als 3.(Go)/VK(S) 4 unterstellt. Hptm. Bromund übernahm die Staffel von Lt. Kortum.
Die 1.(DFS)/Lw.Kdo. Don hingegen wurde im April 1943 aufgelöst, das Personal zum VK(S) 4 oder zu Ergänzungseinheiten versetzt.

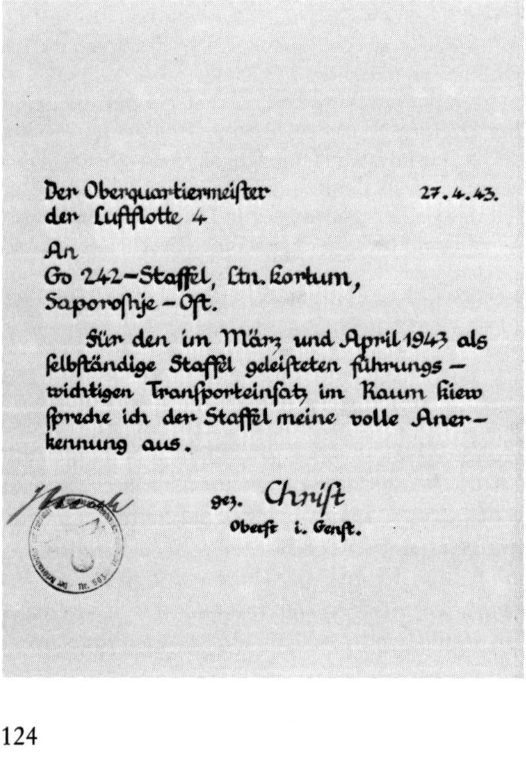
Der Oberquartiermeister 27.4.43.
der Luftflotte 4

An
Go 242-Staffel, Ltn. Kortum,
Saporoshje - Ost.

Für den im März und April 1943 als selbständige Staffel geleisteten führungs-wichtigen Transporteinsatz im Raum Kiew spreche ich der Staffel meine volle Anerkennung aus.

gez. Christ
Oberst i. Genst.

LASTENSEGLER NACH STALINGRAD ?

Die Schlacht um Stalingrad und die Versorgung der 6. Armee beanspruchten den zur Verfügung stehenden Lufttransportraum auf das Äußerste. Seitens des Generalquartiermeisters wurde angeordnet, ab Ende November 1942 sämtliche Ju 52 aus allen Dienststellen, Stäben, Ministerien und auch aus dem Bereich des Chef Ausbildungswesen herauszuziehen und der Luftflotte 4 zuzuführen. Auf Befehl des OKL hatte auch das XI. Fliegerkorps Verbände für den Stalingradeinsatz bereitzustellen. In Frage kamen dafür wegen ihrer großen Zuladefähigkeit nach Ansicht der Luftwaffenführung insbesondere die mit der Me 321 ausgerüsteten GS-Kdo. 1 (vormals 3.(GS)/KGzbV 2) und GS-Kdo. 2 (vormals 4.(GS)/KGzbV 2) sowie die I./LLG 2.
Die seit dem 1. Oktober 1942 in Lechfeld stationierte I./LLG 2 konnte schon eine gewisse Rußlanderfahrung aufweisen: Für ein geplantes Luftlandeunternehmen gegen Astrachan war die Gruppe am 10. 10. 1942 von Lechfeld aus per Bahn nach Rußland in Marsch gesetzt worden. Die Entwicklung der Lage im Südabschnitt der Ostfront führte dann zur Aufgabe des Plans. Anscheinend bestand aber beim XI. Fliegerkorps Unklarheit, was mit der Lastenseglergruppe geschehen soll; jedenfalls legte die I./LLG 2 in einer wohl beispiellosen Irrfahrt durch Rußland ungefähr 5000 km zurück, um dann am 25. 11. 42 unverrichteter Dinge wieder in Lechfeld einzutreffen!
Auch das LLG 1, das seit dem Spätherbst 1942 von Oberst Dr. Eggersh geführt wurde, mußte sich für eine Verlegung nach Osten bereithalten. Das Geschwader, dessen drei Gruppen nach der Personalabgabe für die Aufstellung der Verbindungskommandos (S) im April/Mai 1942 in ›Übungsgruppen‹ umbenannt worden waren, hatte sich im letzten Quartal des Jahres 1942 weitgehend regeneriert und auch ausrüstungsmäßig eine Veränderung erfahren. Die Motorbesatzungen der ›Einsatzgruppe I./LLG 1‹, die mit ihren Ju 52 bis in den Herbst 1942 Versorgungsflüge für das Afrikakorps durchgeführt hatten, waren Ende September 1942 nach Abgabe der Ju 52 nach Hildesheim zurückgekehrt; dort begann die Umrüstung der I./LLG 1 auf Do 17/DFS 230. Die II./LLG 1 bekam als Schleppmaschine den tschechischen Doppeldekker Avia 534. Um die Jahreswende 1942/43 wurde aus fliegendem und Bodenpersonal der 9./LLG 1 und fliegendem Personal aus Posen eine 7. und 8./LLG 1 aufgestellt. Damit verfügte auch die III./LLG 1 wieder über drei Staffeln.

Außerdem wurde vom XI. Fliegerkorps mit Nachdruck die Aufstellung der ersten Starrschleppstaffel betrieben, die dann Ende 1942 unter der Bezeichnung 17./LLG 1 vom Erprobungskommando XI. Fliegerkorps gebildet wurde. Dieses Erprobungskommando war in Döberitz bei Berlin stationiert und bestand aus einem Fj-Rumpfbataillon (Kdr. Mj. H. Hermann) und einer Erprobungsstaffel (St. Kpt. Hptm. Trautwein) bunter Zusammensetzung (Ju 88, Do 17, Hs 126, He 111, DFS 230, Beutetypen).
Erprobt wurden alle Einsatzarten, besonders Nacht- und Blindflüge im Starrschlepp*. Im Dezember 1942 wurde Lt. Eugen Wagner nach Döberitz kommandiert:

»Mein Auftrag lautete, so schnell wie möglich eine einsatzbereite Staffel zusammenzustellen, um mittels Starrschlepp mit dem DFS 230 hinter He 111 fronteinsatzfähig zu sein. In Döberitz sah ich zum ersten Male die Schleppvorrichtung an der He 111. Im Rumpfende war ein bewegliches kugelförmiges Teil einer Schale eingebaut, aus der ein Rohr von 1 m Länge herausragte, mit einer Kreuzgelenkkupplung am Ende, die mit dem LS mit einer gleichen Vorrichtung verbunden war. Die Beweglichkeit dieser Gelenkkupplung mit dem Kreuzgelenk erlaubte offensichtlich eine gewisse Beweglichkeit.
Ein mir gut bekannter Flugzeugführer hatte vorher schon einige Flüge vor meinem Eintreffen in Döberitz gemacht und gab mir den Rat, beim Start und auch während des Fluges nach Möglichkeit ›gar nichts‹ zu machen, das ginge alles von selbst.
Beim ersten Start habe ich mich deshalb auch passiv verhalten, wobei dann auch die Sache gar nicht gut ausgesehen hat. Der Flugzeugführer startete wie üblich bei He 111 ohne Bugrad und nahm dann die Maschine, nachdem genügend Fahrt vorhanden war, vom Boden weg. Schon diese Bewegung zeigte die ersten Probleme, die der Starrschlepp mit sich bringt. Diese Flüge wurden ohne feste Startbahn von einem nicht gerade idealen Rollfeld aus getätigt. Ich habe meine jungen Staffelangehörigen darauf hingewiesen, vor allem beim Start Bewegungen des Schleppflugzeuges schon sofort in der Längs- und Hochachse leicht gegenzusteuern, damit keine Aufschwingerscheinungen auf den Lastensegler kommen. Das DFS 230 hatte zwar angenehme Flugeigenschaften, aber auch eine leichte Instabilität, was sich bei einer erhöhten Schleppgeschwindigkeit hinter der He 111 gegenüber z. B. der Ju 52

* Die zahlreichen verschiedenen Schleppverfahren, die während des Krieges von der DFS und der Luftwaffe erprobt wurden, sind dargestellt in: Peter, Ernst, Der Flugzeugschlepp von den Anfängen bis heute, Motorbuch-Verlag, Stuttgart 1981.

oder anderen eingesetzten Schleppflugzeugen nicht sehr angenehm auswirkte.
Ungünstig war in diesem Zeitabschnitt nicht nur das verhältnismäßig schlechte Wetter, bei dem keine großen Flughöhen möglich waren, sondern die Eile. Daß es trotzdem nach kurzer Zeit gelungen ist, mit einer großen Anzahl starrgeschleppter Lastensegler zum Einsatz an die Ostfront zu fliegen, erscheint mir nahezu unbegreiflich.«

Der Führer des nach Saporoschje entsandten Vorkommandos/LLG 1, Lt. Raschke, berichtet über das Anlaufen der Verlegung des Geschwaders:

»Etwa Mitte Dezember 1942 erhielt Hptm. Kieß von Gen. Student den Befehl, sich als Verbindungsoffizier bei der Luftflotte 4, Gefechtsstand im Raum nördlich des Asowschen Meeres, zu melden. Die Würfel waren gefallen. Die LS-Verbände sollten für den beschleunigten Einsatz bei der LV Stalingrad in den Absprungraum Stalino, Taganrog, Rostow und Nowotscherkask überführt werden. Als Gefechtsstand war Makejewka bei Stalino, später Saporoschje vorgesehen.
Erst Anfang Januar 1943 begannen die Verlegungen nach Rußland, zu unterschiedlichen Zeiten und auf verschiedenen Wegen. Fliegende Verbände mit DFS 230 verlegten auf dem Luftwege, die Reserve-LS wurden per Bahn nachgeführt.
Die Einzeletappen waren nicht befohlen, sie ergaben sich aus der Wetterlage, der Reichweite der Flugzeugtypen und der nach Osten abnehmenden hellen Tageszeit. Die Startzeit war oft durch die erst gegen Mittag jeweils gegebene Aufhellung erzwungen und die noch mögliche Landezeit durch die gegen 16.30 Uhr einsetzende Dunkelheit gegeben. Kaum einer der Plätze hatte eine Nachtbefeuerung, und die Besatzungen unserer Verbände hatten keine ausreichende Nachtflugerfahrung.
Alle Gruppen schleppten mittels Seilen mit den Längen von 80 m bis 100 m. Ein Bord-zu-Bordsprechverkehr bestand nicht. In den LS wurde meist ein Mann des Werkstattzuges (S) mitgenommen.
Allgemein wurde der Flugweg des Vorkommandos (Hildesheim – Posen – Warschau – Lemberg – Kalinowka – Kirowograd – Stalino) eingehalten, der auch als allgemeine Schleuse für alle ostwärts fliegenden Flugzeuge eingerichtet war.
Das Vorkommando des Geschwaders flog am 9. 1. 43 von Hildesheim ab und landete wegen des schlechten Wetters in Staaken zwischen. Danach wurden jeweils mögliche Tagesetappen zwischen 250–350 km Flugstrecke angesetzt.
Der Befehl für das Vorkommando umfaßte drei Teile: Erkundung des Flugweges, Einrichten von Meldeköpfen auf den Etappen- und Zwischenlandeplätzen, Überbringen des Befehls zur Bereitstellung des VK(S) 4 in Saporoschje für die LV Stalingrad. Am vierten Tag nach dem Start in Hildesheim traf das Vorkommando in Saporoschje ein.

Auf dem Platz lag das inzwischen dem LLG 1 unterstellte VK(S) 4, ausgerüstet mit He 111 und Go 242. Kommandeur (Kdr.) des Kommandos war Hptm. Landwehr. Dem Kdr. des VK(S) 4 wurde der Befehl übermittelt, den Verband sofort in Bereitschaft zu versetzen und weitere Befehle des Kommodore LLG 1, Oberst Dr. Eggersh, abzuwarten. Einen Tag nach Eintreffen des Vorkommandos traf ein Teil des Geschwader-Stabes mit dem Kommodore in Saporoschje ein.
Das bisherige Vorkommando erhielt den Befehl, über Stalino nach Swerewo, dem Gefechtsstand des Lufttransportführers (LTF) Stalingrad zu fliegen und die Einschaltung der LS-Verbände in die LV-Stalingrad einzuleiten. Das Vorkommando flog in alter Besetzung und unter Mitnahme des LS.
Beim Anflug von Stalino nach Swerewo (rund 200 km) herrschte klares Winterwetter mit einer Wolkenuntergrenze von etwa 300 m. Der LS wurde zuerst gelandet und sofort in eine Schneeboxe gezogen, um der anfliegenden Do 17 den Seilabwurf und die Landung zu ermöglichen. Es gab nur eine etwa 30–50 m breite Landebahn, die aus festgetretenem Schnee bestand. In die Schneewände links und rechts der Start- und Landebahn waren Abstellplätze geschaufelt worden.
Einige Stunden nach der Landung erfolgte die Meldung beim LTF-Stalingrad, Oberst Morzik. Der nur mündlich erteilte Befehl, die LS-Verbände in die LV-Stalingrad einzuschalten, wurde übermittelt und aus verschiedenen Gründen als undurchführbar zurückgewiesen.«

Oberst Morzik schrieb später über den geplanten LS-Einsatz nach Stalingrad, daß die Möglichkeit, ob Lastensegler DFS 230 und Go 242 eingesetzt werden konnten, zwar geprüft, aber verneint werden mußte, denn die dafür erforderliche Bodenorganisation war nicht vorhanden und konnte auch nicht so schnell aufgebaut werden. Außerdem wäre dadurch der Einsatz der Versorgungsflugzeuge gestört, zeitweise sogar unterbunden worden. Mitentscheidend war, daß die Lastensegler nur bei einwandfreiem Wetter mit Geleitschutz fliegen konnten; dafür standen aber keine Jagdkräfte zur Verfügung. Anhand vorliegender Luftbilder – die später auch dem Kommodore des LLG 1 vorgelegt wurden – ergab sich, daß zu diesem Zeitpunkt (16. 1. 43) der einzige reguläre Flugplatz Pitomnik bereits verloren war, der Behelfsplatz Gumrak nur den Abwurf von Versorgungsbehältern erlaubte. Zudem war die Reichweite der Do 17 nicht ausreichend, und die vorhandenen Ju 52 hatten keine Schleppkupplungen und flogen oft auch mit ausgeleierten Motoren.
Einzelne Ju 52 und He 111, die von Nowotscherkask starteten, landeten zu dieser Zeit auf dem einzigen noch verfügbaren Behelfsflugplatz Stalingradzki, im Norden der Stadt gelegen. Das

Landefeld konnte bereits von den Russen eingesehen werden und lag oft unter Artilleriebeschuß. Die bisher bekanntgewordenen Einzelheiten über die nicht gegebene Möglichkeit eines Einsatzes von LS zur LV-Stalingrad wurden als Fernschreiben (FS) an Oberst Dr. Eggersh nach Makejewka abgesetzt. Das FS wurde bestätigt und die Rückkehr des Kommandos befohlen.
Inzwischen waren aber vom XI. Fliegerkorps längst die einzelnen Gruppen und Staffeln in Marsch gesetzt worden. In einer Meldung vom 13. 1. über den ›Stand der Zuführung von Transportflugzeugen zur Luftflotte 4‹ heißt es:

I./LLG 1: 32 Do 17 mit DFS, davon 23 klar auf der Strecke Hildesheim – Warschau, 9 unklar auf der Strecke Hildesheim – Posen.
II./LLG 1: 30 Avia 534 mit DFS, davon 20 klar auf Strecke Warschau – Kalinowka, 3 unklar auf Strecke Posen – Lemberg, 7 Bruch in Winniza, Tomashow und Deblin.
III./LLG 1: 32 Hs 126 und Avia mit DFS, davon 26 klar auf Strecke Hildesheim – Warschau, 6 unklar in Warschau und Posen.
IV./LLG 1: 30 Avia 65 mit DFS, davon 27 klar auf Strecke Hildesheim – Warschau, 3 unklar in Warschau und Posen.

Die letztgenannte IV./LLG 1 war Anfang Januar 1943 in Langendiebach aus Personal der Ergänzungsgruppe (S) 1 aufgestellt worden. Die Verlegung der I./LLG 2 per Bahntransport begann am 17. 1. 43; ein Teil der Go-Flugzeugführer flog mit der Ju 52 nach Stalino voraus.
Die Transporte der III./LLG 1 wurden allerdings am 20. 1. 43 gestoppt und die in Verlegung befindlichen Teile der Gruppe nach Riga-Spilve umgeleitet.
Auch die ersten Schleppzüge (He 111Z/Me 321) des GS-Kdo. 2 starteten ab Mitte Januar 1943 nach Osten. Lt. Dittebrandt war Pilot einer He 111Z:

»Es begann ein gigantischer Treck bei schlechtestem Wetter und nur auf Improvisation aufgebaut. Über Reichshof, Schitomir, Poltawa, Stalino flogen wir nach Makejewka. Jeder, der in der damaligen Zeit auf den Flugplätzen des Ostens war, wird ermessen können, was es hieß, mit einem derartigen Schleppzug, auf sich allein gestellt, unterwegs zu sein. Überall völlig überbelegte Plätze, wo man im Nu von einfallenden Verbänden eingebaut und ein Herausmanövrieren mit den schweren Maschinen unmöglich war. Außerdem verzögerten unsinnige Befehle ein schnelles Vorankommen.«

Bis zum 23. 1. 43 waren insgesamt 66 Schleppzüge des LLG 1 und 2 He 111Z/Me 321 im Bereich der Luftflotte 4 eingetroffen. Auch die ersten Bahntransporte hatten Saporoschje und Stalino erreicht.

Die Lage an der Stalingradfront hatte sich im Januar 1943 immer weiter verschlechtert. Ersatzangriffe waren gescheitert, die Rote Armee drang weiter nach Westen vor und mehrere wichtige Absprunghäfen der Transporter gingen verloren. Dadurch wurden auch die Anflugwege in den Kessel immer länger. Am 16. 1. 43 traf Feldmarschall Milch mit einer Sondervollmacht Hitlers in Taganrog ein. Er sollte die Luftversorgung Stalingrads neu organisieren und die 6. Armee retten. Als ob die Transportflieger nicht auch schon vorher alles nur Menschenmögliche unternommen hätten, um die Eingeschlossenen zu versorgen. Hatte Oberst Morzik aus guten Gründen einen Einsatz der Lastensegler abgelehnt, war Fm. Milch ganz anderer Meinung, wie Oberst Herhuth von Rohden (Stabschef Luftflotte 4) in seinem Buch ›Die Luftwaffe ringt um Stalingrad‹ schildert:

Fm. Milch:

> »Im übrigen glaube ich, daß der von mir angeordnete Einsatz der Lastensegler eine große Entlastung bringen wird. Wir werden sie unter starkem Schutz von Jägern und Zerstörern in die Stadt schicken.«

Ihm wird entgegnet:

> »Die Segler werden die Landung der anderen Flugzeuge versperren. Kein Mensch wird sich dann um die herumliegenden Segler kümmern.«

Aber Milch beharrt:

> »Dann wird eben ein anderer Platz in der Nähe des Stadtgebietes Stalingrad gefunden werden. Ein Offizier der Luftlandetruppe wird ihn mir schon finden.«

Seitens des ›Sonderstabes Milch‹ ging man, wie Anlage 5 ausweist, zuversichtlich davon aus, etwa 170 Schleppflugzeuge und 350 Segler einsetzen zu können. Am 20. 1. 43 befahl Milch, daß die Me 321 bei Mondschein in die Festung hineinzuziehen sind; am folgenden Tag erweiterte er diesen Befehl auch auf die Go 242 und die DFS 230. Da die Reichweite der Do 17 nicht mehr ausreichte, sollten He 111 und He 111Z eingesetzt werden.
Nach Tagen der Vorbereitung wurden am 23. 1. 43 drei Schleppzüge für eine LV-Stalingrad in Makejewka bereitgestellt. Als Schleppflugzeuge standen 3 He 111 des KG 4 und 3 Go 242 des VK(S) 4 bereit. Der Start sollte nach Einbruch der Dunkelheit erfolgen; einer der Go-FF war Georg Seidel.

Die Go 242 hatten Vollast geladen, es waren 5 t Versorgungsgüter aller Art, vor allem Lebensmittel. Lt. Raschke war eingeteilt, im Heckstand der He 111 des Kettenführers zu fliegen. Von hier aus sollte mittels Lichtzeichen einer Taschenlampe die Fluglage der Go korrigiert werden. Ein grünes Signal sollte anzeigen, die Go war zu tief hinter der He 111, ein rotes Signal hieß zu hoch, und ein weißes bedeutete, die Go liegt gut.
Das Wetter war den ganzen Tag über erdenklich schlecht. Die Wolkenuntergrenze war teilweise aufliegend oder bis 30 m anhebend. Es herrschte heftiges Schneetreiben, und die Vereisung der Tragflächen trat bereits am Boden ein. Von einer Feuersicht konnte überhaupt keine Rede sein, im Flug wurden die Positionslichter sowieso ausgeschaltet, ebenso war es fraglich, ob die vom Heckstand aus gegebenen Signale sichtbar sein würden.
Fast stündlich – ab 16.30 Uhr – wurde auf bessere Wettermeldungen gewartet, die Motoren der He 111 mußten auch stündlich neu angelassen werden, um das Öl geschmeidig zu halten. Die letztmögliche Startzeit wäre um 01.30 Uhr gewesen, um den Rückflug vor anbrechender Dämmerung etwa um 04.30 Uhr bis zur Front noch sicherstellen zu können. Aus diesem Grunde fand die letzte entscheidende Flugbesprechung gegen Mitternacht 23./24. 1. statt. Sie wurde bereits ohne die LS-Flugzeugführer angesetzt.
Nach der Beurteilung der Wetterlage und Vorhersage entschied Dr. Eggersh, daß die 3 He 111 ohne LS mit Abwurfbehältern nach Stalingradzki fliegen sollten.
Erst gegen 02.30 Uhr bis 03.00 Uhr kam aufgrund des abgesetzten Fernschreibens über diese Entscheidung vom VIII. Fliegerkorps die Aufhebung des Einsatzbefehls.
Inzwischen hatten die 3 He 111 noch einmal die Motoren warmlaufenlassen, wobei einer He 111 ein Anlaßritzel brach und bei der zweiten Maschine ein Zylinder riß. So startete nur eine He 111 mit Verspätung gen Stalingrad. Die Besatzung meldete sich gegen 04.30 Uhr vom Einsatz zurück.
Weitere Versuche, Lastensegler nach Stalingrad einzufliegen, wurden dann nicht mehr unternommen, zumal auch die Lage im Kessel immer unübersichtlicher wurde.
Am 25. 1. 43 traf von Fm. Milch der Befehl über das Ausscheiden des LLG 1 und unterstellter Verbände aus dem Befehlsbereich des ›Sonderstab Milch‹ ein.
Die Lastensegler standen nun der Luftflotte 4 zur Verfügung und verlegten zur Krim.

DIE VERSORGUNG DES KUBANBRÜCKENKOPFES DURCH LASTENSEGLER IM FRÜHJAHR 1943

Nach der Einschließung von Stalingrad und der Zerschlagung der Heeresgruppe B im Dezember 1942 geriet die im Kaukasusgebiet kämpfende Heeresgruppe A durch das schnelle Vordringen der russischen Armeen nach Westen in große Gefahr, falls es den Russen gelang, Rostow und die Übergänge über den Don zu nehmen. Ende Dezember 1942 wurde daher die Räumung des Kaukasus eingeleitet; die Masse der Heeresgruppe A (etwa 400 000 Mann) zog sich bis Ende Januar 1943 in den sogenannten Kubanbrückenkopf zurück. Aufgrund der Eisverhältnisse in der Straße von Kertsch war um diese Jahreszeit eine Versorgung über See nicht möglich, so daß wiederum der Lufttransport das einzige Mittel blieb, Nachschub auf die Taman-Halbinsel zu bringen.

Am 29. 1. 43 übernahm das Generalkommando VIII. Fliegerkorps neben der Versorgung Stalingrads auch die Versorgung des Kubanbrückenkopfes.

In einem Befehl vom 30. 1. 43 wurden seitens des VIII. Fliegerkorps Einzelheiten der Luftversorgung geregelt. Dieser Befehl ist hier, soweit es die Lastensegler betrifft, in Auszügen wiedergegeben:

Generalkommando VIII. Fliegerkorps Gef.St., den 30. 1. 43
I a
Nr. 150/44 g.Kdos.

Befehl für den Aufmarsch und Einsatz zur Räumung des Operationsgebietes der Heeresgruppe A und zur Versorgung des Westkaukasus.

1. Die Heeresgruppe A räumt im Zuge der laufenden Operationen das Kaukasusvorland und geht mit Teilen in den Raum Rostow, mit der Masse auf die Krim unter Festhalten eines Brückenkopfes auf der Taman-Halbinsel zurück.
2. Gen.Kdo. VIII. Fliegerkorps führt im Rahmen der Luftflotte 4 mit unterstellten Verbänden die beschleunigte Räumung des Operationsgebietes der Heeresgruppe A in unmittelbarer Zusammenarbeit mit dieser durch.
3. Einsatz- und Einladeraum:
   Der *Einsatzraum* des Gen.Kdo. VIII. Fliegerkorps ist die Krim und das Nordufer des Asowschen Meeres.
   Der *Einladeraum:*
   Einladeplätze sind Slawianskaja, Krasnodar und Timoschewskaja.

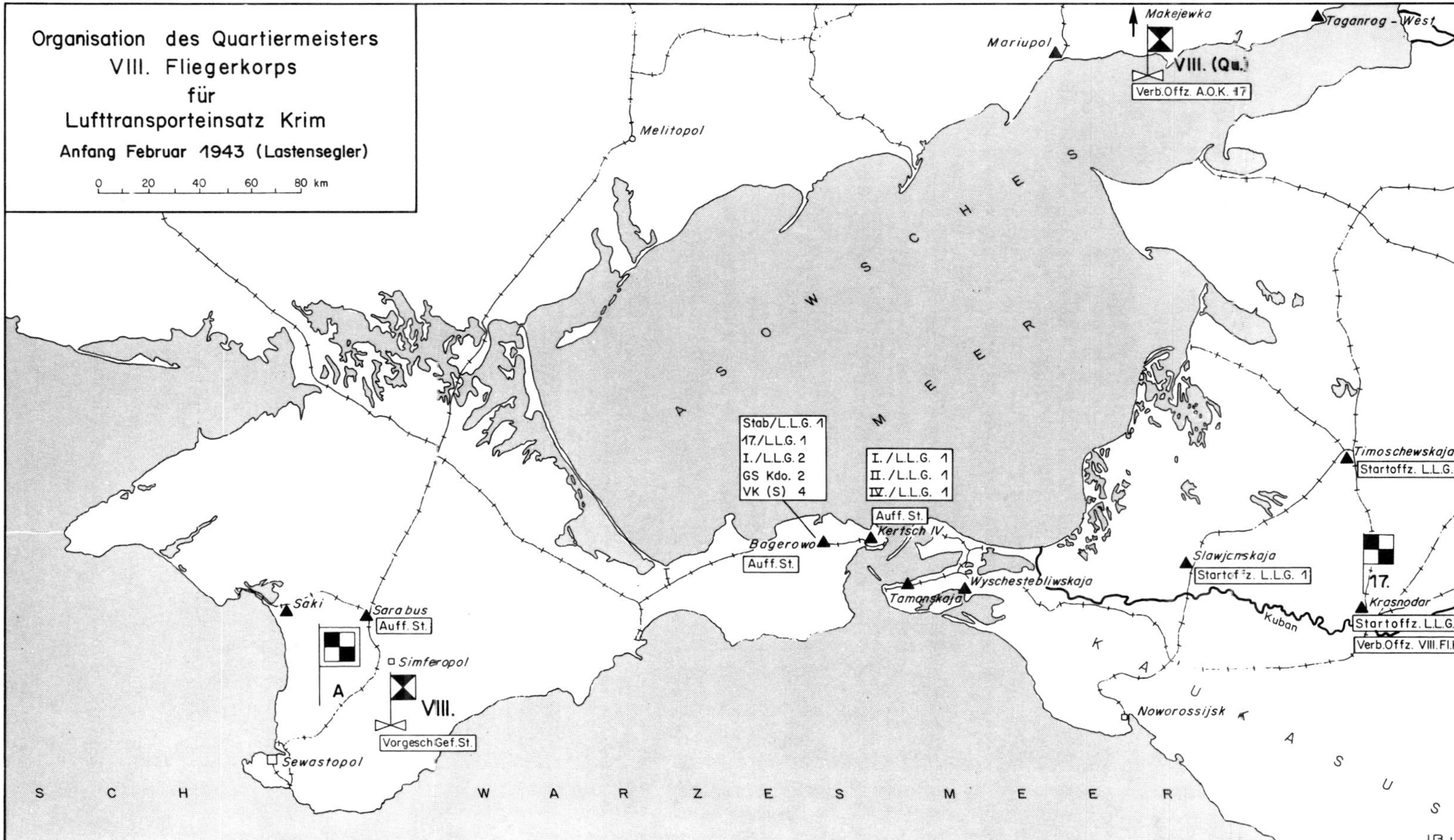

Organisation des Quartiermeisters
VIII. Fliegerkorps
für
Lufttransporteinsatz Krim
Anfang Februar 1943 (Lastensegler)
0 20 40 60 80 km
Makejewka
Mariupol
Taganrog - West
VIII. (Qu.)
Verb.Offz. A.O.K. 17
Melitopol
ASOWSCHES MEER
Stab/L.L.G. 1
17./L.L.G. 1
I./L.L.G. 2
GS Kdo. 2
VK (S) 4
I./L.L.G. 1
II./L.L.G. 1
IV./L.L.G. 1
Auff.St.
Kertsch IV
Bagerowo
Auff.St.
Tamanskaja
Wyschesteblíwskaja
Timoschewskaja
Startoffz. L.L.G. 1
Slawjcnskaja
Startoffz. L.L.G. 1
17.
Krasnodar
Startoffz. L.L.G. 1
Verb.Offz. VIII.Fl.K.
Kuban
KAUKASUS
Noworossijsk
Saki
Sarabus
Auff.St.
Simferopol
A
VIII.
Vorgesch.Gef.St.
Sewastopol
SCHWARZES MEER

Verbände

a) Es werden unterstellt und verlegen:

Stab Luftlandegeschwader 1		nach Bagerowo
I./LLG 2	(Go 242)	nach Bagerowo
GS-Kdo. 2	(Me 321)	nach Bagerowo
VK(S) 4 (Teile)	(DFS 230/Go 242)	nach Bagerowo
I./LLG 1	(DFS 230)	nach Kertsch IV
II./LLG 1	(DFS 230)	nach Kertsch IV
IV./LLG 1	(DFS 230)	nach Kertsch IV
17./LLG 1	(DFS 230)	nach Bagerowo

b) Es werden unterstellt und zugeführt:

III./KG 4		nach Bagerowo

4. Organisation der Ein- und Ausladung in Zusammenarbeit mit dem Heer.
Luftwaffe:
Auf den Einladeplätzen stellt LLG 1 je einen Startoffizier, der in enger Zusammenarbeit mit den E.-HafenKdtren und den Ablaufstäben des AOK 17 den Flugbetrieb und die Verladung der Erdtruppe verantwortlich steuert. Er sorgt weiterhin für die beschleunigte Instandsetzung ausgefallener Flugzeuge.
5. Transporteinsatz:
Aufgabe der zum Transport eingesetzten Einheiten ist es, in möglichst vielen Tageseinsätzen Truppen und Gerät aus dem Einladeraum auf die Krim zu verlegen und je nach Lage Versorgung der Heeresgruppe A zuzuführen. Die schnelle Durchführung dieser Aufgabe erfordert, daß mit allen Mitteln der Einsatz auch von Teilen der Verbände mit Eintreffen am Einsatzplatz sofort durchgeführt wird.

Der Kommandierende General
im Entw. gez. Fiebig
Generallt.

Von LLG 1 wurde als Quartiermacher der bisherige Vorkommandoführer Lt. Raschke mit einer Ju 52 nach Bagerowo geflogen. Der Flugweg führte über das zum großen Teil zugefrorene Asowsche Meer. Der angeflogene Feldflugplatz wies noch keine stationierten Verbände auf. Er hatte aber eine feste Start- und Landebahn, die etwa 30 m breit und 1000 m lang war. Etwa 10 km entfernt befand sich der zweite große Feldflugplatz Kertsch IV.
Nach Eintreffen des Geschwaderstabes wurden die Startoffiziere für die Plätze Krasnodar (Lt. Janssen), Timoschewskaja (Lt. Raschke) und Slawianskaja (Lt. Busse) eingeteilt; sie wurden erst einige Tage danach zu den Plätzen in Marsch gesetzt. In schneller Folge fielen, von Makejewka, Stalino und Uman kommend, die Schleppzüge des LLG 1 in Kertsch ein. Auch die ersten Güterzü-

ge, die das Bodenpersonal und zerlegte Reserve-LS transportierten, erreichten die Krim. In Makejewka bereits zusammengebaute Go 242 wurden von Besatzungen der I./LLG 2 nach Bagerowo überflogen. Infolge Seilriß mußte am 31. 1. 43 die Besatzung Handt/Hoffmann auf einer ausgedehnten Eisscholle im Asowschen Meer notlanden, konnte aber nach drei Tagen durch ›Störche‹ gerettet werden.

Auch von dem im Reichsgebiet gestarteten 12 Me 321-Schleppzügen gelangte nur ein Teil zur Krim; mehrere unterwegs außengelandete ›Gigant‹ mußten nach Obertraubling zurückgeschleppt werden.

Die Verlegung der am 25. 1. 43 in Döberitz gestarteten Starrschleppstaffel (17./LLG 1, Lt. Wagner) verlief ebenfalls nicht problemlos, da infolge Vereisung bei einigen Schleppzügen ein Auskuppeln nicht möglich war und es bei der Landung zu Brüchen kam.

Da die I./LLG 2 nicht über genügend Schleppmaschinen verfügte, wies das VIII. Fliegerkorps ihr die III./KG 4 als Schleppgruppe zu. Die 1. (Go)/VK(S) 4 (Olt. Pongratz) wurde der I./LLG 2 unterstellt und bildete mit dieser die ›Einsatzgruppe I./LLG 2‹, die Hptm. Delica führte. Die He 111 des VK(S) 4 wurden für die Zeit der Kubanversorgung in der 1. (He 111)/VK(S) 4 unter Olt. Loeck zusammengefaßt.

Insgesamt verfügte der Kommodore der LLG 1, Oberst Dr. Eggersh, dem auch die anderen LS-Einheiten unterstellt waren, am 31. 1. 43 über 95 Schleppmaschinen und 147 Segler, die sich nach Flugzeugtypen wie folgt aufgliederten:

DFS 230	Istbestand	83	*Avia*	Istbestand	15
	einsatzber.	67		einsatzber.	12
Go 242	Istbestand	61	*Hs 126*	Istbestand	21
	einsatzber.	57		einsatzber.	11
Me 321	Istbestand	3	*Ar 65*	Istbestand	22
	einsatzber.	3		einsatzber.	17
He 111Z	Istbestand	4	*Do 17*	Istbestand	26
	einsatzber.	4		einsatzber.	19
He 111	Istbestand	7			
	einsatzber.	2			

Nicht enthalten in dieser Übersicht sind etwa 20 He 111 der III./KG 4 und etwa 12 He 111/DFS 230-Schleppzüge der 17./LLG 1.

Neben den LS-Verbänden wurden dem VIII. Fliegerkorps zeitweilig 4 Ju 52- Gruppen (KGrzbV 9, KGrzbV 50, KGrzbV 102, KGrzbV 172), 2 He 111-Gruppen (KGrzbV 20, KGrzbV 23), ei-

ne Ju 86-Gruppe (KGrzbV 21), ein Verband Fw 200 (KGrzbV 200) sowie mehrere Seetransportstaffeln, ausgerüstet mit Do 24 und Ju 52 (See), unterstellt.
Am 30. 1. 43 begannen die Lufttransporte von der Taman-Halbinsel, durch die bis zum 30. 3. ungefähr 85 000 Soldaten (Deutsche, Rumänen, kaukasische Freiwillige), darunter mehr als 29 000 Verwundete sowie umfangreiches Gerät zur Krim geschafft werden sollten.
An dieser Leistung hatten die Lastensegler von Beginn an maßgeblichen Anteil, wie auch aus einer Übersicht für die erste Einsatzwoche (30. 1. – 5. 2. 43) hervorgeht:

Lufttransporte VIII. Fliegerkorps

Januar 1943:					
30. 1.	Slawianskaja	8 Segler	2 Ju 52	111 Mann	25 to
	Timoschewskaja		2 Ju 52	40 Mann	
31. 1.	Slawianskaja	13 Segler	2 Ju 52	183 Mann	10 to
	Timoschewskaja: kein Start wegen Wetterlage				
			zusammen:	334 Mann	35 to
Februar 1943:					
1. 2.	Slawianskaja	22 Segler		144 Mann	25 to
	Timoschewskaja			213 Mann	
2. 2.	Slawianskaja	31 Segler	1 Ju 52	300 Mann	8 to
	Timoschewskaja	15 Segler		512 Mann	
	Krasnodar	3 Segler		47 Mann	
3. 2.	Slawianskaja	47 Segler	4 Ju 52 1 He 111	513 Mann	6 to
	Timoschewskaja			1189 Mann	
4. 2.	Slawianskaja	41 Segler	134 Ju 52 1 He 111	3072 Mann	
	Timoschewskaja			614 Mann	
	Krasnodar			613 Mann	41 to
5. 2.	Slawianskaja	2 Segler	35 Ju 52 3 He 111 3 Ju 86	553 Mann	10 to

Unterlagen des O.Qu. AOK 17 weisen aus, daß es insbesondere im März 1943 zu einer sehr hohen täglichen Einsatzleistung kam. Durchschnittlich 60 Lastensegler täglich landeten in diesem Monat

auf den Feldflugplätzen Bittersalzsee, Zokur und ›Molkerei‹. Gelegentlich wurden sogar Tageshöchsteinsätze von 3 Me 321, 45 Go 242 und 110 DFS 230 erreicht.
Möglich wurden diese hohen Einsatzzahlen nicht zuletzt durch die – auf Grund des Zurückweichens der Front – kürzer werdenden Flugstrecken.
Aufgrund der relativ kurzen Flugzeiten war es den Transportflugzeugen und Lastenseglern möglich, mehrmals am Tage hin- und herzupendeln, sofern die Wetterbedingungen und die Verhältnisse auf den Einladeplätzen es zuließen. Denn die Ausstattung dieser Plätze war mehr als dürftig. In Timoschewskaja fehlte selbst ein Landekreuz; auch Leuchtpistole, Telefon und andere Hilfsmittel waren nicht greifbar; Timoschewskaja war ein typischer Feldflugplatz, der nur bei Bedarf genutzt werden sollte. Und nun drängten sich dort bald Tausende, hatte es sich doch herumgesprochen, daß es von Timoschewskaja Freiflüge zur Krim gab.
In einer Go 242 transportierte man bis zu 20 Soldaten sitzend auf dem Boden. An Verwundeten wurden jeweils 10–12 liegend auf Wäschestapeln ausgeflogen. Auch 2 ›Gigant‹ landeten in Timoschewskaja, die etwa 90 Soldaten laden konnten. Die stehenden Reihen wurden durch quergespannte Seile gesichert.
Von Krasnodor aus starteten vor allem Ju 52, später wurden auch Schleppzüge He 111/Go 242 eingesetzt, hauptsächlich für sperrige Güter.
Infolge des Vordringens der Roten Armee konnte Krasnodar nur bis zum 9. 2. 43 angeflogen werden. Die Ju 52, die den Startoffizier abholen sollte, wurde beim Anflug abgeschossen. Lt. Janssen gelangte dennoch zur Krim zurück. Ab 17. 2. fungierte er als Startoffizier auf einem Landefeld am Bittersalzsee. Tauwetter verwandelte diesen Behelfsplatz immer wieder in eine morastige Fläche; Brüche und tagelange Unterbrechung des Flugbetriebes waren die Folge.
Auch Timoschewskaja mußte bald aufgegeben werden. Am 10. 2. war die russische Artillerie soweit vorgerückt, daß sie den Platz mit Granaten belegen konnte. Laufend erfolgten nun Tiefffliegerangriffe. 2 Schleppzüge He 111/Go 242 evakuierten am 14. 2. 43 das Flugplatzkommando. Eine He 111 wurde kurz nach dem Start abgeschossen, doch kam die Besatzung der Motormaschine wie auch die des Seglers unversehrt davon. Als neuer Landeplatz diente ab Mitte Februar ein Wiesengebiet bei Primorsk. Slawianskaja konnte bis zum 17. 3. gehalten werden. Wie der »Erfahrungsbericht Luftversorgung AOK 17« ausweist, wurden allein von

diesem Feldflugplatz mehr als 35000 Soldaten ausgeflogen:

Transportleistung Slawianskaja 29. 1.–17. 3. 43 (43 Flugtage)

Gelandet:		*Hintransportiert:*	
1982	Ju 52 (davon Abwurf 91 Ju 52)	10721	Fässer Otto
200	Go 242	1374	t Verpflegung
11	Me 321	71	t Hartfutter
375	DFS 230	860	t Bomben und Munition
26	Fw 200		
72	Ju 86	15	t sonstiges Gerät
12	Fi 156	*Abtransportiert:*	
291	He 111 (größtenteils Schleppmaschinen)	23636	Soldaten
		11946	Verwundete
337	Schleppflugzeuge (Do 17, Avia, Ar 65)	752	t Gerät und Munition
		2609	Leerfässer

Das Tagebuch des Startoffiziers Slawianskaja, Lt. Busse, das im Anhang (Anlage 6) abgedruckt ist, macht deutlich, welche Schwierigkeiten und Mühen sich hinter diesen nüchternen Zahlen verbergen.

Wie bewährten sich nun die im Kubaneinsatz erstmals verwendeten neuen Schleppverfahren (Starrschlepp, Go-Doppelschlepp) oder die He 111Z/Me 321-Gespanne?

Aufsehen erregte es jedesmal, wenn einer der ›Gigant‹ einschwebte und dem Rumpf anschließend 80, 90 oder gar 100 Soldaten entstiegen. So flog Fw. Röhm am 1. 2. 43 mit seinem ›Gigant‹ 97 Soldaten von Timoschewskaja nach Bagerowo. Allerdings wurden nur relativ wenige Transportflüge mit der Me 321 durchgeführt, da die Großraumsegler aufgrund der Platzverhältnisse recht schnell zu Bruch gingen. Überhaupt ist nur die Me 321 der Besatzung Over/Schlenker, die zwischen dem 2. 2. und 16. 2. von Bagerowo 4 Flüge nach Timoschewskaja und Slawianskaja durchgeführt hatte, nach Obertraubling zurückgekehrt.

Die in Bagerowo stationierten He 111Z wurden auch zum Schlepp der Go 242 verwandt.

Eckhart Willige (I./LLG 2) berichtet darüber:

»Am 11. 2. landeten wir unsere Go 242 mit 12 Faß Benzin. Es waren einige He 111Z am Platz, die offenbar mit dem Me 321 nicht ausgelastet waren. So wurde versucht, 2 Go 242 hintereinander von einer He 111Z schleppen zu lassen. Meines Wissens war dieses der erste derartige Versuch. Unsere Go hatte am Heck eine Kupplung, die für den Bremsfallschirm bei Sturzflügen vorgesehen war. Hier wurde das Seil zur Verbindung mit der zweiten Go 242 eingeklinkt. Ich flog die zweite Maschine. Der Start verlief glatt. Dann jedoch hing das erste Seil stark durch; es war in der Kurve, mit der wir auf Kurs gingen. Als sich das Seil wieder spannte, gab es einen unheimlichen Ruck, den ich durch Nachsteuern auszugleichen suchte. Sollbruchstellen hatten diese Seile nicht, sonst wäre es aus gewesen. Später wurde ein kürzeres Seil zwischen Schleppmaschine und erstem LS verwandt, dann trat diese Schwierigkeit nicht mehr auf. Landung in Slawianskaja, Rückflug am nächsten Tag hinter einer anderen He 111Z, Ladung 2,5 t Bronzedraht.«

Erstmals unter Einsatzbedingungen erprobt wurde auch der Starrschlepp. Lt. Wagner (17./LLG 1):

»Das Starten auf einem gefrorenen, unebenen, zwar riesigen Feldflugplatz war jedesmal ein Risiko; die meisten Flüge wurden am frühen Morgen durchgeführt. Inzwischen hatten die Flugzeugführer der He 111 und der DFS 230 genügend Erfahrung gesammelt, so daß erstaunlicherweise wenig Zwischenfälle eintraten. Dazu hat beigetragen, daß zwischen dem Staffelführer der He 111 und dem der LS ein ausgezeichnetes kameradschaftliches Verhältnis bestand und die Besatzungen der He 111 die besten fliegerischen Besatzungen darstellten, über die die Luftwaffe verfügte. Es waren meist altgediente Oberfeldwebel mit guten Blindflugerfahrungen. Diese Männer wären zwar lieber ohne Lastensegler geflogen, das war auch leicht zu verstehen.
Die He 111-Besatzungen wurden auch an Tagen, wo Einsätze der LS nicht vorgesehen waren, für Sondereinsätze zur Bekämpfung von Flakstellungen und anderen Zielen eingesetzt, wobei dann leider der Staffelkapitän der He 111-Staffel, Hptm. Ickenroth, mit seiner Besatzung gefallen ist.
Nach einer großen Anzahl von Flügen von Bagerowo zu verschiedenen Zielen auf dem asiatischen Teil Rußlands hatten wir auch Zeit für ein Experiment und zwar wurde ein ›Güterzug in der Luft‹ zusammengestellt: He 111 mit der DFS 230 starrgeschleppt und hinter diesem mit Schleppseilen verbunden ein zweites DFS 230. Zum Einsatz aber ist diese Art zu schleppen nicht gekommen.«

In den rund 60 Tagen der Versorgung des Kuban-Brückenkopfes erlitten die LS-Verbände nicht unerhebliche Verluste; die Ursachen hierfür lagen in der Flak- und Jagdabwehr der Russen, den schwierigen Witterungsbedingungen und den immer wieder verschlammten Flugplätzen.
Allein am 14. 2. 43 gingen in Kertsch IV fünf Arado 65 durch Bruchlandungen verloren; nicht selten versanken schwer beladene Lastensegler im Morast und konnten weder durch Schleppmaschinen noch durch Kettenfahrzeuge herausgezogen werden. Zwei Go 242 mußten bei der Räumung Slawianskajas am 17. 3. 43 ge-

sprengt werden. Jeder Platz war bald von einer Reihe demolierter Segler gesäumt. Der Startoffizier Timoschewskaja, Lt. Raschke, zählte auf seinem Platz bis zum 19. 2. 43 fünf zerstörte und fünf beschädigte Lastensegler.
Besonders gefährlich wurde es, wenn die langsamen und schwerfälligen Schleppzüge in der Luft oder beim Landeanflug von russischen Jägern überrascht wurden. Karl Heinz Henking hatte mehrere derartige Begegnungen zu überstehen:

»Am 29. 1. ging es von Makejewka nach Slawianskaja, hier war Lt. Busse Startoffizier. Wir hatten 2400 Liter Benzin geladen. Unterwegs hatten wir Berührung mit russischen Jägern und gingen in Tiefflug über. Zum Glück erschienen zwei Me 110 und vertrieben die Russen. Am 1. 2. 43 wurde Timoschewskaja angeflogen. Wir kamen mit 3 Schleppzügen und sofort waren die Russen da. Als erster landete Georg Seidel; er erhielt eine Kanonensalve in die rechte Fläche. Ich hingegen hatte Glück und konnte meine Go weitgehend unversehrt landen. Die dritte Go 242, die Benzinfässer geladen hatte, erhielt zahlreiche Treffer und stand beim Ausrollen in hellen Flammen. Die Besatzung konnte noch aus der Maschine springen. Bei diesen Angriffen waren keine deutschen Jäger zu sehen. Wir hatten immerzu Berührung mit den Russen während der An- und Abflüge. Als wir am 8. 2. in Timoschewskaja mit 2 Schleppzügen ankamen, hingen schon 2 russische Jäger über dem Platz. Mit unseren MG 15 hatten wir keinen Erfolg gegen sie. Ich landete auf der linken Seite des Platzes und schon schlugen einige Treffer in die Go 242 ein; die Kanonengarbe beschädigte die rechte Tragfläche und den Hauptholm. Die zweite Go stand schon bei der Landung in Flammen, und die Besatzung ließ sich aus der noch rollenden Maschine fallen. Trotz der schweren Beschädigungen gelang es mir, meine Go zur Krim zurückzufliegen. Bei einem Flug von Primorsk zur Krim mußten wir wegen eines Jägerangriffs ausklinken; wir landeten in einem Baumwollfeld zwischen zwei Minensperren. Die He 111 schüttelte die russischen Jäger ab und landete neben meiner Go. Der Start gelang und wir kamen gut nach Bagerowo.«

Viel Glück hatte auch der Gfr. Großjohann, der eine DFS 230 steuernd, sich unversehens russischen Jägern gegenübersah:

»Als ich vom Bittersalzsee zurückkehrte und die Straße von Kertsch überflog, sah ich vor mir eine unbekannte Maschine. Gleich darauf bemerkte ich in der Nähe des Flugzeugs Flakwolken. Es mußte also ein russisches Flugzeug sein. Das Flugzeug entzog sich dem Flakfeuer und drehte auf mich zu. Der Russe hatte nun unseren Schleppzug erkannt und setzte zum Angriff an. Im gleichen Augenblick tauchte von rechts eine Me 110 auf und griff den russischen Jäger an. Es entspann sich ein Luftkampf vor unseren Augen, in dessen Verlauf der russische Jäger abgeschossen wurde. Wenn die Me 110 nicht erschienen wäre, wäre es uns schlecht ergangen.«

Doch nicht immer ging es so glimpflich ab. So fiel am 10. 2. durch Jägerbeschuß über Slawianskaja die Go-Besatzung Kindling/Szesny und 4 Tage später schossen russische Jäger eine Go der I./LLG 2 ebenfalls über Slawianskaja ab. Die Besatzung Zimmermann/Schmitz kam ums Leben.
Am 18. 2. 43 wurde ein Schleppzug, der von der Taman-Halbinsel zu einem Flugplatz auf der Krim flog, mehrmals von sowjetischen Jagdflugzeugen angegriffen. Kurz vor der Landung wurde der Flugzeugführer Uffz. Hupka so schwer verletzt, daß er die Führung des Seglers an den Bordmechaniker, Gfr. Augustin, abgeben mußte, der das mit 22 Verwundeten beladene Flugzeug nach Einweisung durch den verwundeten Flugzeugführer glatt landete.
Aber auch Abstürze infolge Motorschäden oder anderer technischer Mängel forderten viele Opfer. Bei Sarabus verunglückten am 7. 2. 43 die beiden Piloten Fw. Wulf und Uffz. Händel (II./LLG 1) mit ihrem Schleppzug (Avia/DFS) tödlich.
Im März 1943 häuften sich die Abstürze:

6. 3. Kubangebiet; Absturz einer DFS 230, Gfr. Kresse (I./LLG 1) gefallen,
14. 3. bei Bagerowo; Absturz einer He 111 der 17./LLG 1, Besatzung Uffz. Winter gefallen,
15. 3. Asowsches-Meer; Notwasserung einer Go 242 der ›Einsatzgruppe I./LLG 2‹, Uffz. Zahn an Unterkühlung verstorben,
19. 3. über dem Asowschen-Meer; Absturz einer Hs 126, Hptm. Schweitzer (Kdr. II./LLG 1) und Ofw. Jung gefallen,
27. 3. bei Bagerowo; Absturz einer Hs 126 der II./LLG 1, Olt. Tenter und Uffz. Lenz gefallen.

Wenige Tage vor Beendigung der Luftversorgung des Kuban-Brückenkopfes geriet am 29. 3. 43 ein Schleppzug der II./LLG 1 irrtümlich hinter die russischen Linien; die Motormaschine erhielt Flaktreffer und mußte ausklinken, erreichte aber noch den Platz ›Molkerei‹. Der Lastensegler landete in den russischen Stellungen, wobei der Pilot (Gfr. Richter) ums Leben kam.
Ende März 1943 hatte sich die Eislage in der Straße von Kertsch soweit gebessert, daß Marinefährprähme, Pionierlandungsboote und Siebel-Fähren den Nachschubverkehr zwischen der Krim und der Taman-Halbinsel wieder aufnehmen konnten.
Aus diesem Grunde erfolgte nun der Befehl zur Rückverlegung der 3 Gruppen des LLG 1, der I./LLG 2 sowie des GS-Kdo. 2

und der Starrschleppstaffel 17./LLG 1. Im Laufe des April 1943 wurden dann die genannten Einheiten im Bahntransport in ihre Heimatstandorte (Hildesheim, Halberstadt, Döberitz, Langendiebach, Nancy) befördert.
Der ›Erfahrungsbericht Luftversorgung AOK 17‹ (Januar–März 1943) gibt exakt Auskunft über Transportleistungen und Verluste bei der Versorgung des Kubanbrückenkopfes:

Transportleistung vom 29. 1.–30. 3. 43 bei Hin- und Rückflug

Hintransport	*Motorflugzeuge*	*Lastensegler*
Kw.Betriebsstoff	5 659,36 m^3	825,70 m^3
Verpflegung	3 415,15 t	1 264,94 t
Pferdefutter	5 617,17 t	508,10 t
Munition	982,89 t	393,20 t
Lw. Gut	360,95 t	20,60 t
Sonst. Gut	339,75 t	24,30 t
Soldaten	2 168 Mann	55 Mann
Rücktransport	*Motorflugzeuge*	*Lastensegler*
Verwundete	26 714 Mann	2 686 Mann
Soldaten	38 491 Mann	16 444 Mann
Sonst. Gut	3 942,45 t	435,05 t
Rückwanderer	310 Mann	111 Mann

In der Einsatzzeit wurden 9 197 Motoreinsätze und 2 901 LS-Einsätze durchgeführt.
Die Verluste an Flugzeugen betrugen insgesamt 142 zerstörte oder beschädigte Maschinen, die sich – nach Flugzeugmustern – wie folgt verteilen:

Flugzeugmuster	*Gesamtverlust*	*Total*	*Vermißt*	*Bruch*
Motorflugzeuge				
Ju 52	44	28	2	14
Ju 52 (See)	1	1	–	–
He 111	21	2	–	19
Do 24	1	1	–	–
Do 17	5	–	–	5
Hs 126	6	2	–	4
Ar 65	5	2	–	3
Avia 534	4	–	–	4
He 46	1	–	–	1
Lastensegler				
DFS 230	24	4	–	20
Go 242	30	12	–	18
Insgesamt	142	52	2	88

Angaben über Fw 200, Ju 86 und Me 321 lagen nicht vor. 37 Soldaten der Transportverbände und Lastenseglerstaffeln kamen bei diesem fast 9 Wochen dauernden Luftversorgungseinsatz durch Feindeinwirkung oder Unfälle ums Leben.

DAS VERBINDUNGSKOMMANDO (S) 4 ZWISCHEN DONEZ UND DNJESTR

Nach dem Abzug der 4 Gruppen der LLG 1 und LLG 2 verblieb im Südabschnitt der Ostfront an Lastenseglerverbänden nur noch das Verbindungskommando (S) 4.
Umbenennungen und Auflösungen von Staffeln, Versetzungen von Staffelkapitänen sowie eine teilweise sehr widersprüchliche Aktenlage erlauben es nicht, für das Frühjahr und den Sommer 1943 eine exakte Gliederung des VK(S) 4 darzulegen.
Von einer zeitweilig geplanten Auflösung des VK(S) 4 wurde ebenso Abstand genommen wie von einer Verlegung der einzelnen Staffeln ins Reichsgebiet.
Aufgelöst wurden im April/Mai 1943 auf jeden Fall die während der Kubanversorgung gebildete 1. (He 111)/VK(S) 4 sowie die 1. (DFS)/Lw.Kdo. Don, deren Personal zu anderen DFS 230-Staffeln versetzt wurde. Die 1. (Go)/Lw.Kdo. Don dagegen gliederte man als 3. (Go)/VK(S) 4 in das Verbindungskommando (S) 4 ein, und die 1. (DFS)/VIII ging wahrscheinlich in der 1. (DFS)/VK(S) 4 auf.
Anfang Mai 1943 verfügte das VK(S) 4, dessen Stab jetzt in Saporoschje lag, über 26 Motormaschinen (14 He 111, 8 Hs 126, 4 Ju 87) und 119 Lastensegler (60 DFS 230, 59 Go 242). Operationsraum war das rückwärtige Gebiet der Heeresgruppe Süd; transportiert wurden neben Munition, Benzin und Verpflegung häufig auch Flugzeugmotoren und gelegentlich sogar Rümpfe von Me 109-Jägern.
Bei einem solchen Transportflug stürzte am 30. 5. 1943 kurz nach dem Start in Saporoschje ein Schlepppzug (He 111/Go 242) der 3. (Go)/VK(S) 4 ab. Dabei kamen 3 Besatzungsmitglieder der He 111 (Lt. Reichert, Uffz. Kolessa, Uffz. Werdinski) ums Leben.
Am 5. 7. 1943 begann im Kursker Bogen die letzte deutsche Großoffensive an der Ostfront. Ebenso wie die Ju 52-Gruppen der Luftflotte 4 waren die Lastensegler des VK(S) 4 ständig im Ein-

satz, um dringend benötigte Nachschubgüter für die an der Offensive beteiligten Heeres- und Luftwaffenverbände heranzuschaffen. Pausenlos pendelten die Go 242 und DFS 230 zwischen Saporoschje, Warwarowka, Kertsch IV und Charkow; die Feldflughäfen der Stukaverbände des VIII. Fliegerkorps wurden mit Abwurfmunition versorgt, auf dem Rückflug Verwundete mitgenommen.
Über die Sommereinsätze berichtet Karl Sandvoß, seinerzeit LS-Flugzeugführer in der 1. (DFS)/VK(S) 4:

»Am 6. 7. 1943 erfolgte ein Großeinsatz unserer gesamten Staffel im Zuge der Kursker Offensive. Bei diesem Einsatz wurden 2 Schleppzüge von russsichen Jägern angegriffen. Wir flogen im Verband als Rotte, zum Glück im Tiefflug und befanden uns nördlich Charkow. Hauptmann Faè, unser Staffelkapitän, führte mit einer Ju 87 den ersten Schleppzug, links seitlich befand sich der zweite Schleppzug mit Uffz. Schöner und mir im Lastensegler. Plötzlich zischte Leuchtspur an uns vorbei und russische Jäger zogen in gleicher Höhe an uns vorbei. Aus dem Ölkühler von Hauptmann Faès Maschine schlug Feuer und dann ging alles blitzschnell. Ausklinken, Knüppel nach vone und mit schneller Fahrt an den Boden. Das Fahrwerk riß ab, und noch im Rutschen schlugen Einschüsse in den Rumpf; beim dritten Anflug der Jäger waren wir schon ein paar Sätze von der Maschine weg. Hauptmann Faès Maschine brannte aus, er selbst und der Bordschütze kamen weitgehend unversehrt davon. Die andere Ju 87 war ins nächste Tal getaucht und gut nach Charkow gekommen. Unsere DFS 230 waren nicht mehr zu gebrauchen, aber wir hatten nichts abbekommen. Die hier liegende Infanterie besorgte uns einen Lastwagen, und dann fuhren wir mit der Bombenladung nach Charkow.
Ende August begann die Verlegung des VK(S) 4 nach Kirowograd; die 1. DFS-Staffel kam nach Kirowograd-Ost. Es folgten Transporteinsätze nach Stalino, Verlegung von Nahaufklärern, Gerät für Panzerjäger. . .
Im September begann schon wieder eine Verlegung, es ging nach Schitomir-Süd. Am 15. 9. 1943 flogen die ersten Schleppzüge nach Uman. Transporte für Panzerjäger und Werkstattzüge nach Kiew und Borispol schlossen sich an. Weitere Transporte und dann wieder Räumungsflüge nach Kiew. Die Stadt brannte. Am 20. 9. 1943 verlegten wir weiter zurück nach Lemberg. Proskurow war für ein paar Tage Zwischenstation.
Am 26. 9. flog ich nach Lemberg. Transportflüge nach Warschau für den Luftpark folgten, und dann wurde unsere künftige ›Rennstrecke‹ Proskurow, Uman, Golta und Kirowograd beflogen. Auftraggeber meistens der Luftpark.«

Im Oktober 1943 erfolgte die Umbenennung des Verbindungskommandos (S) 4 in Schleppgruppe 2, die von einer Neugliederung des Verbandes begleitet war:

1. (DFS)/Schleppgruppe 2 (Hptm. Faè), vormals 1. (DFS)/VK(S) 4
3. (Go) /Schleppgruppe 2 (Hptm. Maedge), vormals 2. (Go) /VK(S) 4
4. (Go) /Schleppgruppe 2 (Hptm. Bromund), vormals 3. (Go) /VK(S) 4

Die 1. (Go)/VK(S) 4 (Feldpostnr. 49007) wurde aufgelöst, das Personal auf die nunmehrige 3. (Go)/Schleppgruppe 2 (Feldpostnr. 49045) und 4. (Go)/Schleppgruppe 2 (Feldpostnr. 49505) verteilt. Als im Oktober Hptm. Faè Hptm. Landwehr als Kommandeur abgelöste, übernahm Olt. Hückel die 1. (DFS)/Schleppgruppe 2.

Die ursprünglich geplante Aufstellung einer 2. (DFS)/ Schleppgruppe 2 kam nicht zustande, wenngleich eine solche Staffel zeitweilig in Unterlagen des OKL genannt wurde. De facto verfügte die Schleppgruppe 2 bis zu ihrer Auflösung immer nur über eine DFS- und zwei Go 242-Staffeln.

Für diese beiden Go-Staffeln ergab sich Ende Oktober 1943 ein neues Einsatzgebiet, da es den Russen im Verlauf ihrer Großoffensive gelungen war, die Landenge von Perekop zu erreichen und dadurch die Landverbindung zur Krim zu sperren. Die dort befindliche 17. Armee konnte von nun an nur noch auf dem Seeweg von Odessa und Konstanza versorgt werden. Dringend benötigte Nachschubgüter wurden durch Ju 52, motorisierte Me 323 ›Gigant‹ und Go 242 der Schleppgruppe 2 überflogen.

Nach dem Start in Nikolajew gingen die Flüge der Schleppzüge zumeist in großem Bogen über das Schwarze Meer, um aus der Gefahrenzone der russischen Jäger zu kommen. Dennoch ließen sich Verluste nicht vermeiden. So wurde am 1. 11. 1943 westlich von Perekop ein Schleppzug von russischen Jagdeinsitzern überrascht. Während es der He 111 zu entkommen gelang, stürzte die Go 242 in das sumpfige Küstengebiet. Die Besatzung (Uffz. Bärwinkel, Uffz. Düwel) konnte erst nach Wochen tot geborgen werden. Auch die gesteigerte Partisanentätigkeit im Hinterland der Front machte den LS-Besatzungen gelegentlich zu schaffen. Auf dem Flug von Lemberg nach Odessa wurde am 4. 12. 1943 ein Schleppzug von Partisanen in Brand geschossen. Die Go 242 stürzte in einen Steinbruch, wobei Uffz. Lanthelme und Uffz. Gneupel ums Leben kamen. Aus der zerborstenen He 111 konnten sich mit Ofw. Kruse und Fw. Henking lediglich 2 der 5 Besatzungsmitglieder, wenn auch schwer verletzt, retten.

Dabei standen der Schleppgruppe 2 die verlustreichen Einsätze des Jahres 1944 noch bevor.

DFS 230 UND GO 242 IM STRUDEL DER RÜCKZUGSKÄMPFE DER 1. PZ. ARMEE

Die deutschen Heeresgruppen Süd und A standen im März 1944 in schwerem Abwehrkampf gegen überlegene russische Kräfte. Am 4. 3. hatte ein russischer Angriff, der auf einen Durchbruch über die Linie Proskurow-Tarnopol zielte, die Verbindung zwischen der 1. Pz. und der 4. Pz. Armee zerrissen; Tarnopol selbst wurde am 23. 3. eingeschlossen und zum ›Festen Platz‹ erklärt. Weiter südlich zerbrach der linke Flügel der 8. Armee unter den Schlägen der vehement angreifenden russischen Truppen. Durch die entstandene Lücke drang die Rote Armee über den Bug rasch nach Westen tief in den Rücken der 1. Pz. Armee. Andere russische Panzerkräfte stießen, die 1. Pz. Armee westlich überflügelnd, nach Süden auf den Dnjestr vor, den sie am 24. 3. erreichten. Damit war die 1. Pz. Armee praktisch eingeschlossen.

Großangriffe, Durchbrüche russischer Panzer, abgeschnittene deutsche Verbände, Kessel. . ., das bedeutete jedesmal äußerste Anspannung für die Lufttransportverbände der Luftflotte 4. Auch die Staffeln der Schleppgruppe 2 standen pausenlos im Einsatz. Fw. Sandvoß von der 1. (DFS)/Schleppgruppe 2 berichtet:

»Die Lage hier wird wieder kritisch, wir verlegen weiter zurück nach Mielec; am 4. 3. 44 gehen die ersten Schleppzüge nach dort. Am 8. 3. 44. erneut Alarm, der Einsatz zur Räumung Proskurows beginnt. Es ist allerhand los, die Russen stehen am Stadtrand, es wird überall geschossen. Lastwagen, die uns die Ladungen bringen sollen, blieben im Schlamm stecken. Am 11. 3. 44. wieder in Proskurow, die Stukas haben sich schon abgesetzt, nur wir versuchen noch zu retten, was irgend möglich ist. Immer wieder greifen die Russen den Platz mit Schlachtfliegern an. Mein Segler wird durch eine notlandende Me 109 beschädigt. Am Abend des 12. 3. 44 fliege ich mit einer He 111 der Go-Staffel, die Verwundete geladen hat, nach Lemberg zurück. Aufgrund des schlechten Wetters kommen wir erst wieder am 16. 3. 44 nach Proskurow. Ein Schleppzug erhält unterwegs Treffer durch Infanteriefeuer. Rückflug am 16. 3. Wir können nur im Tiefflug fliegen, rechts und links der Rollbahn brennen schon die Dörfer. 2 Tage später Auftrag nach Rumänien; mit 4 Schleppzügen geht es nach Jasi-Tiraspol. Bis zum 27. 3. fliegen wir täglich mehrere Einsätze in diesem Raum, hauptsächlich jedoch Bomben von Kotowsk nach Jasi für die Stuka-Gruppe Rudel. Rückflug nach Mielec am 28. 3.

Anfang April erneute Kommandierung eines Teils der Staffel nach Rumänien. In Buceau sind auch einige Schleppzüge der beiden Go 242-Staffeln der Gruppe mit von Partie. Nun beginnt wieder die übliche Transportfliegerei; Verlegungen, Transporte für den Luftpark, Munition für die Division GD, Benzin für die Schlachtflieger. Waren die Transportkisten zu groß für die DFS 230, dann hängten wir die Türen aus und die Kisten ragten aus dem Rumpf, Querruder für die He 111 laden wir sogar auf dem Rumpf des Seglers.«

Das Hauptaugenmerk der Luftflotte 1 galt im Marz/April 1944 den 300 000 eingeschlossenen Soldaten der 1. Pz. Armee. Die Luftversorgung dieser Armee sollte von Absprunghäfen im Raum Lemberg so lange durchgeführt werden, bis diese Truppenverbände – nach Westen marschierend – die eigenen Linien errreicht haben würden. Neben etwa 250 Ju 52 und He 111 standen auch einige Go 242 der Schleppgruppe 2 bereit. Am Abend des 3. 4. 44 starteten von Mielec aus 5 Schleppzüge zum Nachteinsatz in den Kessel, um Panzereinheiten mit Benzin zu versorgen. Da aufgrund des schlechten Wetters im Zielgebiet der Landeplatz nicht ausgemacht werden konnten, mußten die Maschinen nach vierstündigem Flug unverrichterdinge wieder zurückkehren. 24 Stunden später, also am Abend des 4. 4. 44, erneuter Start von 5 Go 242 (Piloten u. a. die Uffz. Schaedler und Köhler); dieses Mal wurde der Landeplatz bei Borszczow gefunden. Nachdem die Ladung einer Panzereinheit übergeben worden war, wurden die Segler gesprengt und die Besatzungen begaben sich im Eilmarsch zum nächsten Ju-Landeplatz und flogen noch in derselben Nacht zurück. In den frühen Morgenstunden des 5. 4. 44. landete bei Jagielnice, 25 km nordwestlich von Borszczow, eine weitere Go 242 mit 2 t Benzin. Auch diese Besatzung (Olt. Schuhmacher/Uffz. Kagerhuber) konnte in der folgenden Nacht ausgeflogen werden.

DER KESSEL VON TARNOPOL

Erheblich schwieriger gestaltete sich die Versorgung von Tarnopol. Hier waren ungefähr 6000 Soldaten verschiedenster Einheiten auf engstem Raum von den Russen eingeschlossen. Hitler hatte Tarnopol zum ›Festen Platz‹ erhoben, obgleich der Ort in keiner Weise für einen langen Kampf bevorratet war. Somit mußte – wieder einmal – Luftversorgung angeordnet werden, doch diese war wegen der sehr geringen Ausdehnung des Kessels und sehr starken russischen Flak nur schwer durchzuführen. So wurden am 30. 4. 44 zwei von 6 He 111 abgeschossen; von den über der Festung abgeworfenen Versorgungsbomben gelangte nur ein Bruchteil in die Hände der Besatzung, das Gros wurde feindwärts getrieben.

Immer wieder forderte der Festungskommandant vor allem Sanitätsmaterial an, um die inzwischen 1300 Verwundeten wenigstens notdürftig zu versorgen. Seitens des VIII. Fliegerkorps, dem die Versorgung Tarnopols oblag, wurde nun angeordnet, mit Bremsfallschirmen ausgerüstete DFS 230 einzusetzen. Da die 1. (DFS)/ Schleppgruppe 2 nicht über genügend im Sturzflug ausgebildete Piloten verfügte, holte man eiligst aus Hanau Flugzeugführer heran.

Am Abend des 7. 4. 44. starteten in Lemberg 2 Schleppzüge Ju 87/ DFS 230. Die Lastensegler waren mit Sanitätsmaterial und Nachrichtengerät beladen und wurden von Uffz. Schelp und Ogfr. Irmschler gesteuert. Trotz schweren Flakfeuers gelang es Schelp, seinen Segler inmitten der Festung zu landen; der zweite Segler erhielt durch Beschuß einen Steuerschaden und kam im Niemandsland herunter, doch konnte Irmschler sich zu den eigenen Linien durchschlagen.

Ofgr. Haumersen war Bordmechaniker einer Ju 87-Schleppmaschine:

> »Es wurde nur nachts nach Tarnopol geflogen. Teilweise wurden LS wieder zurückgebracht, wenn der LS-Pilot das Ziel nicht erkannt hatte oder der Schleppzug durch starken Beschuß abgedrängt wurde. Die Anflughöhe war etwa 1000 m, für die starke russische Flak eine ideale Entfernung. Dazu kam die Irreführung durch die Benutzung unserer Erkennungs- und Signalmunition durch die Russen. Geschleppt wurde mit dem 40-m-Seil. Der Flug führte nach Südosten in den Raum Stanislau, von dort erfolgte die Einweisung in Richtung Tarnopol durch einen Scheinwerfer. Das Landefeld, eine Straße am Ortsrand, war mit Lampen versehen, die eingegraben, nur von oben zu erkennen waren. Bei der Rückkehr vom Einsatz wurde unsere Ju 87 bei der Landung von den Russen mit Bombern angegriffen. Bei einer solchen Aktion wurde am 8./9. 4. 44 Uffz. Feldmeier schwer verletzt.«

Am Abend des 9. 4. 44 versuchten 3 DFS 230 in Tarnopol zu landen, doch nur einer Maschine glückte der Einflug, die beiden anderen Segler zerschellten in den Ruinen. Mehr Glück hatten die 3 Piloten, denen in den frühen Morgenstunden des 10. 4. 44 eine genaue Punktziellandung in der Stadt gelang. Somit flogen insgesamt 8 Piloten in die Festung; neben den erwähnten Uffz. Schelp und Ogfr. Irmschler kamen Ogfr. Ziegs, Uffz. Just, Ogfr. Wolff, Uffz. Hilbert und Uffz. Elter zum Einsatz.

Schelp und Ziegs fielen bei den Kämpfen im Kessel. Das Schicksal der anderen Piloten ließ sich ebensowenig feststellen, wie der Name des achten Flugzeugführers.

Kesseleinsätze der Schleppgruppen 2 und 3 an der Ostfront im März / April 1944

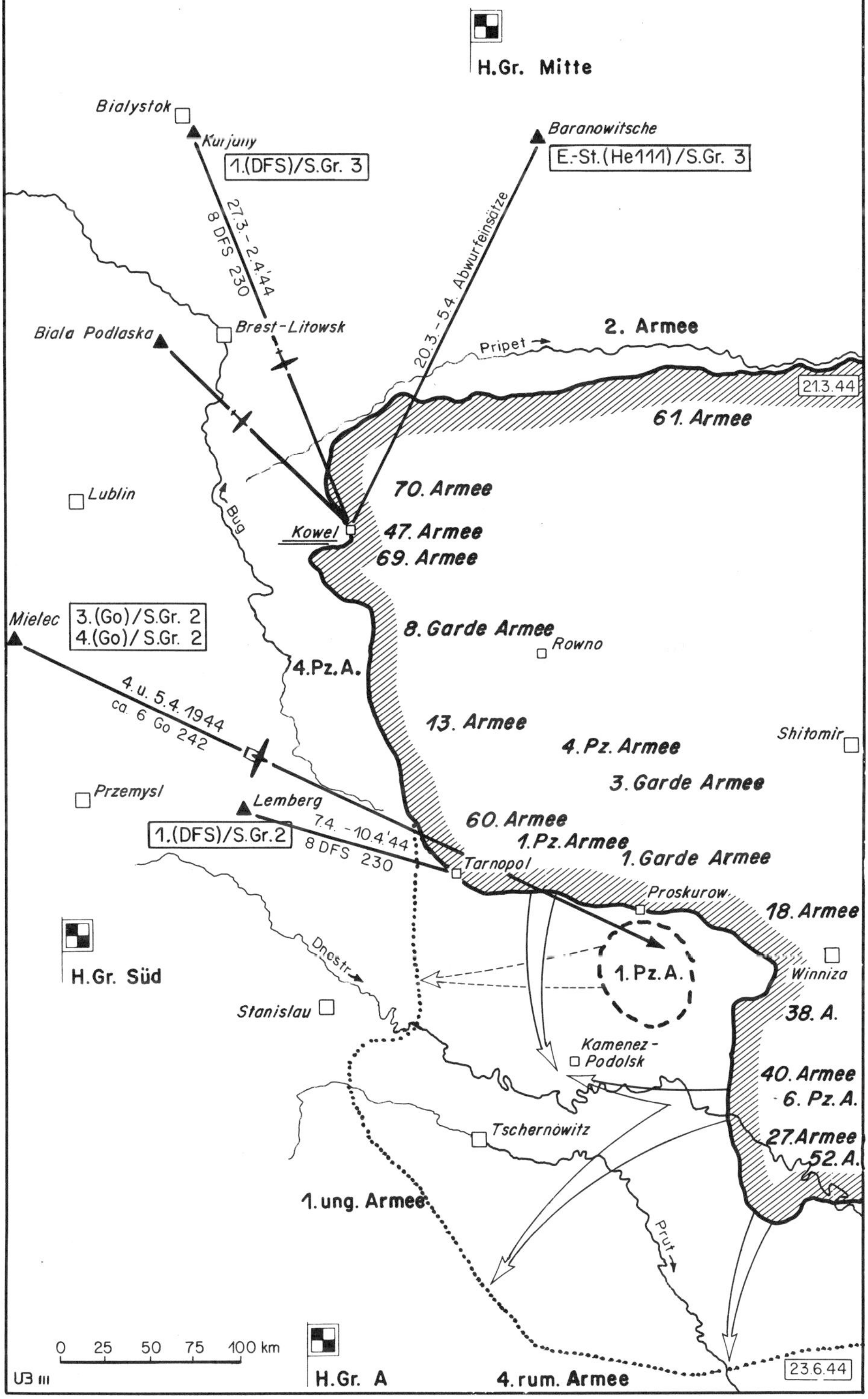

Der durch Lastensegler und Versorgungsbomben zugeführte Nachschub reichte nicht aus, um den Bedarf der Verteidiger auch nur annähernd zu decken. Endlich gestattete Hitler den Ausbruch, doch nur 55 Tarnopol-Kämpfer konnten von einem von Westen entgegenstoßenden Entsatzverband aufgenommen werden. Lastenseglerpiloten waren nicht darunter.

VERSORGUNG UND RÄUMUNG DER KRIM APRIL/MAI 1944

Während es im Laufe des April 1944 gelungen war, den Südflügel der Ostfront wieder zu stabilisieren, bahnte sich auf der Krim eine Katastrophe an!

Der russische Großangriff, der seit dem 12. 4. 44 die deutschen Abwehrstellungen rasch durchbrochen hatte und die 17. Armee auf Sewastopol zurückwarf, machte offenkundig, daß die Krim auf Dauer nicht zu halten war. Pläne des AOK 17, die Halbinsel zu räumen, lehnte Hitler schroff ab; statt dessen befahl er, der Armee laufend weitere Verstärkungen zuzuführen! Immer mehr Lufttransportgruppen wurden jetzt im rumänischen Raum zusammengezogen. Am 13. 4. 44 wurde die Schleppgruppe 2 dem Transportgeschwader 5 in Zilistea unterstellt. Schleppeinsätze zur Krim waren wegen der russischen Jagdabwehr nicht mehr möglich; aus diesem Grund wurden die He 111 der Gruppe als Transporter eingesetzt, die Truppen nach Sewastopol ein- und Verwundete ausgeflogen.

Knappe Eintragungen im KTB/TG 5 veranschaulichen die Einsatztätigkeit der deutschen Verbände:

15. 4. Aus Sewastopol wurden im Tag- und Nachteinsatz Verwundete abtransportiert.

16. 4. Laufende Tag- und Nachteinsätze nach Sewastopol. Die Flugplätze Sewastopols liegen unter Bombenhagel.

18. 4. Tageseinsätze sind wegen Feindeinwirkung abgestoppt. Alle Möglichkeiten, Verwundete aus Rumänien in Richtung Reich zu transportieren, werden ausgenutzt.

20. 4. Für alle nachtklaren Flugzeuge wird zweimaliger Einsatz befohlen.

21. 4. – 5. 5. Tageseinsatz Festland, Nachtaufträge Krim. Einsatz durch Betriebsstoffmangel immer mehr erschwert.

Es überstieg das Verständnis der Transportfliegerbesatzungen, schrieb General Morzik später, daß selbst in den letzten Kampfta-

gen noch deutsche Kampfverbände in den Brückenkopf geflogen werden mußten. Die Hauptleute Faè und Maedge wurden deshalb bei der Luftflotte 4 vorstellig, zumal viele der Eingeflogenen oft schon am nächsten Tag von der Marine evakuiert wurden, doch verwies man die beiden Offiziere auf einen ›Führerbefehl.‹
Zu Beginn der zweiten Maiwoche wurde die Lage der auf der Landspitze Chersones zusammengedrängten deutschen und rumänischen Truppen immer hoffnungsloser. Am 9. 5. 44. zerschlugen russische Artillerie und Luftwaffe die Flugplätze Chersones und Sewastopol. War es in der Nacht 8./9. 5. 44 auch noch einigen Maschinen der Schleppgruppe 2 (darunter den Besatzungen Hund/Weber und Holm/Mankowski) gelungen, in Sewastopol zu landen und Verwundete abzutransportieren, mußten die in der Nacht 9./10. 5. 44. gestarteten 18 He 111 der TGr 30 und Schleppgruppe 2 wieder zum Festland zurückkehren, ohne eine Landemöglichkeit gefunden zu haben. Nur Ju 52 landeten im Dunkel der Nächte 9./10. und 10./11. 5. 44 auf der letzten behelfsmäßigen Landepiste, um Verwundete zu bergen.
In den Morgenstunden des 13. 5. 44 endeten die Kämpfe auf der Krim. Der TGr 30 und der Schleppgruppe 2 war es in den beiden letzten Kampftagen infolge Betriebsstoffmangel nicht mehr möglich gewesen, Abwurfeinsätze zur Krim zu fliegen.

LETZTE EINSÄTZE DER SCHLEPPGRUPPE 2 IN RUMÄNIEN

Am 19. 5. 44 wurde die Schleppgruppe 2 wieder der Luftflotte 4 unterstellt, blieb aber im Raum Buzau/Foscani stationiert. Hier war inzwischen – von Mielec kommend – auch die 1. (DFS)/ Schleppgruppe 2 eingetroffen. In den Sommermonaten 1944 wurden die Staffeln der Gruppe – aufgesplittert in zahlreiche Einsatzkommandos – im rumänisch/ungarischen Raum sowie im rückwärtigen Gebiet der Heeresgruppe Südukraine für den Transport von sperrigen Gütern eingesetzt.
Am 23. 8. 44. begann der russische Großangriff gegen diese Heeresgruppe, der rasch katastrophale Ausmaße annahm, insbesondere weil die verbündeten rumänischen Armeen den Kampf einstellten und ihre Frontabschnitte den Russen übergaben. Zwei Tage später erklärte Rumänien dem Deutschen Reich den Krieg. In Bukarest selbst kam es zu schweren Kämpfen zwischen deutschen und rumänischen Verbänden. Auch die im rumänischen Hinter-

land stationierten deutschen Einheiten gerieten in eine fatale Lage. Uffz. Mankowski, 4. (Go)/Schleppgruppe 2 berichtet:

> »Am 24. 8. 44 kapitulierten die Rumänen. Wir riegelten den Feldflugplatz ab, entwaffneten einen Teil der Rumänen, die vorbeizogen. Unsere Schleppmaschinenen standen im Wald. Plötzlich kamen Leute vom technischen Personal und meldeten, daß die Rumänen unsere Maschinen beschossen. Sofort stiegen 3 Ju 87 auf und vertrieben die Rumänen. Da kaum noch Benzin für unsere Motormaschinen vorhanden war, mußten wir eine Reihe He 111 und Go 242 sprengen. Kraftfahrer und technisches Personal setzten sich mit ihrem Fuhrpark nach Ungarn ab. Wir vom fliegenden Personal fanden noch eine flugklare He 111, mit der wir über die Karpaten entkamen.«

Die Schleppgruppe 2 erhielt am 27. 8. 44 den Befehl, von Buzau nach Großwardein/Ungarn zu verlegen. 5 Schleppzüge (He 111/Go 242) mußten allerdings für einen Flug zu dem von den Rumänen umzingelten Flugplatz Bukarest-Otopeni mit Munition beladen werden. Zuerst starteten die Go-Besatzungen Köhler und Kautter und flogen im Tiefstflug entlang der Straße Ploesti-Bukarest nach Otopeni. Die rumänische Flak wurde überrascht, und die beiden Segler landeten zwischen Bombentrichtern. Allerdings fielen die beiden Go-Besatzungen einige Tage später in rumänische Gefangenschaft. Ein Start der restlichen 3 Schleppzüge erfolgte nicht mehr.

In Großwardein gerieten die Reste der Schleppgruppe 2 am 29. 8. 44 in einen schweren amerikanischen Luftangriff und mußten erhebliche Personal- und Materialverluste hinnehmen.

Letztes Ziel der Reise war dann Tapolka am Plattensee. Hier erreichte die Gruppe der Auflösungsbefehl. Nach einem letzten Gruppenappell am 18. 10. 44 verlegte das Personal der Schleppgruppe 2 per Bahntransport nach Gardelegen.

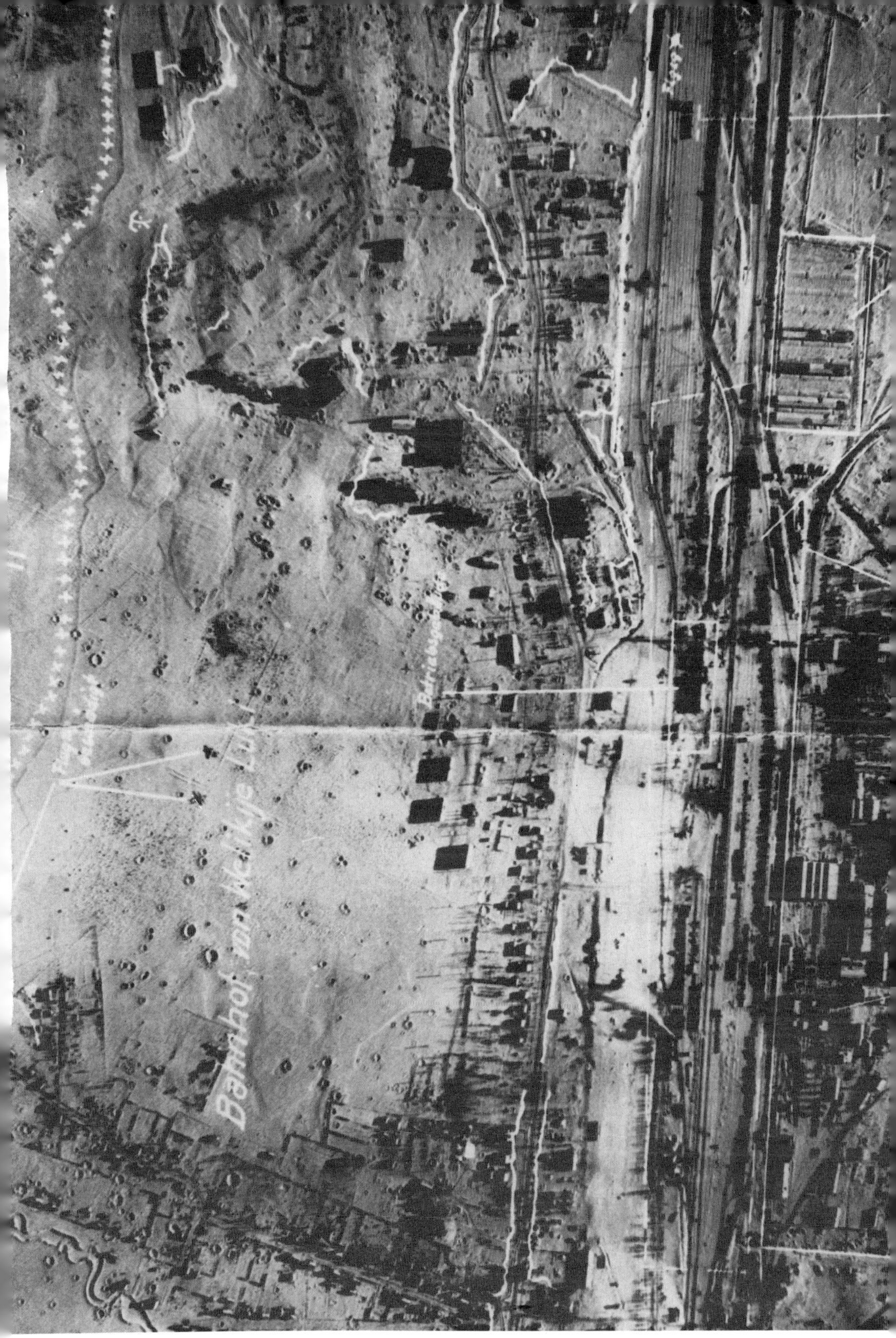

Luftaufnahme des Bahnhofsgeländes von Welikije Luki, Januar 1943

Peter Loquingen, vermißt in Welikije Luki

Kurt Dittombee, vermißt in Welikije Luki

Georg Schuster, vermißt in Welikije Luki

In Welikije Luki gelandete Go 242

DFS 230 der 1.(DFS)/VK(S) V vor dem Start zum Orel-Bogen, Juli 1943

März 1944: Befehlsausgabe bei der Schleppgruppe 3 vor dem Flug nach Kowel, rechts Olt. Hartung

Olt. Hartung überfliegt notgelandete He 111 der Schleppgruppe 3

Schleppzug Ju 87/DFS 230 über den Wolken

Auf dem Bahngelände von Kowel gelandete DFS 230

In Kowel gelandete LS-Piloten nach der Rückkehr aus dem Kessel: von links Lehners, Meißner, Döring, v. Ditfurth, Hoffmann

Motorbesatzungen und Bodenpersonal der 1./Schleppgruppe 2 nach dem Tarnopol-Einsatz. April 1944

Heinz Hilbert, vermißt in Tarnopol

Fritz Wolf, vermißt in Tarnopol

Adolf Just, vermißt in Tarnopol

Heinz Elter, vermißt in Tarnopol

Bodenpersonal der 1./Schleppgruppe 2

Versorgung eingeschlossener Panzerverbände mit Betriebsstoff durch Go 242

Zerstörte Go 242 der Schleppgruppe 2 in Ungarn, Herbst 1944

Athen, Herbst 1941: Besatzung Lt. Kortum vor dem Flug nach Nordafrika

Mitte: Flugplatz Derna: Go 242 in flimmernder Hitze, Herbst 1941

Unten: Go 242-Eisenbahntransport am Brenner, Sommer 1942

Hptm. Werner (weiße Mütze) mit Angehörigen der 1.(Go)/VK(S) 2

Schleppzug der 1.(Go)/VK(S) 2 über dem Mittelmeer, Herbst 1942

An Bord einer Go 242 über dem Mittelmeer

11. Das Verbindungskommando (S) 2 im Mittelmeerraum 1942/43

NACHSCHUBFLÜGE FÜR DAS DEUTSCHE AFRIKA-KORPS

Für den Einsatz im Mittelmeerraum wurden im Frühjahr und Sommer 1942 zwei DFS 230-Staffeln und zwei Go 242-Staffeln aufgestellt und dann in Süditalien dem neugebildeten Verbindungskommando (S) 2 (Hptm. Frömert) unterstellt.
Das VK(S) 2 sollte die Transportkapazität des Lufttransportführers Mittelmeer verstärken und von Süditalien und Griechenland aus die Verbände des Deutschen Afrika-Korps versorgen, eine Aufgabe, die um so dringlicher wurde, je mehr es den Engländern seit dem Sommer 1942 gelang, den deutschen Schiffsverkehr im Mittelmeer nachhaltig zu stören.
Als erste Lastenseglerstaffel verlegte Anfang Juni 1942 die im April/Mai dieses Jahres in Hildesheim aufgestellte 1. (DFS)/VK(S) 2 (Olt. Schumacher) in Bahntransport nach Lecce/Süditalien.
Während ein Teil der Lastensegler vorerst Transportaufgaben im süditalienischen Raum durchführte, verlegten am 2. 7. 1942 – geschleppt von Ju 52 – 5 DFS 230, gesteuert von den Flugzeugführern Amm, Heim, Fissenevert, Husmann und Hustert, über Kalamaki und Kreta nach Tobruk. 5 Henschel Hs 126 folgten. In den Monaten Juli-Oktober 1942 führten nun die Hs 126/DFS 230-Schleppzüge der 1. (DFS)/VK(S) 2 – der Rest der Staffel folgte im August – zahlreiche Versorgungsflüge entlang der Küstenstraße Tobruk-Fuka durch. Transportiert wurden vor allem Munition und Benzin für die Panzer des DAK; auf den Rückflügen wurden verwundete Soldaten mitgenommen. Schwer zu schaffen machten bei diesen Einsätzen den Piloten die häufigen Sandstürme.
Den wohl weitesten Flug nach Osten vollführte Uffz. Dohmen am 28. 10. 42 – fünf Tage nach der Gegenoffensive Montgomerys –

als er mit seinem Segler Nachschubgüter nach Bir el Abd, etwa 50 km westlich von El Alamein, brachte.
Unterstützt wurde die Staffel Schumacher noch durch einige Segler DFS 230, die der I./StG 3 zugeteilt worden waren. Zu der geplanten Verstärkung durch die 2. (DFS)/VK(S) 2 kam es hingegen nicht mehr.
Diese Staffel war im Frühjahr 1942 in Hildesheim aus der 7. und 9./LLG 1 gebildet worden. Im Juli/August erfolgte eine Verlegung nach Posen, wo die Besatzungen mit Tropenkleidung versehen wurden. Mitte September 1942 wurde die Staffel – geführt von Olt. Hartig – dann in einem Güterzug mit Motormaschinen (He 46), Lastenseglern, Gerät und Personal nach Lecce transportiert. Zwar erfolgte noch die Aufrüstung und das Einfliegen der LS, doch eine Überführung nach Nordafrika unterblieb, da sich die Lage auf diesem Kriegsschauplatz ab Ende Oktober 1942 rapide verschlechterte. Einige Piloten der Staffel wurden allerdings den beiden Go 242-Staffeln des VK(S) 2 zugeteilt, da diese nicht über genügend LS-Flugzeugführer verfügten.
Auch die beiden Go 242-Staffeln des VK(S) 2 waren nämlich inzwischen im Mittelmeerraum eingetroffen und spielten eine wichtige Rolle bei der Versorgung der deutschen Truppen in Nordafrika, zumal die Go 242 im Gegensatz zur Ju 52 auch Kraftwagen und sogar Feldhaubitzen transportieren konnten.
Als erste der beiden Staffeln war die 2. (Go)/VK(S) 2 (Olt. Hoff) – aufgestellt in Parchim – nach Süditalien verlegt worden. Von den 15 Go 242 der Staffel konnten Anfang Juni 1942 aber nur 3 Maschinen als einsatzklar gemeldet werden. Von Lecce aus wurden Flüge nach Griechenland und Tripolis durchgeführt. Dabei gingen allein im Juli 1942 drei Segler durch Notwasserung verloren, doch gelang es Seenotfliegern, die Besatzungen zu bergen.
Mit dem Scheitern der deutschen Offensive bei Alam Halfa Ende August 1942 war die Front in der El Alamein-Stellung erstarrt. Doch diese Ruhe war trügerisch, denn beide Seiten waren bemüht, für die kommende entscheidende Schlacht so stark wie möglich zu sein.
Der Luftkrieg im östlichen Mittelmeer wurde im Sommer und Herbst 1942 mehr und mehr zu einem Kampf um den Nachschub. Immer deutlicher gewann die Royal Air Force dabei die Oberhand. Die deutschen Nachschubkolonnen auf den Küstenstraßen wurden zerbombt, und ein Transporter oder Tanker nach dem anderen fiel Luftangriffen zum Opfer. Die Lufttransporte des LTF Mittelmeer waren schon immer eine recht nützliche Ergänzung

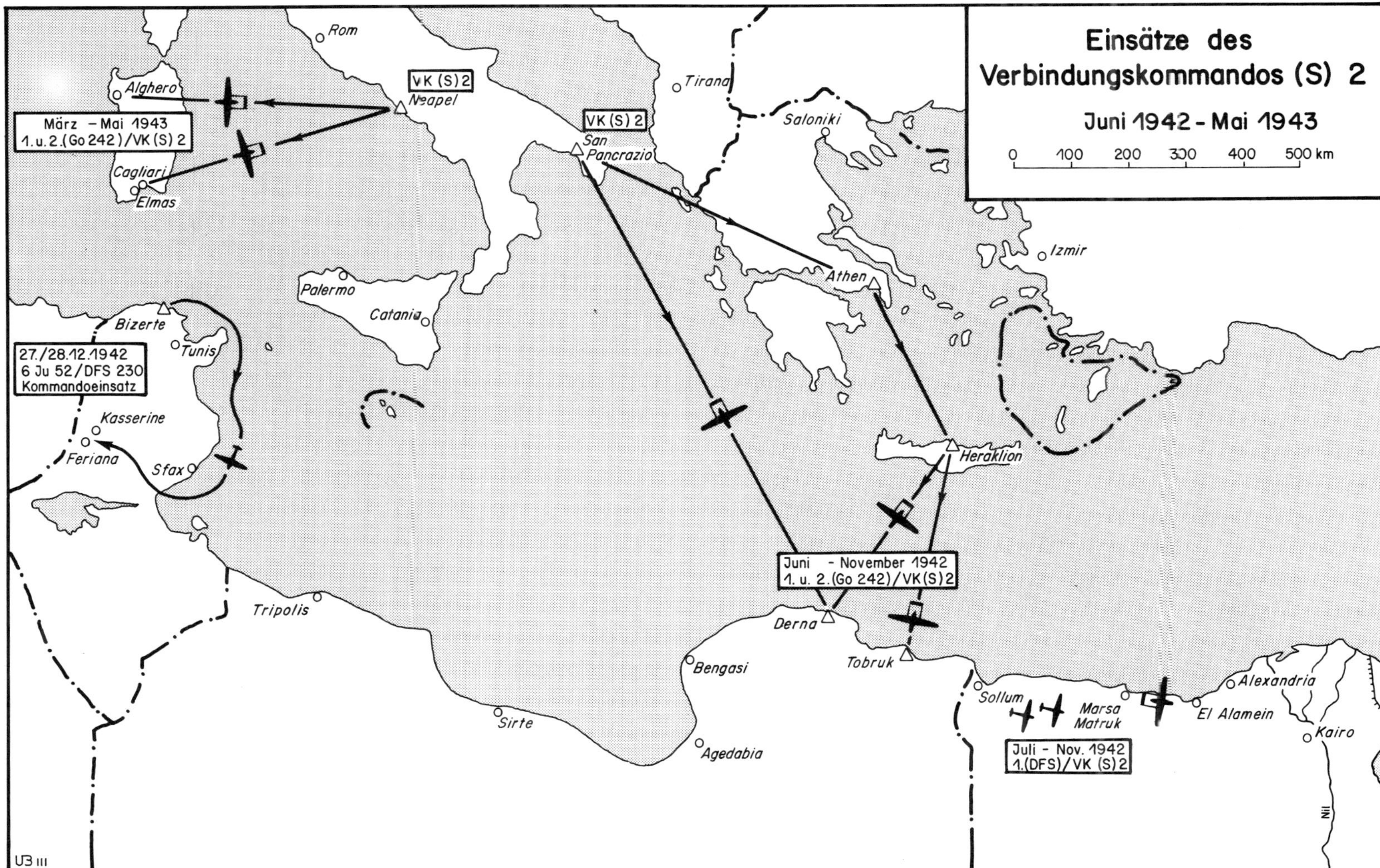
Einsätze des
Verbindungskommandos (S) 2
Juni 1942 - Mai 1943
0 100 200 300 400 500 km
Rom
VK (S) 2
Neapel
Alghero
März - Mai 1943
1. u. 2. (Go 242) / VK (S) 2
Cagliari
Elmas
Tirana
Saloniki
VK (S) 2
San Pancrazio
Izmir
Athen
Palermo
Catania
Bizerte
Tunis
27./28.12.1942
6 Ju 52 / DFS 230
Kommandoeinsatz
Kasserine
Feriana
Sfax
Heraklion
Juni - November 1942
1. u. 2. (Go 242) / VK (S) 2
Tripolis
Derna
Tobruk
Bengasi
Sirte
Agedabia
Sollum
Marsa Matruk
Juli - Nov. 1942
1. (DFS) / VK (S) 2
Alexandria
El Alamein
Kairo
Nil
UB III

der Seetransporte gewesen; ab Juli 1942 aber wurden sie zu einer Notwendigkeit. Vor allem Betriebsstoff mußte überflogen werden. Für diese Aufgabe standen dem LTF Mittelmeer 6 Transportgruppen zur Verfügung, darunter auch die I./LLG 1 (Hptm. Krug), die Ende Juni 1942 mit 3 Staffeln Ju 52 (ohne Lastensegler) von Hildesheim nach Athen-Tatoi verlegt hatte und von dort Teile der Fallschirmjäger-Brigade Ramcke nach Nordafrika überflog.
Endlich traf Ende August 1942 im Mittelmeerraum auch die 1.(Go)/VK(S) 2 (Hptm. Hermann Werner) ein. Diese Staffel war im April/Mai 1942 in Parchim aus Teilen der 1.(Go)/KGzbV 1 gebildet worden und hatte dann im Bahntransport nach Lecce verlegt. Die ersten Transportflüge führten die Go 242 zwischen Lecce und Athen durch. Ende September 1942 wurde die 1.(Go)/VK(S) 2 nach Athen-Kalamaki verlegt, während die 2.(Go)/VK(S) 2 in Lecce verblieb und von dort, zusammen mit der III./KG 4, die die Schleppflugzeuge stellte, Einsätze nach Nordafrika flog.
Der Flug von Lecce führte über die breiteste Stelle des Mittelmeers nach Derna und Tobruk und dauerte annähernd 5 Stunden: Das bedeutete bei Tiefflug und unsicherer Herbstwetterlage eine sehr erhebliche Belastung für die Besatzungen.
Uffz. Kutzas von der 2.(DFS)/VK(S) 2 war dieser Go-Staffel als Flugzeugführer zugeteilt:

> »Da die Go-Staffel nicht über genug LS-Flugzeugführer verfügte, flog ich als zweiter Führer der Go einen solchen Einsatz nach Afrika. Dieser Flug ist mir besonders in Erinnerung, da ich bisher ausschließlich DFS 230 geflogen hatte.
> Wir starteten in Lecce, unser Ziel war Tobruk. Unsere Ladung bestand aus 15 Fässern Benzin und einigen Fässern Öl. Die Flugzeit betrug ca. 4 1/2 Stunden. Der Flug über das Mittelmeer wurde in einer Höhe von 3–5 m über dem Wasserspiegel durchgeführt. Das war Schwerstarbeit für die LS-Führer im Schlepp. Eine Go 242 zu fliegen, war so, als wenn man einen 4-t-Laster ohne Lenkhilfe fahren sollte. Aufgrund eines Navigationsfehlers landeten wir in Derna. Am nächsten Tag flogen wir nach Tobruk und gleich anschließend nach Heraklion auf Kreta; in Afrika durfte nämlich nicht aufgetankt werden. Dann ging es von Kreta nach Lecce zurück. Die weiten Transportflüge mit der Go 242 von Lecce waren somit sehr aufwendig.«

Die Schleppflüge der 2.(Go)/VK(S) 2 wurden schließlich eingestellt; nur noch die He 111 überflogen weiterhin Benzin. Die Go 242 der in Kalamaki und Iraklion stationierten 1.(Go)/VK(S) 2 hingegen blieben bis Mitte November 1942 im Afrika-Einsatz.

Beinahe täglich starteten die Piloten dieser Staffel, darunter die Flugzeugführer Olt. Hermann Werner, Ziegler, Konrad, Frohn, Kirn, Schmoling, Grassl, Fendel, Kuchenbuch, Hartung, Janssens, Wojciechowski, Rassow und Zillich mit ihren Seglern nach Tobruk, Derna und Bengasi. Die Besatzung Hartung verschlug es am 18. 10. 1942 gar bis Quotaifya, 60 km westlich von El Alamein. Mehrere Go 242 mußten bei diesen Flügen infolge Jägerangriff oder Seilriß notwassern, doch gelang es in den meisten Fällen, die Besatzungen zu retten.
Ende Oktober 1942 landeten an einem Tag in kurzer Folge 9 Go 242 in Tobruk und trugen somit wesentlich zur Besserung der Nachschublage bei. Als Tobruk am 12. 11. 1942 bereits von den Engländern besetzt und Derna schon weitgehend geräumt war, unternahm die Besatzung Olt. Ziegler noch einen Flug nach Derna, versorgte die zurückgehenden Truppen mit Kraftstoff und kehrte mit 28 Verwundeten trotz größter Schwierigkeiten nach Kalamaki zurück.
Welche Rolle die Go 242 gerade im Abtransport von Verwundeten spielte, geht aus einem in der Zeitschrift ›Die Oase‹ (Heft 11/84) veröffentlichten Bericht einer 1942 in Tobruk arbeitenden Rot-Kreuz-Schwester hervor:

> »Und dann kamen fast täglich unsere Lastensegler, die noch viele mitnahmen, wenn sie zurückflogen. Da ich ja auch meine persönlichen Eindrücke schildern möchte, habe ich das Bedürfnis, diesen Lastenseglern und ihren Besatzungen meine größte Hochachtung auszusprechen. Sie kamen regelmäßig jeden Tag bis zum Ende. Wir Schwestern haben uns gefreut, wenn sie im großen Pulk, ganz tief über das Mittelmeer fliegend, Afrika anflogen. Es gab uns damals immer ein Gefühl der Sicherheit, wenn diese großen, so leicht gebauten ›Vögel‹ den Weg geschafft hatten. In Tobruk haben wir sie immer besonders herbeigesehnt. Durch ihren Einsatz ist so mancher Kamerad schnell nach Deutschland transportiert und geheilt worden.«

Das Personal der 1.(DFS)/VK(S) 2 wurde nach dem militärischen Zusammenbruch der El Alamein-Front mit einer Ju 90 von Derna nach Süditalien ausgeflogen. Vorher waren 6 DFS 230, 4 Hs 126 und 4 Ju 87 gesprengt worden.
Mehrere He 111 und Go 242 fielen im November 1942 auf den Flugplätzen Magrun und Tobruk englischen Tieffliegern zum Opfer.
Die 1.(Go)/VK(S) 2 verlegte im Dezember 1942 von Griechenland nach San Pancrazio, so daß um die Jahreswende 1942/43 alle 4 Staffeln des VK(S) 2 im süditalienischen Raum versammelt

waren, die über 33 einsatzbereite Segler verfügten. Die I./LLG 1 war bereits Ende September 1942 nach Hildesheim zurückgekehrt, die restlichen Ju 52 hatte man einer Transportgruppe übergeben.
Zur Versorgung des ›Brückenkopfes Tunesien‹ wurden die DFS 230 und Go 242 des VK(S) 2 nicht herangezogen. Dagegen fanden Lastensegler im nordafrikanischen Raum bei 2 Sonderunternehmen Verwendung, die nicht unerwähnt bleiben sollen.

LASTENSEGLER DES ›SONDERKOMMANDOS DORA‹ ÜBER SÜDLIBYEN

Der Krieg in Nordafrika spielte sich in den Jahren 1941 und 1942 vornehmlich nur in einem relativ schmalen Küstenstreifen Tripolitaniens, der Cyrenaika und Ägyptens ab.
An eine – wenn auch nur stützpunktartige – Sicherung der etwa 2000 km langen ›Südflanke‹ gegen Angriffe aus der nördlichen Sahara war aus Kräftemangel überhaupt nicht zu denken. Britische Kommandotruppen nutzten häufig diese Situation und überfielen im rückwärtigen Gebiet deutsche oder italienische Flugplätze, Depots und Nachschubkolonnen.
Mehr Sorge bereiteten der deutschen Führung um die Jahreswende 1941/42 Gerüchte, daß im Raum des Tschad-See eine freifranzösische Armee im Entstehen begriffen war, die unter Umständen Rommels Flanke von Südlibyen aus bedrohen konnte. Eine einzelne He 111, die von der Oase Hon aus gestartet war, bombardierte am 21. 1. 42 den Flugplatz von Fort Lamy in Französisch-Äquatorialafrika. Eine dauernde Luftüberwachung des riesigen Gebietes zwischen Tripolis und dem Tschad-See war aber nicht möglich, auch eine Aufklärung durch Agenten kam nicht in Frage. Schließlich kam man in Berlin zu der Überzeugung, daß es eigentlich genügen müßte, festzustellen, ob es freifranzösischen oder englischen Verbänden überhaupt möglich war, aufgrund der Bodenbeschaffenheit und Wasserverhältnisse durch dieses endlose Wüstengebiet bis an die Mittelmeerküste und somit in Rommels Rücken vorzustoßen. Als sich der Generalstab des Heeres mit diesem Vorschlag einverstanden erklärt hatte, wurde im Frühjahr 1942 seitens der Dienststelle O.K.W. Amt Ausland/Abwehr I ein Sonderkommando aus Wissenschaftlern (Geologen, Geographen,

Geodäten, Mineralogen) aufgestellt. Neben modernen wüstengängigen Fahrzeugen wurden dem von Oberstlt. Seubert geführten ›Sonderkommando Dora‹ auch mehrere Flugzeuge und Lastensegler (He 111, Hs 126, Fi 156, Fw 58, DFS 230, Go 244, Go 242) für Aufklärungs- und Versorgungszwecke zugeteilt.
Neben dem ›Sonderkommando Dora‹, das sich im Sommer 1942 in der Oase Hon (500 km SO von Tripolis) niederließ, sollte in diesem Wüstengebiet auch noch eine kompaniestarke Einheit des Regiments Brandenburg Aufklärungs- und Störeinsätze durchführen.
Zu den Piloten des ›Sonderkommandos Dora‹ gehörte auch Fw. Parlitz, der im April 1942 von der 9./LLG 1 zur Abwehr kommandiert worden war. Am 7. 8. 1942 steuerte Fw. Parlitz – geschleppt von einer He 111 – eine Go 242 über eine Entfernung von 930 km von Lecce nach Bengasi. Hier wurde die Motormaschine aufgetankt, dann startete der Schleppzug zur 570 km entfernten Oase Hon. Einige Transportflüge mit der He 111 zwischen Süditalien und Nordafrika folgten. Nachdem Ende November in Hon auch DFS 230 einsatzklar waren, flog Fw. Parlitz im Schlepp einer Hs 126 in der ersten Dezember-Woche mehrmals zu den in Südlibyen gelegenen Oasen Um el Araneb, el Gatrun und Bir Musciuru und versorgte mit seinem LS dort stationierte Trupps des Sonderkommandos.
Der wohl bemerkenswerteste Einsatz fand am 6. 12. 1942 statt, als Fw. Parlitz von Bir Musciuru zu der Oase Afafi startete, wo er eine notgelandete He 111 mit Benzin zu versorgen hatte. Gelegen an den nordwestlichen Ausläufern des Tibesti-Massivs war Afafi (etwa 22°N und 15°O) sicherlich das südlichste Einsatzziel eines Lastenseglers überhaupt, denn Fw. Parlitz überquerte bei diesem Flug nicht nur die Grenze zu Französisch-Äquatorialafrika, sondern auch den nördlichen Wendekreis!
Die Landung der Alliierten in Marokko und Algerien ließ allerdings zu diesem Zeitpunkt jede Aufklärungs- und Erkundungstätigkeit in Südlibyen überflüssig werden. Das ›Kommando Dora‹ zog sich Ende Dezember nach Tunesien zurück. Am 20. 1. 1943 übergab Fw. Parlitz in Medienne den letzten übriggebliebenen DFS 230-Segler einer anderen Einheit. Die übrigen Lastensegler waren am zweiten Weihnachtsfeiertag 1942 in Hon durch einen britischen Luftangriff beschädigt und dann beim Rückzug mit Benzin übergossen und angezündet worden.

KOMMANDOUNTERNEHMEN MIT LASTENSEGLERN IN TUNESIEN ENDE DEZEMBER 1942

Mitte Dezember 1942 wurde das XI. Fliegerkorps vom Oberbefehlshaber Süd ersucht, einen Offizier abzustellen, der in der Lage sein sollte, Zerstöreinsätze gegen die Versorgungslinien der auf Tunis vorstoßenden englischen und amerikanischen Armeen durchzuführen.
Von seiten des XI. Fliegerkorps wurde daraufhin Hptm. Schacht abgestellt, der am 20. 12. 1942 in Frascati durch Fm. Kesselring in die Lage eingewiesen wurde. Er erhielt den Auftrag, die Bahnlinie Algier – Constantine – Suk el Arba und die Bahnlinie Constantine – Meskiana – Tebessa an möglichst vielen Stellen durch Brückensprengungen nachhaltig zu zerstören. Diese Einsätze sollten von mit dem Fallschirm oder Lastensegler abgesetzten Zerstörtrupps durchgeführt werden.
Zu diesem Zweck wurden Hptm. Schacht unterstellt:

– 1./Korps-Fallschirmpionierbataillon
– Abtl. von Koenen (4.Rgt. ›Brandenburg‹)

Der Lufttransportführer Neapel wurde angewiesen, 6 Ju 52 mit blindflugfähigen Bsatzungen bereitzustellen; das VK(S) 2 in Lecce erhielt den Auftrag, 12 DFS 230 nach Bizerta zu überführen und eine Kette He 111 für Einsätze in Bereitschaft zu halten. Das ›Kommando Schacht‹ wurde dem Fliegerführer Tunis unterstellt.
Am 26. 12. 1942 wurden die Lastensegler von Castelvetrano (Sizilien) durch Ju 52 der IV./KGzbV 1 (Oberst Beckmann) nach Bizerta geschleppt. Am Abend dieses Tages kam es zur ersten Einsatzbesprechung mit den Führern der Abtl. von Koenen. Die genaue Einweisung sowie die Einteilung der LS-FF und der jeweiligen ›Brandenburger‹-Gruppen erfolgte am 27. 12. 1942 durch Gen. Harlinghausen persönlich.
Ein Ziel des geplanten Luftlandeeinsatzes war die Eisenbahnlinie von Sidi bou Baker (etwa 60 km NNW von Gafsa). Dort sollten 3 DFS 230 (FF Uffz. Heinzel, Uffz. Hustert, Ogfr. Bartels) mit 3 Zerstörtrupps der Abtl. von Koenen landen und die Brücke sprengen.
Das andere Ziel war eine Brücke nordöstlich von Kasserine, an derselben Eisenbahnstrecke gelegen. Auch hier sollten 3 DFS 230, gesteuert von Olt. Hartig, Uffz. Fissenewert und einem weiteren, namentlich nicht bekannten Piloten, mit ›Brandenburgern‹ landen und das Objekt zerstören.

Wenige Minuten vor Mitternacht startete am 27. 12. 1942 in Bizerta die erste, von Hptm. Klimke geführte Ju 52-Schleppkette nach Sidi bou Baker. An Bord des Lastenseglers von Uffz. Heinzel befand sich der Führer des Unternehmens, Hptm. von Koenen. Nachdem die Schleppzüge das Cap Bon erreicht hatten, flogen sie über See nach Süden an Sousse und Sfax vorbei und schwenkten dann über dem nördlichen Golf von Gabes nach Westen ein. Als dabei ein Verband Ju 88 überflogen wurde, schloß sich ein Ju 52-Pilot irrtümlich den deutschen Bombern an und mußte schließlich wegen Spritmangel nördlich von Sfax niedergehen; auch dem Segler (FF Uffz. Hustert) glückte die Landung.
Die beiden übrigen DFS 230 klinkten über dem Becken von Gafsa aus und landeten am 28. 12. 1942 um 02.00 Uhr neben der Brücke. Obwohl jetzt ein Drittel der Gruppe und der Ausrüstung fehlte, gelang die Sprengung der Brücke. Geführt von ortskundigen Arabern erreichten die ›Brandenburger‹ und die beiden LS-Piloten nach einem sechstägigen Gewaltmarsch den Ort Maknassi, einen Stützpunkt italienischer Truppen.
Unglücklicher verlief der Einsatz der anderen Gruppe, die die Brücke bei Kasserine zerstören sollte. Bereits beim Anflug mußte ein Segler (FF Uffz. Fissenewert) notlanden, doch konnten die Soldaten am folgenden Tag von einem deutschen Flugzeug aufgenommen werden. Der von Olt. Hartig gesteuerte Lastensegler ging 20 km südwestlich des Einsatzzieles in einem Tal nieder. Bei der Bruchlandung brach sich Olt. Hartig beide Knöchel; auch 2 Pioniere wurden verletzt. Trotzdem versuchten die ›Brandenburger› den Auftrag durchzuführen, wurden aber in der Nähe der Brücke bis auf 2 Soldaten, die sich zu den deutschen Linien durchschlagen konnten, von Franzosen gefangengenommen. Olt. Hartig, den man an der Maschine zurückgelassen hatte, geriet ebenfalls in Gefangenschaft. Über das Schicksal des dritten Seglers und seiner Besatzung ist nichts bekanntgeworden.

VERSORGUNGSEINSATZ SARDINIEN

Die beiden DFS-Staffeln führten in den Monaten Januar–März 1943 noch einige Versorgungsflüge im süditalienischen Raum sowie von Neapel nach Sardinien durch, soweit noch einsatzbereites fliegerisches Gerät zur Verfügung stand. Das Gros der Besatzungen und des technischen Personals wurde als ›Wartungs- und Bewachungstrupp‹ auf den Flugplätzen Sardiniens eingesetzt oder

fungierte als ›Transportkommando‹. Ende Mai 1943 – längst waren keine flugklaren DFS 230 mehr vorhanden – wurde das Personal der beiden DFS 230-Staffeln des VK(S) 2 von Brindisi im Bahntransport nach Langendiebach zur Ergänzungsgruppe (S) 1 zurückverlegt.
Waren die DFS-Piloten somit in Süditalien weitgehend zur Untätigkeit verurteilt, entfalteten ihre Kameraden von den beiden Go-Staffeln im Frühjahr 1943 noch einmal eine rege Flugtätigkeit. Nach einigen Transportflügen von Lecce nach Catania/Sizilien im Dezember 1942 verlegten die beiden Staffeln Anfang März 1943 nach Neapel-Pomigliano und wurden dort dem KGzbV ›N‹ unterstellt. Neben Flakmunition mußten nun vor allem Ersatzteile für die auf den sardischen Plätzen Elmas, Alghero und Cagliari stationierten Kampf- und Jagdgruppen transportiert werden. Die Hauptlast der Einsätze trug dabei die 1.(Go)/VK(S) 2, da die 2.(Go)/VK(S) 2 ab Ende März 1943 über keinen flugklaren Segler mehr verfügte.

Sardinieneinsatz der 1.(Go)/VK(S) 2

	März 1943	*April 1943*	*Mai 1943*
geflogene Kilometer	17 470	95 670	63 950
Zahl der Einsätze	32	90	56
befördertes Transportgut in t	63,2	105,5	73,1

Anfang Juni 1943 verließen auch die Go-Staffeln Italien. Die 1.(Go)/VK(S) 2 verlegte nach Saloniki. Über das Schicksal der 2.(Go)/VK(S) 2 ist nur wenig bekanntgeworden. Angeblich wurde sie nach Frankreich verlegt, dort im Herbst 1943 aufgelöst und das Personal in die I./LLG 2 überführt.
Der Stab/VK(S) 2 wurde im Zuge der Neuorganisation der Lastenseglerverbände im Herbst 1943 ebenfalls aufgelöst.

12. Die Einsatztätigkeit der LS-Verbände des XI. Fliegerkorps in Italien 1943/44

DIE VERLEGUNG DER LLG 1 UND LLG 2 NACH FRANKREICH IM FRÜHJAHR 1943

Im Laufe des April 1943 waren die Lastenseglerverbände von der Krim in ihre Heimatstandorte zurückgekehrt. Die IV./LLG 1, aus Teilen der Ergänzungsgruppe (S) 1 gebildet, wurde wieder aufgelöst. Die anderen Gruppen des LLG 1 erfuhren im Frühjahr 1943 erhebliche Veränderungen hinsichtlich ihrer Gliederung, Stärke und Ausrüstung. So wurden die Gruppen von 3 auf 4 Staffeln erweitert; das Geschwader umfaßte somit jetzt 12 Staffeln. Dazu kamen die jeweiligen Stabstaffeln. Begonnen mit der Umgliederung hatte die III./LLG 1, die nicht an der Kubanversorgung teilgenommen hatte, sondern im Januar 1943 nach Riga verlegt worden war. Dort kam es jedoch zu keinem Einsatz; vielmehr erfolgte im Februar 1943 die Abgabe der gesamten LS an das Verbindungskommando (S) 1. Im März dann Rückverlegung der III./LLG 1 mit 7. und 8. Staffel nach Hildesheim zwecks Auffüllung auf Stabs- und 9.–12. Staffel. Das Personal dazu wurde den Restkommandos des LLG 1 in Hildesheim, Halberstadt und Goslar entnommen. Anschließend verlegte die Gruppe in den nordfranzösischen Raum nach Beaumontes sur Oise. Die III./LLG 1 umfaßte nun 2 Do 17- und 2 Hs 126-Staffeln sowie eine Stabstaffel. Die beiden Do 17-Staffeln wurden allerdings schon im Mai 1943 an die I./LLG 1 abgegeben, die in diesem Monat in Gael (Bretagne) eingetroffen war.
In Frankreich befand sich seit dem Frühjahr 1943 auch die 1. Staffel/Erprobungskommando IX. Fliegerkorps, die zusammen mit Heereseinheiten in der Bretagne Anti-Invasionsübungen durchführte. In Laval, 50 km östlich von Rennes, wurde Ende April 1943 vom XI. Fliegerkorps die sogenannte Erprobungsgruppe La-

val aufgestellt, die Hptm. Trautwein führte. Sie umfaßte eine Staffel He 111, eine Staffel Do 17/DFS 230 (Olt. Bause) vom LLG 1 sowie eine Kompanie Fallschirmjäger. Die Aufgabe dieser Gruppe bestand ebenfalls in der Übung von Luftlandeeinsätzen. Bei einem Übungsangriff auf dem Flugplatz von Tours öffnete sich bei einem Segler der Bremsfallschirm nur unzureichend; der Pilot bemerkte es aber nicht, und beim Abfangen mit hoher Sturzgeschwindigkeit brachen beide Tragflächen. Alle 10 Insassen der DFS 230 kamen ums Leben. Am 31. 5. wurde die Gruppe Laval aufgelöst. Die He 111 verlegten nach Orange, die Do 17 und LS kehrten zum LLG 1 zurück.
Ab Ende Mai 1943 massierte das Generalkommando XI. Fliegerkorps starke Lastensegler- und Fallschirmjägerverbände im südfranzösischen Raum. Die 1. Fj.Div. gruppierte sich um Avignon, die 2. Fj.Div. um Alès und Nîmes. Die fliegenden Verbände des Korps wurden auf folgende Plätze verlegt:

I./LLG 1	von Gael nach Lesignan
III./LLG 1	von Beaumontes nach Valence
I./LLG 2	von Nancy und Beaumontes nach Orange
Arbeitsstab Hptm. Pohl (GS-Kdo. 1 und 2)	von Obertraubling nach Reims und Istres

Der Geschwaderstab/LLG 1 bezog im Juni 1943 Quartier in Lesignan, während der Geschwaderstab/LLG 2 seit Ende Mai 1943 in den Unterlagen des XI. Fliegerkorps nicht mehr erscheint, also wahrscheinlich aufgelöst wurde, zumal das LLG 2 ohnehin nur über eine Gruppe, die I./LLG 2 verfügte.
Im Juni 1943 traf in Orange auch die Starrschleppstaffel ein. Diese war nach Rückkehr aus Rußland in Hildesheim auf Gruppenstärke gebracht worden. Als Schleppverband war vom XI. Fliegerkorps die mit He 111 ausgerüstete KGrzbV 23 zugewiesen worden. Gleichzeitig erfolgte die Umbenennung der 17./LLG 1 in DFS-Staffel 23. Im Zuge der Neugliederung der Transportverbände im Mai 1943 erhielt die KGrzbV 23 die Bezeichnung Transportgruppe 30 und verlegte ebenfalls nach Orange.
Nach und nach trafen ab Mitte Juni 1943 von Halberstadt kommend auch die ersten Schleppzüge der II./LLG 1 in Aix les Milles ein. Die Gruppe war in Deutschland auf Ju 87 umgerüstet worden. Nach den Plänen Gen. Students sollte es Aufgabe des XI. (Luftlande)Korps, der beweglichsten Reserve, über die das OKW zu diesem Zeitpunkt noch verfügte, sein, einer alliierten Landung im Süden Europas schnell entgegenzutreten. Denn nach der Kapitu-

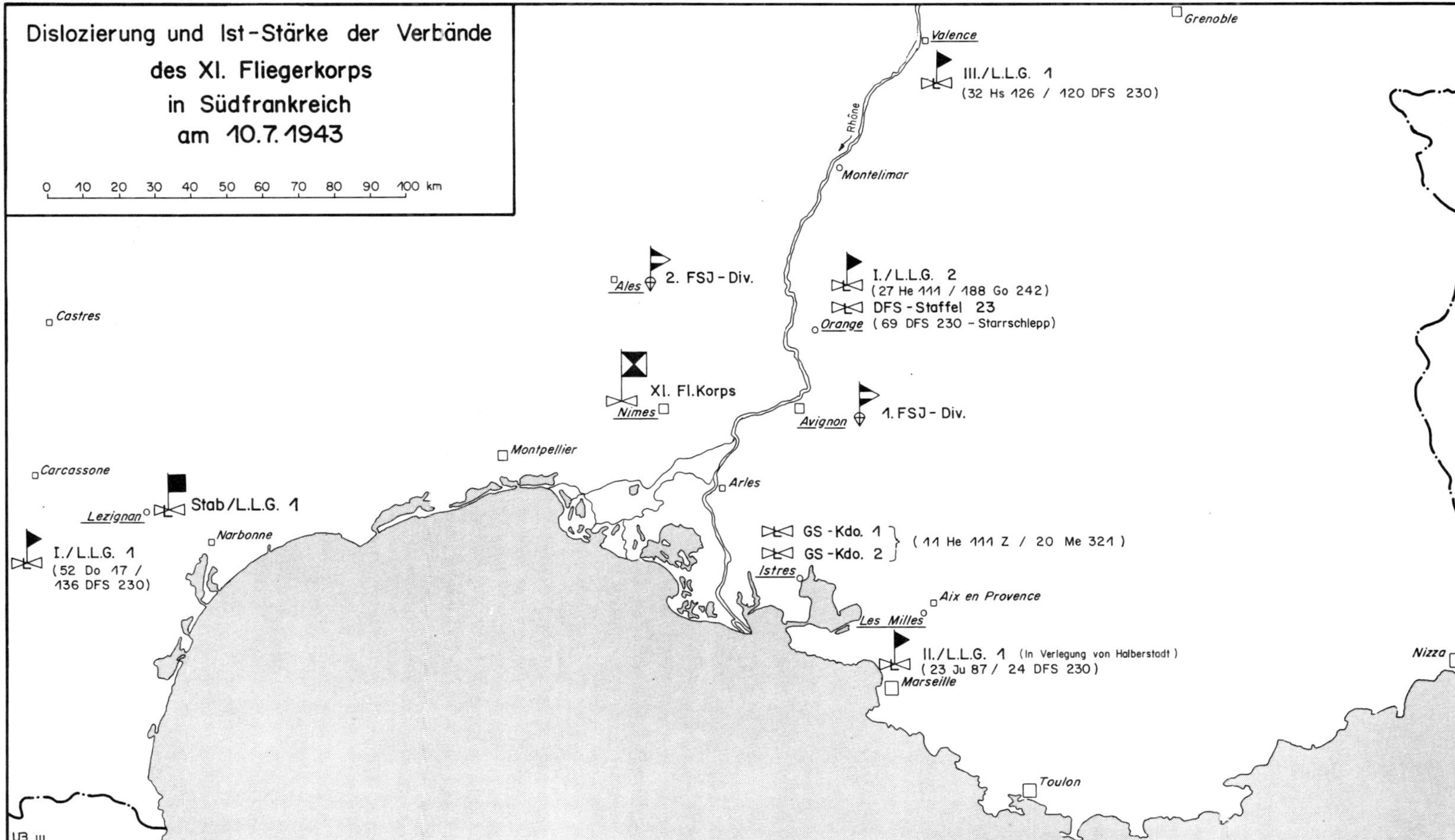
Dislozierung und Ist-Stärke der Verbände
des XI. Fliegerkorps
in Südfrankreich
am 10.7.1943
0 10 20 30 40 50 60 70 80 90 100 km
Grenoble
Valence
III./L.L.G. 1
(32 Hs 126 / 120 DFS 230)
Rhône
Montelimar
Ales
2. FSJ-Div.
I./L.L.G. 2
(27 He 111 / 188 Go 242)
DFS-Staffel 23
Orange
(69 DFS 230 - Starrschlepp)
Castres
XI. Fl.Korps
Nimes
Avignon
1. FSJ-Div.
Montpellier
Carcassone
Stab/L.L.G. 1
Lezignan
Arles
Narbonne
I./L.L.G. 1
(52 Do 17 /
136 DFS 230)
GS-Kdo. 1
GS-Kdo. 2
(11 He 111 Z / 20 Me 321)
Istres
Aix en Provence
Les Milles
II./L.L.G. 1 (In Verlegung von Halberstadt)
(23 Ju 87 / 24 DFS 230)
Marseille
Nizza
Toulon
UB III

lation der Heeresgruppe Afrika im Mai 1943 erwartete man deutscherseits den nächsten Schlag noch im Sommer 1943, zumal Fernaufklärer die Versammlung von Schiffen in nordafrikanischen Häfen meldeten. Unklar war nur das Ziel des Angriffs; in Frage kamen nach den Überlegungen der deutschen Führung Kreta und der Peleponnes ebenso wie Sizilien oder Sardinien. Sollte Sardinien der erste Angriff gelten, so lag diese Insel innerhalb der Reichweite der Transportverbände des XI. Fliegerkorps. Mit den in Südfrankreich versammelten Fallschirmverbänden führten deshalb im Juni 1943 die LS-Einheiten häufig Übungen durch; insbesondere wurde auch der Sturzangriff mit DFS 230 und Go 242 erprobt.
Am Vorabend der alliierten Invasion auf Sizilien verfügte das XI. Fliegerkorps über 194 Motormaschinen und 572 Segler sowie über 672 Motor- und Schleppbesatzungen; die LS-Verbände waren somit auf eine vorher nicht gekannte personelle und materielle Stärke gebracht worden. Die 766 Maschinen verteilten sich auf die einzelnen Verbände wie folgt:

Verband	*Verbandsführer*	*Motormaschinen*	*Segler*
I./LLG 1	Hptm. Krug	52 Do 17	136 DFS 230
II./LLG 1 (Teile)	Hptm. Trautwein	23 Ju 87	23 DFS 230
III./LLG 1	Hptm. Karl	32 Hs 126	120 DFS 230
TGr 30	Mj. Schellmann	45 He 111	–
DFS-Staffel 23 (Starrschlepp)	Lt. Wagner	–	69 DFS 230
I./LLG 2	Mj. Kroworsch	27 He 111	188 Go 242
GS-Kdo. 1 u. 2	Hptm. Pohl	11 He 111 Z	20 Me 321
5. (Fl.)Kp./ Fallschirm-Ln.Abtl. 41	?	4 Ju 52	2 Go 242 13 DFS 230

VON ISTRES NACH CATANIA – DIE FLÜGE DER 3./LLG 2 IM JULI 1943

In den frühen Morgenstunden des 10. 7. 43 landeten die Briten und Amerikaner im Süden Siziliens; rasch gewannen die alliierten Armeen Boden, zumal die italienischen Küstendivisionen ihre Stellungen kaum verteidigten oder sich kampflos ergaben. Der Seelandung vorausgegangen war die Luftlandung von etwa 4500 Fallschirmjägern, wobei erstmals auf alliierter Seite auch Lastensegler eingesetzt wurden.

Angesichts dieser Lageentwicklung kam es für den OB Süd darauf an, die deutschen Kräfte auf Sizilien so schnell wie möglich zu verstärken. Unmittelbar nach dem Eintreffen der ersten Meldungen von der Landung war auch das XI. Fliegerkorps in Südfrankreich alarmiert worden. Der anfänglich verfolgte Plan, die Fallschirmjäger mit He 111Z/Me 321-Schleppzügen nach Süditalien zu transportieren, wurde aus technischen Gründen vorerst verworfen; statt dessen wurden 20 Go 242 der I./LLG 2 am Start aufgebaut, um durch He 111Z der GS-Kdo. 1 und 2 geschleppt zu werden. Doch im Durcheinander der Befehle und Gegenbefehle unterblieb ein Start am 10. 7. 43.
Die unklare Befehlsgebung behinderte auch den Einsatz der 3./LLG 2, die mit 2 He 111-Schleppstaffeln als erste Welle noch vor den He 111Z starten sollte. Die Alarmierung der 3./LLG 2 in Plan de Dieu war um 03.00 Uhr erfolgt. Sofort wurden die weit auseinanderliegenden Go 242 eilig an den Start gebracht, Verpflegung, Waffen und Seenotausrüstung verladen, und nach 4 Stunden war die Staffel startbereit. Die inzwischen eingetroffenen Motormaschinen wurden vorgespannt und die Schleppzüge flogen nach Istres, wo Fallschirmjägerartillerie und Geschützbedienungen verladen werden sollten. Lt. Janssen, dessen Aufzeichnungen es ermöglichen, den Einsatz der 3./LLG 2 zu schildern, übernahm die zweite Kette der Staffel; seine Go 242 hatte ein 10,5-cm-Geschütz und 8 Mann an Bord. Die beiden ersten Ketten sollten von der 1.(He 111)/LLG 2 (Hptm. Reinhardt), die dritte, vierte und fünfte Kette von der 2.(He 111)/LLG 2 (Olt. Loeck) geschleppt werden. Gegen Mittag des 10. 7. 43 war die Staffel startbereit, doch der Startbefehl blieb aus. Als sich bis gegen Abend immer noch nichts ereignet hatte, zog man die Go 242 wieder weit auseinander.
Am 11. 7. 43 waren die Go 242 wieder ab 05.00 Uhr einsatzbereit; gegen Mittag erschien Fm. Sperrle mit einer Ju 52. Der Erfolg seines Besuches war ein sofortiges Auseinanderziehen des mühsam aufgebauten Startes. Gegen 15.00 Uhr wurde ein Einsatz auch für diesen Tag abgesagt. Eine Stunde später kam dann plötzlich der Startbefehl. Doch nun war der Startoffizier nicht zu erreichen, die Maschinen zerstreut und die Besatzungen wie auch die Fallschirmjäger außerhalb des Flugplatzgeländes. Immerhin war um 16.30 Uhr die erste Kette startklar; im ersten Schleppzug dieser Kette befanden sich 4 Offizieren, die nach Möglichkeit zuerst in Neapel sein sollten, um dort das Weitere zu organisieren. In der Motormaschine saßen der Staffelführer der 1.(He 111)-Staffel, Hptm.

Reinhardt, und der Meldekopfführer Neapel, Olt. Lange; in der Go 242 befanden sich der Staffelführer der 3.(Go)- Staffel, Olt. Erhard Werner, und der Kompaniechef der Fallschirmjäger.
Das Startzeichen wurde gegeben, die erste Kette rollte an, hob am Platzrand ab und nach kurzem Geradeausflug zerplatzte sie. Zwei Go 242 landeten außerhalb des Platzes und die dritte kam mit Mühe wieder zum Flugplatz zurück. Die zweite Kette startete daraufhin gar nicht. Dagegen gelang der dritten, vierten und fünften Kette unter Führung von Olt. Loeck der Start ohne Schwierigkeiten. Der Abflug weiterer Schleppzüge wurde allerdings dann vom Kdr. der I./LLG 2 verboten, da zu erwarten war, daß die Maschinen erst nach Einbruch der Dunkelheit in Neapel ankommen würden. Daß dieser Entschluß richtig war, zeigte sich im nachhinein, denn von den in Neapel eintreffenden Seglern gingen mehrere bei der abendlichen Landung auf dem kleinen Flugplatz zu Bruch.
Am frühen Morgen des 12. 7. 43 starteten dann die erste und zweite Kette. Die Schleppzüge flogen zunächst an der südfranzösischen Küste entlang an Marseille und Toulon vorbei und drehten schließlich auf die Nordspitze Korsikas zu. Die Flughöhe betrug kaum 50 m. Ein Schleppzug, an Bord die beiden Staffelkapitäne Reinhardt und Werner und der ›Meldekopfführer Neapel‹, mußte jedoch notwassern. Bis auf ein Besatzungsmitglied konnten allerdings alle Insassen gerettet werden. Gegen 10.00 Uhr erreichten die anderen Schleppzüge die Küste Italiens und passierten Rom. In der Bucht von Terracina mußte dann eine weitere Go 242 notwassern, die Besatzung Fw. Kollegger wurde von einem Fischerboot aufgenommen. Um 11.30 Uhr, vier Stunden nach dem Abheben von Istres, landeten die Maschinen schließlich in Neapel-Pomigliano. Von den beiden Ketten hatten aber nur 3 Schleppzüge das Bestimmungsziel erreicht, denn neben den beiden Seglern, die notwasserten, hatte eine weitere Go 242 vorher ausklinken müssen. Der Platz selbst war derartig überfüllt mit Maschinen aller Typen, daß die Segler kaum noch eine Lücke zur Landung fanden.
Ein Weiterflug war nicht sofort möglich; die He 111 mußten erst mit R-Geräten ausgerüstet werden, da die Startbahn sich als zu kurz erwies. Insgesamt waren nur noch 8 Schleppzüge (vormals 15) einsatzbereit. Lt. Janssen übernahm die erste Go-Kette, die beiden Kettenflieger waren Fw. Mende und Uffz. Rolf. Die zweite Kette führte Lt. Arndt; zu seiner Kette gehörten die Besatzungen Olt. Hensel und Uffz. Schimmelpfennig. Die beiden letzten Go 242 wurden von Fw. Hartebrodt und Fw. Eck gesteuert. In-

folge der Umrüstung der He 111 verzögerte sich der Weiterflug nach Sizilien. Erst am Morgen des 13. 7. 43 konnte der Startaufbau begonnen werden, der sich allerdings sehr schwierig gestaltete, da nur eine schmale Startbahn zur Verfügung stand, die zudem von Ju 52 und He 111 in Anspruch genommen wurde, die pausenlos nach Sizilien starteten. Dadurch entstand über dem Platz eine riesige Staubwolke, die das ganze Flugfeld einhüllte. Sobald sich die Sicht etwas gebessert hatte, bekamen die Lastensegler das Startzeichen. Um 06.30 Uhr hob die erste Maschine ab. Die beiden Ketten kamen gut heraus. Später folgten auch die beiden letzten Maschinen. Nachdem die neuen R-Geräte abgeworfen waren, nahmen die Schleppzüge Kurs auf Catania. Der zugesagte Jagdschutz traf nicht ein. Gegen 09.30 Uhr tauchte die Straße von Messina auf. Es schien alles ruhig zu sein, auch von feindlichen Jägern war nichts zu sehen. Der Fährbetrieb nach Sizilien zwischen Reggio und Messina war in vollem Gange. Schon war der Ätna, der höchste Vulkan Europas, deutlich zu erkennen. Ständig kamen den Seglern die vor ihnen gestarteten Transportflugzeuge entgegen, die sich nun bereits wieder auf dem Rückflug befanden. Auch ein Motor-›Gigant‹ befand sich unter ihnen. Dann tauchte Catania auf. Rauchwolken über den Hafen- und Bahnanlagen, die ersten Spuren von Kampfhandlungen. Die Schleppzüge stiegen auf 300 m und überflogen den Flugplatz, um nach den Landezeichen, die in der südlichsten Ecke des Landefeldes liegen sollten, zu suchen; nichts war zu erkennen. Überhaupt herrschte eine unheimliche Ruhe; nichts rührte sich, kein Mensch, keine Fahrzeuge zu sehen. Lt. Janssen klinkte als erster aus und landete mit seiner Kette an der vorgeschriebenen Stelle. Dann setzte auch die zweite Kette zur Landung an, doch Lt. Arndt und Uffz. Schimmelpfennig schmierten vor der Platzgrenze ab, und Olt. Hensel kam gerade noch auf den Platz. Ein Kradmelder erschien und drängte auf rasche Entladung, da ständig mit Luftangriffen zu rechnen war. Kurz darauf flog in etwa 6000 m Höhe ein Verband von ungefähr 50 ›Liberator‹-Bombern an, die den Platz mit einem Bombenteppich überzogen. Deckung gab es nicht, so mußten sich die soeben gelandeten Besatzungen auf den Boden werfen. 3 He 111 der I./LLG 2 wurden schon durch die erste Bombenreihe restlos zerstört, 4 Besatzungsmitglieder kamen ums Leben, mehrere erlitten erhebliche Verletzungen. Weitere Bombenreihen fielen, der ganze Platz bebte; alle Go 242 wurden durch Splitter ziemlich durchsiebt, doch fingen sie, von einer Ausnahme abgesehen, kein Feuer, so daß die Ladung gelöscht werden konnte.

Die Go 242 Olt. Hensels brannte inzwischen lichterloh. Lt. Janssen fuhr mit einem Krad zu dieser Maschine. Olt. Hensel lag schwer verwundet einige Meter neben der Go, unmittelbar vor der Tür ein toter Fallschirmjäger, etwas weiter weg ein weiterer. Plötzlich begannen die Bordmunition und die Granaten des transportierten Geschützes zu explodieren; dennoch gelang es, Olt. Hensel mit Hilfe des Kradmelders zu einem großen Bombentrichter zu schaffen, wo er notdürftig versorgt und anschließend zu einem Hauptverbandsplatz gebracht wurde.
Zwischenzeitlich belegte Schiffsartillerie von vier britischen Kreuzern, die vor Catania lagen, das Flugfeld mit Granaten. Dabei wurde Uffz. Rolf schwer verwundet, sein Bordmechaniker, Gfr. Schramm, getötet. Fallschirmjäger hatten zwischenzeitlich die Besatzungen der außengelandeten Go 242 geborgen. Da der Platz weiterhin laufend angegriffen wurde, verließen die Go-Besatzungen Catania, die Motormaschinen waren längst zurückgeflogen. Nach sechs Tagen mühseliger Fahrt mit LKW, Fährschiff, Eisenbahn und Flugzeug trafen die Flieger am 19. 7. 43 wieder in Istres ein.

GO-DOPPELSCHLEPPZÜGE IM SIZILIEN-EINSATZ

Während die 3./LLG 2 Verstärkungen nach Catania brachte, kamen auch andere Teile der I./LLG 2, die in Südfrankreich ca. 200 Go 242 zusammengezogen hatte, zum Einsatz. Schleppmaschinen (He 111Z- ›Zwilling‹) wurden vom ›Arbeitsstab Hptm. Pohl‹ (= GS-Kdo. 1 und 2) gestellt. Da von diesem Verband das KTB erhalten ist, läßt sich die Einsatztätigkeit lückenlos darstellen.:

12. 7. 32: Start von 3 Schleppzügen um 06.00 Uhr. Die zweite Go des zweiten Schleppzuges klinkte kurz nach dem Start aus infolge zu geringer Fahrt. Landung der 3 Schleppzüge in Pomigliano. Gemäß Anruf Gen.Kdo. XI. Fl.K. Ia op 1, Hptm. Ritscher, ist festzustellen und zu berechnen, ob eine Verlegung mit Me 321 und dem geringsten Maß an Personal und Gerät zu einem Absprunghafen bei einer Beladung mit 10 t ohne Fahrwerkabwurf möglich ist und wieviel Laderaum dann noch zur Verfügung steht. Um 22.40 Uhr Meldung an Gen.Kdo. XI. Fl.K. Ia op 1, Hptm. Ritscher, daß Verlegung auf dem Luftwege ausgeschlossen ist, da 1. Treibstoff-Transport auf dem Luftwege wegen Brandgefahr nicht möglich, 2. Fahrzeugschwierigkeiten bestehen, da zu große Bodenorganisation nötig und 3. Motorleistung bei einem vierstündigen Flug zu groß.

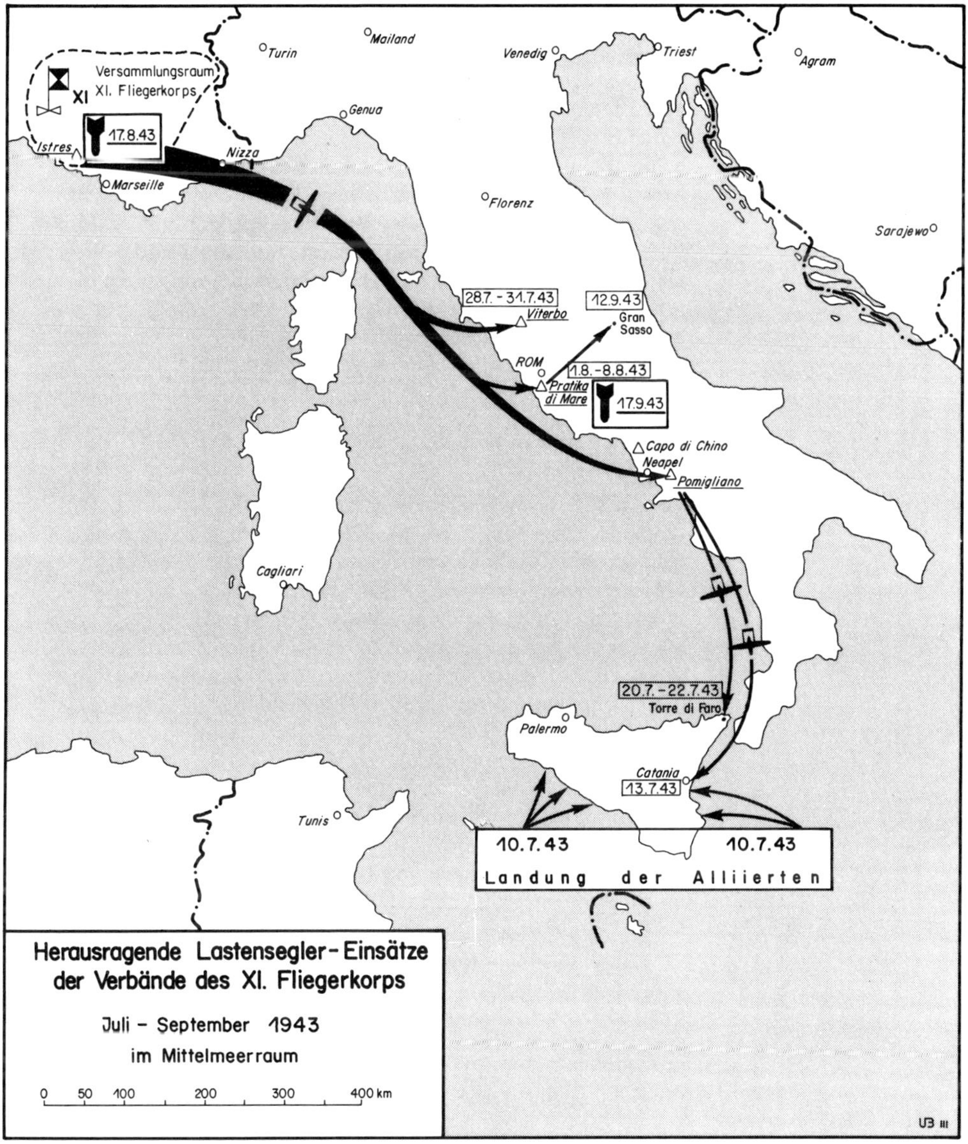

Versammlungsraum
XI. Fliegerkorps
XI
17.8.43
Istres
Turin
Mailand
Venedig
Triest
Agram
Genua
Nizza
Marseille
Florenz
Sarajewo
28.7. - 31.7.43
Viterbo
12.9.43
Gran Sasso
ROM
1.8.-8.8.43
Pratika di Mare
17.9.43
Capo di Chino
Neapel
Pomigliano
Cagliari
20.7.-22.7.43
Torre di Faro
Palermo
Catania
13.7.43
Tunis
10.7.43
10.7.43
Landung der Alliierten
Herausragende Lastensegler-Einsätze der Verbände des XI. Fliegerkorps
Juli – September 1943
im Mittelmeerraum
0 50 100 200 300 400 km

13. 7. 43: Drei Schleppzüge sind von Istres um 07.00 Uhr nach Pomigliano gestartet. Ein Schleppzug kehrte um, die beiden anderen Schleppzüge landeten glatt in Pomigliano. Zwischen 10.30 und 14.10 Uhr Start von 6 Schleppzügen mit Go 242 im Doppelschlepp von Istres nach Pomigliano. Die zweite Go 242 eines Schleppzuges klinkte kurz nach dem Start aus, landete außerhalb des Platzes, überschlug sich und wurde schwer beschädigt. Die erste Go 242 dieses Schleppzuges wurde daraufhin über den Platz zurückgeschleppt, dort ausgeklinkt und landete glatt. Die He 111Z startete anschließend wieder mit zwei anderen bereitgestellten Go 242. Die zweite Go 242 eines anderen Schleppzuges klinkte beim Durchfliegen eines Wolkenfetzens zwischen Korsika und Capraia aus. Besatzung und Insassen der Go 242 befanden sich bei Abflug der He 111Z auf der Fläche der schwimmenden Go. Ein Schlauchboot wurde abgeworfen und Seenotmeldung gegeben. Die anderen Schleppzüge landeten glatt in Pomigliano.
Um 16.40 Uhr Start eines weiteren Schleppzuges mit Go 242-Doppelschlepp von Istres nach Pomigliano. Kurz nach dem Einflug im Mittelmeer riß das Seil der ersten Go 242; eine Go 242 landete im Meer. Besatzung gerettet und unverletzt. Die zweite Go 242 landete glatt auf dem Strand.

14. 7. 43: Start zweier Schleppzüge von Istres nach Pomigliano.

15. 7. 43: 01.00 Uhr: Angriff feindlicher Luftstreitkräfte auf den Flugplatz Pomigliano. Von den 10 dort stehenden He 111Z wird eine durch Bombentreffer völlig zerstört, sämtliche anderen He 111Z durch Bombensplitter beschädigt. Infolge der Beschädigungen können nur 2 He 111Z Go 242 zurückführen. Beim Bombenangriff kein Personalschaden.
Ab 09.00 Uhr Start von 7 He 111Z im Alleinflug nach Istres.

16. 7. 43: Start von 2 Schleppzügen von Istres nach Neapel, Capodichino. In Istres befinden sich jetzt 8 He 111Z.

17. 7. 43: 6 Go-Doppelschleppzüge starteten am Vormittag von Istres nach Pomigliano. 5 Go 242 sind in Pomigliano, 7 in Capodichino glatt gelandet.

18. 7. 43: Ein Go-Doppelschleppzug startete von Istres nach Pomigliano; die Go 242 wurden in Pomigliano ausgeklinkt, die He 111Z landeten in Pratica die Mare.

20. 7. 43: Ein Schleppzug startete um 04.00 Uhr von Istres nach Pomigliano; eine Go 242 klinkte auf Höhe von Korsika aus und landete im Meer. Die zweite Go 242 landete in Pomigliano.
Überführung von 4 He 111Z nach Pomigliano. Von 10.10–10.45 Uhr Start von 4 Go-Doppelschleppzügen von Pomigliano nach Sizilien. 3 He 111Z führten den Auftrag durch und kehrten nach Pratica di Mare zurück. Eine He 111Z kehrte wegen Schleppseilriß nach Pratica zurück.

21. 7. 43: 4 He 111Z starteten zwischen 11.20 und 12.15 Uhr im Go-Doppelschlepp von Pomigliano zum Einsatz nach Sizilien. Ein Schleppzug mußte wegen Motorbrand der He 111Z wieder umkehren; die beiden Go 242 wurden in Pomigliano abgesetzt. 3 He 111Z haben den Auftrag erfüllt und kehrten zurück. Um 15.30 Uhr Start eines Doppelschleppzuges von Pomigliano zum Einsatz Sizilien.

22. 7. 43: Eine He 111Z startete im Go-Doppelschlepp von Pomigliano zum Einsatz nach Sizilien.

Die Landung von insgesamt 16 Go 242 in der Zeit vom 20. 7.–22. 7. 43 auf Sizilien diente noch einmal der Zuführung von schweren Waffen für die 1. Fallschirmjägerdivision. Infolge des Vorrückens der Alliierten konnte aber nicht mehr in Catania gelandet werden; vielmehr mußten die Segler an der äußersten Nordostspitze der Insel (Torre di Faro) am Strand niedergehen. Die Go 242 wurden, soweit sie nicht schon bei der Landung zu Bruch gegangen waren, am 25. 7. 43 gesprengt; die Besatzungen wurden im Zuge der Räumung Siziliens, die am 17. 8. 43 abgeschlossen war, auf das Festland überführt.

Die Absetzung und Verhaftung Mussolinis am 25. 7. 43 steigerte bei der deutschen Führung den Verdacht, daß Italien aus dem Bündnis mit Deutschland ausscheiden und auf die Seite der Alliierten übertreten wollte. Die undurchsichtige politische Lage veranlaßte das OKW, die 2. Fj.Div. im Lufttransport von Südfrankreich auf Flugplätze in der Umgebung Roms zu verlegen. An dieser Aktion waren neben verschiedenen Transportgruppen auch Lastensegler der I./LLG 2 und He 111Z der GS-Kdo. 1 und 2 beteiligt. Am 28. 7. und 31. 7. 43 wurden 16 Go 242 mit Fallschirmjägern und Gerät nach Viterbo geschleppt. Weitere 35 Go 242 landeten in der ersten Augustwoche in Pratica di Mare.

Mit einer Reihe von Luftangriffen auf deutsche Flugplätze in Mittelitalien suchten die Alliierten diese Lufttransporte zu unterbinden. So wurden am 16. 7. 43 bei einem Angriff auf Pomigliano 9 Go 242 zerstört; zwei Angehörige der I./LLG 2 – Ofw. Altmeyer und Gfr. Ahnert – kamen dabei ums Leben. Weitere Verluste erlitt die I./LLG 2 am 29. 7. 43 in Viterbo, wo mehrere Maschinen beschädigt wurden und Uffz. Till fiel. Der Hauptschlag der alliierten Luftwaffe gegen die LS-Verbände stand allerdings noch bevor.

DER ALLIIERTE LUFTANGRIFF AUF ISTRES AM 17. 8. 1943

Während nach der alliierten Landung auf Sizilien die I./LLG 2 sowie Teile der beiden GS-Kommandos sofort eingesetzt wurden, warteten die Kommandeure der 3 Gruppen des LLG 1 vergeblich auf einen Einsatzbefehl.
Die geringe Reichweite der Schleppmaschinen des Geschwaders, vor allem der einmotorigen Ju 87 und Hs 126, hätte mehrere Zwischenlandungen auf verschiedenen italienischen Flugplätzen notwendig gemacht. Diese Plätze waren durch die Kampf-, Jagd- und Transportverbände der Luftflotte 2 stark belegt, die Bodenorganisation ohnehin völlig überlastet. Zudem griffen alliierte Bomberverbände fast pausenlos den süd- und mittelitalienischen Raum an und zerstörten Flugfelder und Versorgungswege. Vor allem Transportverbände litten immer wieder unter Betriebsstoffmangel, wie auch aus dem KTB des ›Arbeitsstab Pohl‹ hervorgeht, denn die knappen Benzinmengen wurden vorrangig an Kampf- und Jagdverbände abgegeben.
Diese Gegebenheiten dürften das Gen.Kdo. XI. Fliegerkorps bewogen haben, auf eine Verlegung des LLG 1 in den süditalienischen Raum zu verzichten. Außerdem befüchtete man auf deutscher Seite im Juli/August 1943 weitere alliierte Landungen; sollte sich ein solches Unternehmen gegen Korsika richten, konnte ein in Reserve gehaltenes LLG 1 dort wirksam eingreifen, denn diese Insel lag innerhalb der Reichweite des Geschwaders.
Indes war auch der alliierten Luftaufklärung die Massierung deutscher Luftlandeverbände im südfranzösischen Raum nicht entgangen. Lt. Busse (I./LLG 1) schildert die Ereignisse des 17. 8. 43:

»Verlegungsbefehl nach Istres. Wir kennen den Platz von einem Anflug aus dem Rhônegebiet her. Es ist wohl der größte Flugplatz Europas. In der Nähe von Marseille gelegen, umfaßt er ein Areal von etwa 6 x 6 km. Eine Riesenfläche, damals noch ohne betonierte Startbahnen. Nur ein harter braungelber Boden ohne Baum und Strauch. Wir landen in Istres. Es kommt der Befehl, das ganze Geschwader sofort einsatzmäßig und startbereit aufzustellen. Die Staffeln und Ketten rollen auf die vorgesehenen Plätze. Das technische Personal macht sich an die Arbeit, die Maschinen zu kontrollieren, aufzutanken, die Bewaffnung und Munition zu vervollständigen. Die Schleppseile werden ausgelegt.
Vor der Abfahrt sehe ich mir noch einmal den Himmel an. Wieder Mistral zu erwarten? Wohl nicht. Aber einige weiße Kondensstreifen leuchten im dunklen Blau auf. Eigene Flugzeuge? Kaum. Also feindliche Aufklärer! Das bedeutet nichts Gutes. Und jetzt wird mir plötz-

lich bewußt, welches Risiko wir laufen mit dem auf dem Flugfeld aufgebauten Großverband, der wie auf dem Exerzierplatz ausgerichtet und ungetarnt dasteht. Ist das eigentlich vertretbar? Wir liegen doch im Bereich der feindlichen Bomberverbände, die uns ohne Schwierigkeiten von Süden erreichen können.
Der neue Tag beginnt mit strahlender Sonne. Bald brütet die Hitze unerträglich. Wir werden auf den Platz gefahren, die LS-Führer und die Techniker gehen zu den Flugzeugen. Wir beschäftigen uns noch eine Stunde mit dem LS, legen uns dann unter die Fläche, um der Hitze zu entgehen. Da – plötzlich ertönt Fliegeralarm! Alles beginnt zu laufen, denn hoch am Horizont sind unzählige Kondensstreifen zu sehen. Aber wohin? Es gibt doch keine Deckung auf dem riesigen Platz. Die Soldaten, die sich in der Nähe des Gebäudes befinden, eilen dorthin. Doch wohin sollen die vielen anderen? Und am Himmel kommt ein riesengroßer Bomberpulk immer näher, der eine breite Kondensschleppe hinter sich herzieht. Ich suche verzweifelt nach einer Möglichkeit, irgendeinen Unterschlupf zu finden. Nichts in greifbarer Nähe. Das LS bietet keinerlei Schutz. Die Do auch nicht. Weglaufen ist sinnlos. Da entdecken wir Kanalisationsrinnen, die mit Zementplatten abgedeckt sind. Zu zweit heben wir sie auf, werfen uns in die kaum fünfzig Zentimeter breite Rinne, den Kopf in den Schlamm gedrückt. Andere Besatzungen haben diese Möglichkeit auch entdeckt. Sie rettet uns das Leben, zumindest vor schwerer Verwundung! Schon ist der Bomberpulk über uns. Die Luft ist erfüllt von Pfeifen, Zischen, Explosionen. Die Bomber haben Tausende von Splitterbomben abgeworfen. Es kracht, splittert, Schreie ertönen, Maschinen werden zerfetzt. Die Splitter reißen große Löcher in Tragflächen und Rümpfe der LS. Es ist ein Inferno ohnegleichen. Dann ist der Spuk vorbei. Wir klettern aus unserer engen ›Behausung‹, unbeschädigt. Aber auf dem Platz sieht es grausig aus. Einige LS sind restlos zerstört. Das Geschwader ist in seinem Kern getroffen worden. Wir sammeln Tote und Verwundete ein und bingen sie in die Gebäude und Hallen. Ein schrecklicher Anblick bietet sich uns in der Halle: Der Platz reicht nicht aus, um die Toten nebeneinander zu legen. Sie werden übereinander geschichtet, und viele können nicht identifiziert werden.
Das Durcheinander lichtet sich langsam. Man gewinnt einen Überblick über die Verluste an Menschen und Material. Der Platz wird geräumt. Endlich! Denn es ist ja keineswegs sicher, daß nicht ein weiterer Angriff folgt. Der nächste Tag bringt Aufräumungsarbeiten. Die Techniker versuchen so viele Maschinen wie möglich startklar zu machen. Die Verbände sollen auf ihre Plätze zurückverlegen.
Mir und einigen Staffelführern steht noch eine schwere Aufgabe bevor: Wir müssen erneut Tote identifizieren, denn noch immer werden LS-Kameraden vermißt.
Wir fliegen mit dem Rest der Gruppe am Nachmittag nach Lesignan zurück. Mit einem Einsatz ist nicht mehr zu rechnen. Die militärische

Lage in Italien, aber auch die Verluste des Geschwaders in Istres haben alle Pläne zunichte gemacht.
Wir kommen nicht los von dem Gedanken: Hätten die großen Verluste an Menschen und Flugzeugen nicht vermieden werden können? Weshalb sind die einfachen Grundsätze militärischer Tarnung und Sicherung nicht beachtet worden? Darf man in einem solchen Fall erst hinterher klüger sein?«

Die genaue Zahl der Opfer dieses verheerenden Luftangriffs auf Istres ließ sich nicht mehr feststellen.
Namentlich ermittelt werden konnten 11 Angehörige der I./LLG 1:
Fw. Clemens, Uffz. Berger, Uffz. Berthauer, Fw. Irle, Uffz. Lawätz, Uffz. Liebert, Fw. Schönegge, Ofw. Hempel, Uffz. Stüber, Fw. Wolf, Uffz. Hora.
Augenzeugen schätzen die Zahl der Toten auf 40–50. Noch höher dürfte die Zahl der Soldaten sein, die durch die Splitterbomben verwundet wurden.
Auch die Materialverluste waren beträchtlich: Insgesamt 180 Motormaschinen und Segler wurden zerstört oder beschädigt:

Einheit	*zerstört*	*beschädigt*
I./LLG 1	2 Do 17	9 Do 17
	39 DFS 230	15 DFS 230
I./LLG 2	3 He 111	10 He 111
	33 Go 242	40 Go 242
GS-Kdo. 1 u. 2	1 He 111Z	2 He 111Z
	5 Me 321	2 Me 321
5.(Fl.)Kp./	3 Ju 52	1 Ju 52
Fallschirm-	1 Avia	1 Avia
Ln.Abtl. 41	13 DFS 230	

DIE LUFTLANDUNG DER 12./LLG 1 AUF DEM GRAN SASSO D'ITALIA

Die weitere Entwicklung der militärischen und politischen Lage in Italien führte dann aber doch noch zur Verlegung von Teilen des LLG 1 nach Mittelitalien.
Mussolini war bereits am 25. 7. 43 abgesetzt und anschließend verhaftet worden. In den folgenden Wochen traten die Gegensätze zwischen dem deutschen und italienischen Oberkommando immer deutlicher zutage. Deutscherseits waren geheime italienische Waffenstillstandsangebote an die Alliierten nicht unbemerkt geblieben; unter dem Stichwort ›Fall Achse‹ liefen ab Ende Juli 1943

Gegenmaßnahmen an, um bei einer Kapitulation Italiens die Kontrolle über den italienischen Raum zu übernehmen. Zahlreiche Heeres- und Luftwaffenverbände wurden zusätzlich nach Italien in Marsch gesetzt.
Seitens des LLG 1 wurde Ende August 1943 aus verschiedenen Staffeln des Geschwaders die ›Sondergruppe LLG 1‹ gebildet, die unter Führung des Kdr. der III./LLG 1, Hptm. Karl, dann in der ersten Septemberwoche über Pisa nach Pratica di Mare bei Rom verlegte, wo auch der Stab des LLG 1 Quartier bezogen hatte.
Durch die alliierte Landung in Kalabrien und die italienische Kapitulation am 8. 9. 43 verschärfte sich die Lage dramatisch; die sich überstürzenden Ereignisse mündeten schließlich in der offenen Konfrontation zwischen Deutschen und Italienern. Insbesondere in der Umgebung Roms kam es zu heftigen Kämpfen zwischen deutschen Fallschirmjägern und italienischen Heeresverbänden. Tagelang befanden sich auch die Soldaten der ›Sondergruppe LLG 1‹ in erhöhter Alarmbereitschaft, da angeblich ein Luftlandeeinsatz gegen die Insel Elba bevorstand. Zu diesem Einsatz kam es jedoch nicht, statt dessen wirkte die 12./LLG 1 an der spektakulären Befreiung Mussolinis mit.
Nach wochenlangem Suchen war es dem deutschen Nachrichtendienst nämlich gelungen, den Aufenthaltsort des verhafteten Diktators auf dem Gran Sasso d'Italia ausfindig zu machen. Am 11. 9. 1943 faßte Gen. Student den Entschluß, Mussolini durch das I./Fj.Rgt. 7 (Mj. Mors) befreien zu lassen. Während 2 Fallschirmjägerkompanien den Auftrag erhielten, die Talstation der zum Gran Sasso führenden Seilbahn in Besitz zu nehmen, sollte die 1. Kompanie/Fj.Rgt. 7 (Olt. v. Berlepsch) mit Lastenseglern auf dem Gran Sasso landen.
Über diese Aktion ist bereits sehr viel, auch Widersprüchliches, geschrieben worden.
Erstmals publiziert wird hier aber der offizelle Einsatzbericht des Staffelkapitäns der 12./LLG 1, Olt. Heidenreich, dessen Schleppzüge die Fallschirmjäger zum Einsatz brachten:

Heidenreich
Oberleutnant u. Staffelkapitän
12./LLG 1

Gefechtsbericht
über den Einsatz der Sonderstaffel Heidenreich
am 12. 9. 43

Die Sonderstaffel startete am 8. 9. 43, 08.56 Uhr, in Valence zur Überführung nach Ottana (Sardinien). Zwischenlandeplätze: St. Raphael, Pisa, Grosseto, Venafiorita.
Die Staffel fiel am gleichen Tage, 17.58 Uhr, mit 11 Schleppzügen in Grosseto ein. Ein Schleppzug landete in Sarzana zwischen. Zwei Schleppzüge verblieben in Pisa wegen leichter LS-Beschädigungen. Am 9. 9. wurden drei Schleppzüge nach Grosseto nachgeführt; bis auf den Ausfall Albenga war somit die Staffel vollzählig.
Ein zweistündiger schwerer Nachtangriff auf Stadt und Flugplatz Grosseto rief an den weit auseinandergezogenen Flugzeugen keine Beschädigungen hervor. Am 11. 9. 43, 18.00 Uhr, erhielt die Sonderstaffel Verlegungsbefehl nach Pratica di Mare. Es war nicht daraus ersichtlich, daß Pr. Absprunghafen sein sollte. Start war zum Morgengrauen befohlen. Eine Startaufteilung konnte erst bei Sonnenaufgang, 06.56 Uhr, durchgeführt werden, da sonst ernsthafte Beschädigungen wegen der schlechten Platzverhältnisse zu erwarten waren. 08.30 Uhr erfolgte der Start. Eintreffen in Pr. gegen 09.40 Uhr mit insgesamt 10 Schleppzügen. 13.00 Uhr traf ein weiterer Schleppzug ein mit der Meldung, daß drei Motorflugzeuge mit Rollschaden, Zündstörung und Motorstörung in Grosseto zurückbleiben müßten. Für Pratica di Mare hatte ich die Landung der einzelnen Ketten an verschiedenen Stellen des Platzes befohlen, um schon durch die Landung eine weitgehende Auflockerung und Sicherung gegen Luftangriffe zu erreichen. Dies erschwerte naturgemäß die neue Startaufstellung und das Heranholen der zur sofortigen Besprechung befohlenen Flugzeugführer L. u. M. 09.45 Uhr erfolgte meine Meldung beim Kommandierenden General. Etwa 10.30 Uhr begann die Besprechung. Hstuf. Skorzeny, Olt. von Berlepsch und Unterführer waren von der Fallschirmtruppe anwesend. Hptm. Langguth erläuterte die Luftbilder. Ich teilte die LS-Führer für die einzelnen Landeplätze ein.
X-Zeit war 14.00 Uhr. Vom General war ausdrücklich befohlen, daß keine Minute vor 14.00 Uhr, jedoch kurz nach 14.00 Uhr gelandet werden mußte. Wetterberichte lagen nicht vor. Bei geschlossener Wolkendecke sollte der Einsatz abgebrochen werden. Um das Ziel, welches in 2400 m Höhe, 500 m unter dem Gipfel des Gran Sasso lag, zu erreichen und einen etwa 8 km Gleitanflug zu ermöglichen, war eine Schlepphöhe von 3200 m im letzten Abschnitt des Flugweges erforderlich.

Die Lastensegler durften nicht gleichzeitig am Ziel eintreffen, sondern in kurzen Abständen hintereinander, da wegen der äußerst schwierigen Landeverhältnisse einzeln aufgesetzt werden mußte. Der Kommandierende General befahl am Ende der Besprechung, daß Hptm. Langguth in der Kettenführermaschine als Beobachter den Verband anführen sollte. Ich war deshalb gezwungen, meine Führerkette an zweite Stelle zu setzen. Als Startzeit wurde von mir befohlen: 1. Kette 13.05 Uhr, 2. Kette 13.07 Uhr, 3. Kette 13.09 Uhr und ein Schleppzug 13.10 Uhr.
Etwa 12.10 Uhr war Fliegeralarm. Darauf suchte für wenige Minuten das starttechnische Personal Deckung auf. Der fortgefahrene Tankwagen war auch mit Hilfe der Flugleitung und des völlig unbeweglichen Flugleiters, Hptm. Engelmann, nicht wieder herbeizubringen. Wenige Minuten vor dem Start erschien er erst wieder. Es waren nur vier Flugzeuge betankt worden, und ich mußte den Befehl geben, auf dem Rückflug die Plätze Aquila, Guidonia und Ciampino anzufliegen. Die Verlastung der Fallschirmjäger ging sehr schnell vonstatten. Eine Startverzögerung von etwa 3 Minuten entstand lediglich dadurch, daß ein General der Carabinieri, der zum Mitflug befohlen war, nur mit energischem Zufassen und gezogener Pistole zweier Führerdienstgrade zur Verlastung gebracht wurde. Dieser General sollte als Vorgesetzter der Bewachungstruppe auf dem Landeplatz sofort Schießverbot erteilen. Dieses LS wurde von meiner Motormaschine geschleppt und landete als erstes auf dem Plateau. Geführt wurde das LS von Lt. Meyer. Der Start ging reibungslos vor sich und alle 10 Schleppzüge gingen sofort auf Kurs. Die Rotte mit Hptm. Langguth befand sich kurz vor den Bergen (Nähe Guidonia) rund 800–1000 m vor meiner Kette in gleicher Höhe. Plötzlich wich die Rotte nach Osten aus und ging auf Gegenkurs. Ich folgte zunächst; desgleichen die nachfolgenden Schleppzüge. Da die erste Rotte bis nach Ciampino zurückflog, war ein Einhalten der X-Zeit nicht mehr möglich. Da am Horizont am Gebirgsmassiv eine Wolkendecke zu sichten war, mußte ich zuerst glauben, daß ein Abbruch des Einsatzes vorgesehen war. Ich ließ mich aber durch das unmotivierte Abbiegen des Hptm. Langguth nicht beirren und ging sofort wieder auf den richtigen Kurs und setzte den Anflug nach Verlust von etwa 3 Minuten fort. Die hinter mir fliegenden Schleppzüge blieben glücklicherweise dran. Der Schlepp in dem Vorgelände bis zu den ersten Bergen von etwa 1100 m war wegen starker Böen sehr schwierig. Eine Kurve war deshalb völlig fehl am Platz und konnte den Einsatz gefährden. In den Apenninen selbst wurden die Schleppbedingungen sofort vorzüglich. Die Schleppzüge lagen völlig ruhig in der Luft. Das Ziel konnte bereits ab Aquila fest ausgemacht werden. Etwa 10 km vor Aquila trat starke Quellbewölkung auf. Die Untergrenze derselben lag in 2800 m. Da sie 7/10 betrug, konnte nicht darüber gegangen werden, um 3200 m zu erreichen. Es erfolgte deshalb von mir ein Anschleppen bis etwa 3 km vor dem Ziel,

da nur 400 m Höhe zum Gleitflug verblieben. Beim Ziel waren keinerlei Personen zu beobachten. Die Flugzeuge kamen direkt aus der Sonne, die ab und zu durchschien, heraus. 14.03 Uhr klinkte das erste LS aus, welches gegen 14.05 Uhr gelandet sein dürfte. Ich ging sofort auf Gegenkurs, ohne Abwehr, die in Rechnung gestellt worden war, zu erhalten. Die hinter mir folgenden Flugzeuge werden in Minutenabständen gelandet sein. Der Rückflug erfolgte planmäßig bis auf drei Hs 126, welche wegen Brennstoffmangels auf den befohlenen Ausweichplätzen gelandet sein dürften. Meldung steht noch aus. . . Landung erfolgte 14.38 Uhr in Pratica. Eine Stunde später landete daselbst eine Fi 156 mit befreitem ›Duce‹. Im Verlauf der nächsten Stunde brachte ein zweiter ›Storch‹ den Carabinieri-General und einen Zivilisten. Die zuletzt eintreffende Hs 126 brachte die Beobachtung mit, daß 8 LS unmittelbar am Ziel und ein LS 300 m tiefer am Hang gelandet seien. Die Besatzung hatte jedoch armschwenkend den Aufstieg begonnen.
An fliegendem Personal waren beteiligt:

LS-Flugzeugführer:

Lt.	Meyer	Uffz.	Jenniches
Fw.	Lohrmann	Uffz.	Thielmann
Ofw.	Neelmeyer	Uffz.	Ronsdorf
Ofw.	Beerenboldt	Uffz.	Gedenk
Uffz.	Maier	Uffz.	Stark

Motorflugzeugführer und Beobachter:

Ofw.	Heilig	Oblt.	Heidenreich
Fw.	Gerhardt	Gfr.	Torka
Uffz.	Hartmann	Gfr.	Otto
Ofw.	Geuel	Hptm.	Langguth
Uffz.	Hobusch	Uffz.	Menzel
Fw.	Wengenmaier	Ogfr.	Stepper
Fw.	Anders	Ogfr.	Zielinsky
Ofw.	Walter	Ogfr.	Seifert
Fw.	Hommers	Ogfr.	Stäblein
Fw.	Hornschuh	Ogfr.	Krüger

gez. Heidenreich
Oberleutnant und Staffelkapitän«

Der LS-Flugzeugführer Lt. Elimar Meyer schildert die Landung der Segler auf dem Gran Sasso:

»So überflogen wir die erste große Erhebung östlich von Rom, die Ausläufer der Sabiner Berge. Langsam steigend blieb der Verband auf

östlichem Kurs. Teils verdeckt durch Wolken zeigte sich bald das gewaltige Massiv des Gran Sasso d'Italia. Dreiviertel der errechneten Flugzeit war schon verstrichen. Noch schnell ein vergleichender Blick auf Luftbild und Karte. Der schwarze Punkt im Satteleinschnitt mußte das Campo Imperatore sein.
Die linke Hand zog die Ausklinkvorrichtung, das Schleppflugzeug mit dem Seil verschwand im Abschwung steil nach unten, und schon senkte sich die Nase meines Segelflugzeuges dem Ziel entgegen. Die Behauptungen Skorzenys, er habe mir irgendwelche Befehle für die Landung erteilt, sind frei aus der Luft gegriffen; es wäre ja auch wohl absurd, wenn ein Fluggast mir als Führer der Segelflugzeugstaffel einen Befehl in fliegerischen Dingen erteilen wollte. Außerdem saß er an einer Stelle im Flugzeug, von der aus gar kein genauer Überblick über das Gelände möglich war.
Schnell wurde aus dem schwarzen Punkt ein großes massives Gebäude. Trotz gezogener Störklappen war es schwer, die Höhe wegzudrücken. Getragen vom starken Aufwind des Gebirgskammes glitt ich auf das Ziel zu.
Angespannt versuchte ich, irgendwelche feindliche Bewegung zu erspähen. Zunächst blieb alles ruhig, und es sah aus, als wäre das Nest leer. Erst als ich in etwa 150 m Höhe über dem Hotel schwebte, strömten plötzlich wie die Ameisen viele Gestalten durch einen Ausgang ins Freie. Schon konnte man Einzelheiten unterscheiden. Die Soldaten nahmen keine feindliche Haltung ein. Einzelne hatten Gewehre und Maschinenpistolen umgehängt, aber alle blieben ruhig stehen und sahen offenbar erstaunt den unbekannten Flugzeugen entgegen.
Das in Aussicht genommene Landegelände aber zeigte sich jetzt aus dieser Perspektive (im Gegensatz zum Luftbild) als steil abfallende Halde. Ein Blick nach links und rechts ließ erkennen, daß ich anscheinend weit vor der übrigen Staffel flog, denn von meinen ›Kettenhunden‹ war nichts zu sehen.
Da faßte ich einen schnellen Entschluß. Steil riß ich den schweren Lastensegler in eine Linkskurve, so daß die Besatzung tief in die Sitze gepreßt wurde. Die Bremsklappen an den Flächen fuhren wieder heraus, schnell war die Höhe jetzt auf der Abwindseite des Hanges verloren und in gerader Richtung ging es auf das Hotel zu. Ein Ruck durchfuhr die Maschine, als der harte Geröllboden den Stacheldraht unter der Kufe beim ersten Aufsetzen wie Bindfaden zerriß, dann schwebte das Flugzeug aus und stand nur etwa 40 m vom Hotel entfernt. Während in der näheren und weiteren Umgebung die Segelflugzeuge aufsetzten, drang die erste Gruppe mit Skorzeny in den unteren Eingang des Gebäudes ein.«

Die überraschten Italiener leisteten keinerlei Widerstand. Wenige Minuten später befand sich Mussolini in deutschem Gewahrsam

und wurde mit einem ›Storch‹ nach Pratica geflogen und anschließend nach Deutschland gebracht.
Die 1./Fj.Rgt. 7 und die 12./LLG 1 hatten bei diesem Einsatz keinerlei Verluste erlitten.

ABZUG DER LS-VERBÄNDE AUS ITALIEN

Durch das Vorrücken der alliierten Truppen in Süditalien sah sich die deutsche Führung gezwungen, der Heeresgruppe C unverzüglich weitere Verstärkungen zuzuführen.
An der Verlegung von Fallschirmverbänden aus Südfrankreich nach Mittelitalien waren am 14. 9. 1943 auch 4 Schleppzüge der Starrschleppstaffel 23 beteiligt, die von He 111 der TGr 30 geschleppt wurden.
Jeder Segler hatte 9 Fallschirmjäger an Bord; auch die Motormaschinen waren mit 15 Fallschirmjägern beladen worden. Die Startstrecke ging, wie sich der damalige Uffz. Jaeger erinnert, diagonal über den Flugplatz Orange, denn die große Hitze ließ einen kürzeren Startweg überhaupt nicht zu. Dennoch hatte ein Schleppzug – am Steuer des Seglers Uffz. Ernst – eine andere, kürzere Strekke gewählt. Kurz vor dem Platzende mußte die He 111 abrupt abheben; dabei berührte der Segler ziemlich hart den Boden, hob aber auch noch ab. Allerdings war eine Strebe eingeknickt. In etwa 10 m Höhe montierte ein Flügel ab und die DFS 230 stürzte auf den Boden; alle 10 Insassen kamen ums Leben.
Ein schwerer amerikanischer Luftangriff am 17. 9. 43 auf den Platz Pratica di Mare beendete dann jede weitere Einsatztätigkeit deutscher Lastensegler auf der italienischen Halbinsel. Genau einen Monat nach dem verheerenden Luftangriff auf Istres mußten die Lastenseglereinheiten einen weiteren vernichtenden Schlag hinnehmen. Unter den Gefallenen waren die Flugzeugführer Fw. Bareis, Uffz. Finkel, Ogfr. Möhr, Uffz. Hamza, Fw. Müller, Fw. Schmieg und Gfr. Schulze.
Die Materialverluste der ›Sondergruppe LLG 1‹ betrugen 72 Flugzeuge:
Zerstört wurden 12 Motormaschinen (Do 17, Hs 126, Avia) und 36 DFS 230; weitere 3 Motormaschinen und 21 Segler wurden erheblich beschädigt.
Ende September ordnete das XI. Fliegerkorps die Verlegung der LS-Verbände aus dem Mittelmeerraum auf nordostfranzösische Flugplätze an.

Am 6. 11. 43 traf in Straßburg-Polygon auch wieder die 8./LLG 1 ein. Diese Staffel war im September und Oktober in Norwegen stationiert gewesen, um dort die deutsche Besatzungstruppe mit dem Aussehen und der Kampfweise von Luftlandestreitkräften vertraut zu machen.
Trotz der in den Sommermonaten erlittenen Verluste verfügten die LS-Verbände Anfang November 1943 immerhin noch über 819 Flugzeuge, von denen allerdings weniger als ein Fünftel einsatzbereit war:

Stärke der Verbände des XI. Fliegerkorps (Stand 10. 11. 43):

Verband	*Flugplatz*	*Ist-Stärke*	*einsatzbereit*
Stab LLG 1	Nancy	1 Fi 156	1
I./LLG 1	Straßburg-Enzheim	36 Do 17	14
		195 DFS 230	12
II./LLG 1	Straßburg-Polygon	34 Ju 87	27
		1 Ju 88	1
		67 DFS 230	17
III./LLG 1	Nancy	35 Hs 126	16
		102 DFS 230	31
I./LLG 2	Hagenau/Elsaß	24 He 111	14
		291 Go 242	15
		2 Fi 156	1
Arbeits-	Dijon	10 He 111Z	3
stab Pohl		21 Me 321	4

Der Arbeitsstab Hptm. Pohl (GS-Kdo. 1 und 2) wurde allerdings im Dezember 1943 aufgelöst; die Segel-›Giganten‹ fielen der Verschrottung anheim, während die restlichen 9 He 111Z der 4./LLG 2 zugewiesen wurden. Die Starrschleppstaffel 23 war bereits im Oktober aufgelöst worden.
Die III./LLG 1 stellte Ende Oktober 1943 eine ›Einsatzgruppe III./LLG 1‹ auf, die aus der 10. und 12. Staffel bestand und Ende November über Avignon nach Siena (Italien) verlegte. Im Februar 1944 kehrten die beiden Staffeln nach Nancy zurück, ohne daß es zu nennenswerten Einsätzen gekommen war. Beim Rückflug wurden allerdings am 6. 2. und 7. 2. 1944 mehrere Schleppzüge der 12./LLG 1 über dem Golf von Genua von alliierten Jägern überrascht und abgeschossen. Dabei kamen die Flugzeugführer Haid, Haass, Kober und v. d. Driesch ums Leben. Nach der Verlegung der III./LLG 1 und der II./LLG 1 (seit Dezember 1943 von Hptm. Jahnke geführt) auf den Balkan im Frühjahr 1944 verblieben in Frankreich nur noch die I./LLG 1 und die I./LLG 2.

13. Lastensegler auf dem Balkan 1943/44

AUFSTELLUNG UND AUSRÜSTUNG DER SCHLEPPGRUPPE 1

Im Jahre 1943 nahm die Partisanentätigkeit auf dem Balkan immer größeren Umfang an. Durch die ständig wiederkehrenden Angriffe auf deutsche Stützpunkte, Brücken und Eisenbahnlinien wurde der deutsche Nachschubverkehr in diesem Raum und nach Griechenland erheblich beeinträchtigt. Manche Orte oder kleinere Garnisonen waren oft über Wochen abgeschnitten.
Lufttransportkräfte standen, abgesehen von der im Juni 1943 in Griechenland eingetroffenen 1.(Go)/VK(S) 2 und der I./TG 4, nicht zur Verfügung.
Von Riga kommend verlegte daher im Mai 1943 die 1.(DFS)/VK(S) 1 mit 6 Hs 126 und 8 DFS 230 nach Wiener Neustadt und im Herbst 1943 dann nach Belgrad-Semlin.
Im Zuge der Neuordnung der Lastenseglerverbände im Herbst 1943 wurde die Staffel in 1.(DFS/Schleppgruppe 1 umbenannt, während aus dem Personal des Stabes/VK(S) 1 im Dezember 1943 der Stab der Schleppgruppe 1 gebildet wurde, der sich ebenfalls in Belgrad-Semlin niederließ.
Verstärkt wurde die Gruppe gegen Jahresende durch die 2.(DFS)/Schleppgruppe 1. Diese Staffel war im November 1943 in Langendiebach aufgestellt worden. Der Hauptteil der Staffelangehörigen entstammte den beiden DFS 230-Staffeln, die im Herbst 1942 im Mittelmeerraum eingesetzt gewesen waren. Zurückgekehrt nach Langendiebach, waren die Piloten ein halbes Jahr sehr intensiv geschult worden. Vor allem der Sturzflug mit dem Bremsfallschirm stand auf dem Programm.
Schließlich wurde der Schleppgruppe 1 auch noch die in Saloniki stationierte 1.(Go)/VK(S) 2 als 3.(Go)/Schleppgruppe 1 angegliedert.

Besatzung Smeech/Fendel vor dem Wappen der 1.(Go)/VK(S) 2

Besatzung Hartung/Berchem, auf dem Platz Quotaifya/Ägypten

DFS 230 der I./StG 3 in Nordafrika

Bilder von oben nach unten:
Go 242 des Sonderkommandos Dora (Oase Hon)

DFS 230 des Sonderkommandos Dora in der Sahara

DFS 230 der 1.(DFS)/VK(S) 2 in Lecce/Süditalien

Bilder von oben nach unten:
Go 244 (motorisierte Go 242) des Sonderkdo. Dora, November 1942

Schleppzug des Sonderkdo. Dora auf dem Flug nach Um el Araneb (25. 12. 1942), LS-FF Fw. Parlitz

Gefr. Bartels (1. v. links) und Uffz. Heinzel (3. v. links), Teilnehmer am LS-Kommandoeinsatz Tunesien

Warten in Istres,
Frühjahr 1943

Startaufbau

Schleppzüge der
I./LLG 1 starten
zu einem Übungsflug

Bremsraketen im
Bug einer
DFS 230

Sturzflugübungen
mit Schirm –
Südfrankreich,
Frühjahr 1943

Starrschlepp

Bilder v. o. n. u.:
Bergung eines bei Carcasonne außengelandeten Seglers, Juli 1943

Schleppzüge der II./LLG 1

Schleppzug He 111/DFS 230 (TGr.30/DFS-Staffel 23)

Bilden von oben nach unten:
Eine Lastenseglergruppe in Südfrankreich

Alliierter Luftangriff auf Istres am 17. 8. 1943

Zerstörte Do 17

Besatzung Mende in Neapel-Pomigliano am 12.7. 1943

Die 3./LLG 2 geriet am 13. 7. 43 bei der Landung in Catania in einen amerikanischen Luftangriff

Blick aus einer He 111 Z des GS-Kdo. 2, Juli 1943

Zu Beginn des Jahres 1944 wies die Gruppe folgende Offizierstellenbesetzung auf:

Gruppenkommandeur:		Hptm.	Dittmar
Gruppen T.O.:		Hptm.	Häfner
1.(DFS)	Staffelkapitän:	Olt.	Lehmann
	Staffeloffizier:	Lt.	Sonneborn
2.(DFS)	Staffelkapitän:	Hptm.	Wagener
	Staffeloffizier	Olt.	Jochen Reich
3.(Go)	Staffelkapitän:	Hptm.	Hermann Werner
	Staffeloffizier	Olt.	Döge

An Flugzeugen verfügte die Schleppgruppe 1 zu dieser Zeit über 15 Schleppmaschinen und 37 Segler, die sich wie folgt auf die einzelnen Staffeln verteilten:

1.(DFS)/1:	4 Hs 126, 17 DFS 230
2.(DFS)/1:	6 He 45, 17 DFS 230
3.(Go)/1:	5 He 111, 3 Go 242

Erst im Laufe des Sommers 1944 wurden die veralteten He 45-Doppeldecker der 2.(DFS)-Staffel nach und nach durch Ju 87 ersetzt. Während die 3.(Go)-Staffel weiterhin im griechischen Raum und der Ägäis zum Transporteinsatz kam, führten die beiden DFS 230-Staffeln der Schleppgruppe 1 Versorgungsflüge auf dem gesamten Balkan durch. Angeflogen wurden alle Orte zwischen Agram und Saloniki, Tirana und Bukarest, die Flugplätze, Feldflugplätze oder sonstige Landemöglichkeiten für LS aufzuweisen hatten.
Da der Fliegerhorst Semlin mit der Zeit überbelegt und somit überlastet war, wurden die beiden DFS 230-Staffeln im März 1944 auf den Feldflugplatz Samos im Banat verlegt, während der Gruppenstab in Semlin verblieb.
An Flugaufträgen bestand im gesamten Einsatzgebiet kein Mangel. Verluste gab es jeweils nur dann, wenn es aus technischen oder sonstigen Gründen zu Außenlandungen im schwer zugänglichen Partisanengebiet kam.

DAS ›UNTERNEHMEN RÖSSELSPRUNG‹ AM 25. 5. 1944

Nach dem Scheitern aller bisherigen Maßnahmen gegen die kommunistische Aufstandsbewegung auf dem Balkan beschloß man seitens des Oberbefehlshabers Süd-Ost, nachdem es der Funküberwachung im Februar 1944 gelungen war, das Hauptquartier

der Partisanen in dem bosnischen Städtchen Drvar zu orten, anstelle großräumiger Umfassungsaktionen die Führungsspitze der Widerstandsbewegung durch einen Luftlandeeinsatz mit Fallschirmjägern und Lastenseglern auszuschalten und so die Partisanen entscheidend zu schwächen.
Da die Kräfte der Schleppgruppe 1 für ein solches Unternehmen nicht ausreichten, wurden 2 Gruppen des LLG 1 auf den Balkan verlegt.
Von Nancy kommend, traf die III./LLG 1 (Hptm. Karl) mit 4 Staffeln Ende Februar 1944 in Alibunar (Serbien) ein und wurde am 7. 5. 1944 weiter nach Krusevac transportiert. Die 4 Staffeln der II./LLG 1 (Hptm. Jahnke), die seit Dezember 1943 in Straßburg-Polygon und Mannheim gelegen hatten, trafen im März 1944 auf Flughäfen im Raum Agram ein.
Nachdem bis Mitte März 1944 genügend Bodentruppen, Fallschirmeinheiten und Fliegerkräfte zusammengezogen worden waren, wurde vom Oberbefehlshaber Süd-Ost der Angriffstermin auf den 25. 5. 1944 festgesetzt.
Der Angriffsplan sah vor, daß in den frühen Morgenstunden dieses Tages das verstärkte SS-Fallschirmjägerbataillon 500 in zwei Wellen in Drvar landen sollte.
Die erste Welle verfügte über 654 Soldaten, von denen 314 mit dem Schirm abspringen sollten. Deren Aufgabe war es, den Ort Drvar selbst zu besetzen. Die übrigen 340 Soldaten, aufgeteilt in 6 Kampfgruppen, sollten mit Lastenseglern des LLG 1 und der Schleppgruppe 1 gelandet werden.
Der 110 Mann umfassenden Kampfgruppe ›Panther‹ fiel die Aufgabe zu, die sogenannte Zitadelle zu nehmen, in der sich, wie man annahm, Tito und sein Stab aufhielten. Das Ziel der Kampfgruppe ›Draufgänger‹ (70 Mann) war die Besetzung des sogenannten ›Westkreuzes‹, wo die deutsche Funküberwachung die Funkstation der Partisanen vermutete. Die 160 Mann der Kampfgruppen ›Greifer‹, ›Stürmer‹, ›Brecher‹ und ›Beißer‹sollten die Angehörigen der alliierten Militärkommissionen gefangennehmen.
Für den Transport der Fallschirmjäger wurden folgende Kräfte auf den Flugplätzen im Raum Agram bereitgestellt:

1. (DFS)/Schleppgruppe 1	=	5 Schleppzüge (Hs 126/DFS 230)
2. (DFS)/Schleppgruppe 1	=	3 Schleppzüge (Ju 87/DFS 230)
III./LLG 1	=	17 Schleppzüge (12 Hs 126/DFS 230, 5 Avia/DFS 230)
II./LLG 1	=	etwa 8 Schleppzüge (Ju 87/DFS 230)
II./TG 4	=	etwa 40 Ju 52

Lt. Sieg (II./LLG 1) schildert den LS-Einsatz:

»Am 24. 5. fuhr ich mit meinem Gruppenkommandeur, Hptm. Jahnke, zum Fliegerführer Kroatien nach Agram zur Einsatzbesprechung zum Unternehmen ›Rösselsprung‹.

Bei dieser Besprechung waren fast alle Beteiligten des Einsatzes zugegen, so die Kommandeure der fliegenden Verbände, Hauptsturmführer Rypka, der den Einsatz des SS-Fj.Btl. 500 leiten sollte, die Führer der Tschetnik und Ustascha und viele andere. Unter größter Geheimhaltung wurden die Pläne des Einsatzes anhand der Luftbilder besprochen und die Unterlagen für das Unternehmen ›Rösselsprung‹ allen Beteiligten eingehend bekanntgemacht. Von dieser Einsatzbesprechung kehrten wir am frühen Nachmittag des 24. Mai zurück, und sogleich fand auf unserem Einsatzflughafen in der Schule von Koflern eine genaue Einweisung der Lastensegler-Flugzeugführer statt; ebenfalls wurden die Flugzeugführer der Schleppmaschinen über den genauen Flugweg, Flughöhe und weiteres Verhalten unterrichtet. Die mir zugeteilten Flugzeugführer hatten die Aufgabe, so nahe wie möglich an der Zitadelle von Drvar zu landen und in einer Art Zangenbewegung den gesamten Stab Titos zu überrumpeln.

In den Quartieren und auf dem Flugplatz herrschte am Vorabend des 25. 5. reges Treiben. Geräte, Munition und Waffen wurden überprüft und die Schleppzüge bereits in der Nacht startklar auf dem Flugplatz aufgestellt. Dann, bereits lange vor dem ersten Tageslicht, zogen die Männer des SS-Fj.Btl. 500 zu unseren Startplätzen und warteten auf die Anweisung zur Verladung. Kurze Flug- und Einsatzbesprechung, Uhrenvergleich, die Motoren wurden angelassen, 05.55 Uhr: Schwerfällig rumpelten die Motormaschinen mit den vollbeladenen Lastenseglern im Schlepp über den Boden; das Fahrwerk wurde am Ende des Platzes abgeworfen. Über die Grenzfeste Mokritz brummte unser Pulk über das Savetal, neben und über uns He 46 und CR 42 der Nachtschlachtgruppe 7, die kroatische Luftwaffenlegion mit ihren Maschinen, Stukastaffeln und Jäger. Kurz vor 07.00 Uhr erreichten wir in etwa 3000 m Höhe den Ausgang des Unac-Tales. Verzweifelt suchte ich das noch im Morgennebel liegende Drvar. Genau um 06.50 Uhr wurde das Schleppseil von mir von der Motormaschine gelöst.

Unterdessen preschten Schlacht- und Sturzkampfflieger an uns vorbei und bombardierten die Stadt und Umgebung. Ich entschied mich zum Sturzflug mit Bremsfallschirm. Mit einem kaum spürbaren Ruck hatte sich der Sturzfallschirm nach der Auslösung am Rumpfende entfaltet. Der schwerbeladene Lastensegler mit seinen 10 Personen verlor an Fahrt und stürzte im steilen Winkel auf das durch Dunst und Rauch verdeckte Ziel. Der Höhenmesser fiel in rasendem Tempo, 1500 m, 1000 m, 500 m und schemenhaft kam das Objekt, die Mauer der Zitadelle von Drvar und das Gebäude des Hauptquartiers, in Sicht. Ich erkannte die beiden Flak- Geschütze, sah die in wilder Panik fliehenden Partisanen und konzentrierte mich auf die Landung. Im flach werdenden Sturz versuchte ich, bis dicht an den Boden und so nah wie möglich an die Mauer heranzukommen. Kurz über dem Boden warf ich den Bremsfallschirm ab, und wie von einem Peitschenhieb getroffen, schoß mein LS nach vorn und rutschte nach wenigen Metern Flug auf der Kufe bis kurz vor die Mauer der Zitadelle von Drvar. Wütendes Gewehr- und MG-Feuer aus der Zitadelle schlug uns entgegen. Meine Gruppe ›Panther‹ war bis auf einen Segler, dessen Pilot beim Sturzflug getroffen wurde, an der Zitadelle gelandet.

Die Fallschirmjäger stürzten nun von allen Seiten über die Mauer hinweg in das Hauptquartier Titos hinein.«

Wie erging es nun den Besatzungen der Gruppe ›Draufgänger‹, die auf das sogenannte Westkreuz angesetzt waren?

Ein Unteroffizier der III./LLG 1 berichtet darüber:

»Mit Kurs Südost wurde Drvar angeflogen. Kurz nach dem Ausklinken bemerkte ich den Segler von Lt. Bredenbeck, der bereits sehr viel Höhe verloren hatte und wohl abstürzte. Es war etwa 07.10 Uhr. Aus 800 m Höhe setzten wir über dem Westkreuz zum Sturz an. Mein Bremsfallschirm versagte. Ich fing ab, wendete um 180° und flog erneut an. Bei der Landung am Westkreuz knickte die rechte Flügelstrebe vom Aufprall der abgeworfenen Führerhaube ab. Noch bevor der LS richtig stand, waren die Türen abgeworfen und die SS-Fallschirmjäger draußen. Während der Landung standen wir unter starkem Beschuß vom östlichen Berghang her. Es wurde niemand verwundet, und wir krochen in einer flachen Rinne auf das nächstliegende Haus zu. In diesem Haus hatten sich schon einige Leute der anderen LS-Besatzungen verschanzt. Da der Brennstoffbehälter des mitgeführten Flammenwerfers noch in meinem LS lag, rollte ich nochmals zum LS und barg ihn. Zurückgekehrt, erfuhr ich, daß der LS-FF Ogfr. Kielmann an seinem LS gefallen war.«

Insgesamt gesehen waren Absprung und Landung des SS-Fj.Btl. 500 weitgehend geglückt. Seitens der Lastensegler fielen in der ersten Phase des Kampfes 3 Flugzeugführer: Olt. Bredenbeck, Uffz. Schubert, Ogfr. Kielmann.

Die Partisanen selbst waren völlig überrascht. Der Ort Drvar wurde schnell besetzt. Das Hauptziel des Unternehmens ›Rösselsprung‹, die Führungsspitze der Partisanen, namentlich Tito, zu fassen, wurde allerdings nicht erreicht. Auch den Angehörigen der alliierten Militärkommission gelang die Flucht.

Gegen Mittag setzte die II./TG 4 die zweite Welle – etwa 200 SS-Fallschirmjäger – ab; außerdem landeten zwei weitere DFS 230 der II./LLG 1 und brachten Munitionsnachschub. Dennoch verschlechterte sich die Lage der Luftlandetruppen von Stunde zu Stunde, da jetzt die Partisanen, nachdem sie sich von ihrem ersten Schock erholt hatten, eiligst Verstärkungen aus der Umgebung

herangezogen. Gegen 15.00 Uhr ging ein Funkspruch an die Einsatzleitung nach Agram: »Liegen in völlig eingesehener Stellung, Verwundetenversorgung mangelhaft, Feind massiert starke Kräfte.«
Gegen Abend nahm das Feuer von den Höhen und aus dem Karst, teilweise mit Mösern, zu. Für die im Ort Drvar befindlichen SS-Fallschirmjäger wurde der Befehl gegeben: Alles zieht sich auf die Zitadelle zurück. Das galt auch für die am Westkreuz und in der Umgebung von Drvar gelandeten Kampfgruppen.
Der Unteroffizier der III./LLG 1 schildert die dramatischen Ereignisse der Nacht vom 25. auf den 26. Mai 1944:

> »Ich konnte den am nordwestlichen Friedhofsrand gezogenen flachen Verteidigungsgraben unverletzt erreichen, wo sich bereits die Männer Schulter an Schulter zusammendrängten. Einige Meter hinter mir war eine Funkstelle eingerichtet und am Südwestrand der Zitadelle die Verwundetensammelstelle. Die Funkstelle wurde in der Nacht schon bald durch Granatwerfer vernichtet. Auch in die Verwundetensammelstelle schlugen Treffer ein. Manchmal ging ein wahrer Feuerhagel auf uns nieder.«

Lt. Sieg ergänzt:

> »Niemals hat einer von uns den Tag sehnlicher erwartet. Und mit dem Tag kam auch das erste deutsche Aufklärungsflugzeug; man möchte winken und rufen, den Alpdruck der Nacht abschütteln.«

Am Morgen des 26. 5. 44 brachten dann deutsche Schlachtflieger durch erneute Angriffe gegen die Partisanen spürbare Entlastung. In den Vormittagsstunden wurden die überlebenden SS-Fallschirmjäger durch die ersten in Drvar auf dem Landweg eintreffenden Verbände entsetzt. Unter den Gefallenen der Nacht waren auch die LS-Führer Wenckel und Wicke. Mit der Ankunft weiterer deutscher Einheiten im Laufe des Tages zogen sich die Partisanenabteilungen aus Drvar zurück.
Gegen Abend fand die Beisetzung der gefallenen Fallschirmjäger und der 5 LS-Führer statt. Die liegengebliebenen DFS 230 zerstörte man, und am 29. 5. wurden die Angehörigen des LLG 1 und der Schleppgruppe 1 zu ihren Einheiten zurückgebracht.

RÜCKZUG DER LS-VERBÄNDE VOM BALKAN

Nach dem Unternehmen ›Rösselsprung‹ nahmen die beiden DFS 230-Staffeln der Schleppgruppe 1 ihre Versorgungsflüge im

Balkanraum wieder auf; die 3.(Go)/Schleppgruppe 1 führte weiterhin Transportflüge zwischen Saloniki und Athen durch. Immer häufiger allerdings waren die schwerfälligen Schleppzüge den Angriffen alliierter Langstreckenjäger ausgesetzt, die von Italien aus operierten.
So wurden am 8. 9. 44 beim Anflug auf Semlin 2 Schleppzüge (He 111/Go 242) abgeschossen, darunter auch die Maschine des Staffelkapitäns, Hptm. Hermann Werner, der anschließend von Partisanen gefangengenommen, aber wenig später von deutschen Truppen befreit wurde.
Die beiden Gruppen des LLG 1 (II. Gruppe: Zirkle, III. Gruppe: Krusevac) führten keine weiteren LS-Einsätze mehr durch; lediglich die Ju 87-Schleppmaschinen der II. Gruppe unternahmen gelegentlich Bombenangriffe auf Partisanenstellungen.
Der Befehl zur Auflösung der Lastenseglerverbände vom 9. 9. 44 betraf die drei auf dem Balkan stationierten LS-Verbände in unterschiedlicher Weise: Die II./LLG 1 wurde in die Nachtschlachtgruppe 10 mit 2 Ju 87-Staffeln umgewandelt; jeder der beiden Staffeln beließ man 10 DFS 230. Die NSGr 10 blieb bis Kriegsende im Nordbalkangebiet eingesetzt. Die LS-Flugzeugführer der Gruppe sowie das Personal der 2./NSGr 10 wurden allerdings um die Jahreswende 1944/45 nach Köthen/Sachsen-Anhalt zur Schleppgruppe 1 in Marsch gesetzt.
Die Schleppgruppe 1 blieb auf ausdrückliche Anordnung des OKL bestehen und sollte nach beendeter Auffrischung dem Fallschirm-AOK 1 für Sonderunternehmen zur Verfügung stehen. Die beiden DFS-Staffeln verlegten daraufhin von Semlin über ungarische und österreichische Flugplätze nach Köthen, wo sie im November eintrafen. Ein weiteres Verbleiben im Balkanraum wäre ohnehin nicht mehr möglich gewesen, da die Rote Armee nach dem Zusammenbruch der deutschen Front in Rumänien auch im Südosten vorrückte.
Sehr schwierig gestaltete sich der Rückmarsch der 3.(Go)/Schleppgruppe 1, die sich auf dem Landweg von Saloniki durch den gesamten Balkan nach Köthen durchschlug und erst im Dezember 1944 in Halle-Nietleben eintraf.
Die III./LLG 1 hingegen mußte aufgelöst werden. Der letzte Kommandeur der Gruppe, Mj. Wildhagen, beschreibt in seinem Tagebuch anschaulich die verworrene Lage, der sich die III./LLG 1 im Herbst 1944 auf dem Balkan gegenübersah:

»*18. 8.:* Erhalte in Straßburg-Enzheim bei der I./LLG 1 den Befehl, in Krusevac zu übernehmen.

28. 8.: Eintreffe in Agram. Weiter mit der Bahn nach Belgrad zum Luftgau. Strecke zweimal gesprengt. Fahrtdauer 3 Tage anstelle 9 Stunden. Luftgau stellt mir Storch in Belgrad-Semlin zum Flug nach Krusevac zur Verfügung. Landung gegen Abend.
5.–8. 9.: Einweisung durch Hauptmann Karl. Lage unruhig. Nationalserben (Cetnics) halten die Stadt und Umgebung des Flugplatzes besetzt. Sind Gegner der kommunistischen Partisanen Titos. Bin auf Zusammenarbeit mit ihnen angewiesen.
10. 9.: Konzentrierter Angriff der Tito-Partisanen auf die Stadt. III./LLG 1 und Cetnics in gemeinsamer Abwehr. Fühlbare Entlastung bringt eine Pz.Komp. der 1. Gebirgsdiv.
11.–14. 9.: Lage beruhigt sich. Werde auf Zusammenarbeit mit der 1. Geb.Div. angewiesen. Fliege mit den beiden Hs 126 Luftaufklärung in Richtung Pirol und Kula (bulgarische Grenze). Bulgaren fühlen auf Kula vor.
18. 9.: Auflösungsbefehl für die Gruppe trifft ein. Stellungen sind an die Cetnics zu übergeben.
19. 9.: Hptm. Dittmar (Schleppgruppe 1) erscheint und übernimmt Teile der Gruppe.
20.–29. 9.: Rest der Gruppe bereitet sich auf Abmarsch vor. Männer werden an Infanteriewaffen ausgebildet. Rege russische Fliegertätigkeit.
30. 9.: Erster Bahntransport geht ab. Marschziel Zombot.
2. 10.: Cetnics greifen mit rund 2000 Mann die Tito-Partisanen an. Die Pz.Komp. der 1. Geb.Div. erhält dabei starken Pakbeschuß; erbittet Luftunterstützung. Meine beiden Hs 126 kämpfen dabei die Stellungen der Pakgeschütze nieder. Der Angriff kommt wieder voran. Der zweite Bahntransport geht ab. Die letzten Motormaschinen gehen mit. Der Zug wird von unseren Kräften besetzt und gefahren.
4. 10.: Abflug zum Luftgau nach Belgrad. Dort Befehl an die Gruppe, weiter nach Westen zu verlegen. Neues Marschziel Kaposvar (Ungarn). Der in Krusevac verbliebenen Kfz-Kolonne gebe ich Abmarschbefehl nach Kaposvar.
7. 10.: Beide Bahntransporte treffen in Kaposvar ein.
8. 10.: LKW-Transport trifft ein. Transportführer meldet, daß sich die Kolonne den Weg freikämpfen mußte. III./LLG 1 wird in Jako und Nagybajom untergebracht.
12. 10.: Fahrt zum Luftgau nach Fünfkirchen. Meine Kuriermaschine wird durch die Amerikaner auf dem Flugplatz Kaposvar in Brand geschossen.
15. 10.: Waffenstillstandsangebot der ungarischen Regierung an die Alliierten. Ich befehle der Gruppe Alarmzustand. Post und Bahn werden besetzt, die Unterkunftorte militärisch gesichert. Ein durchkommender ungarischer Militärtransport wird angehalten, die Soldaten unter Bewachung gestellt. Ein telephonischer Anruf des Luftgaus er-

gibt, daß die ungarische militärische Spitze zum Bündnis steht. Die ungarischen Soldaten werden freigelassen.
20. 10.: Trecks über Trecks aus dem Banat ziehen über die Straßen nach Westen. Lt. Rom, Adjudant der Schleppgruppe 1, erscheint, um weitere Teile der III./LLG 1 zu übernehmen.
25. 10.: Start mit Storch nach Agram. Erschütternd das Durcheinander der Befehlsgewalt.
12. 11.: Abfahrt der Gruppe. Marschziel Goslar.
21. 11.: Eintreffen Goslar. Nach Einlagerung von Gerät und Unterlagen beschließt ein Abschiedsabend im Kasino mit dem Rest der Gruppe das Schicksal der III./LLG 1.«

14. Letzte Einsätze im Westen 1944

PLÄNE UND PROJEKTE

Das Jahr 1944 sah die deutschen Truppen im Westen in Erwartung der Invasion. Fieberhaft wurden die Atlantikküste befestigt, Truppen herangeführt und Abwehrpläne erstellt. In Überlegungen, wie man bedrohten Abschnitten nach der Landung schnell Verstärkungen zuführen konnte, wurde auch das LLG 1 einbezogen.

So war unter anderem daran gedacht, die Besatzung von Cherbourg im Falle einer Abriegelung der Halbinsel Cotentin durch alliierte Verbände umgehend durch eigene Fallschirmtruppen, die von Lastenseglern der I./LLG 1 transportiert werden sollten, zu verstärken.

Über Vorbereitungen zu diesem geplanten Unternehmen ›Sporturlaub‹ berichtet Gerhard Raschke, seinerzeit Oberleutnant und Ia Offizier im LLG 1:

»Die absolute Luftüberlegenheit der Alliierten machte es unbedingt erforderlich, die Landung der Lastensegler bei Nacht durchzuführen. Im Zuge der Planung wurde allen Beteiligten klar, daß für die sichere Landung der Lastensegler besondere Vorkehrungen zu treffen waren. Deshalb war vorgesehen, das Landegelände durch vorausfliegende Pfadfinder – 2 DFS 230 der I./LLG 1 – festlegen und markieren zu lassen. Die beiden LS sollten eine bestimmte Zeit vor dem Anflug der Gruppe im Sturzflug unter Verwendung von Leuchtfallschirmbomben LC 10 landen und die anfliegenden Staffeln mittels Peilzeichen zum Landefeld lotsen. Dieses sollte für die LS, durch Lampen in einzelne Landestreifen aufgeteilt, markiert werden.

Zur Demonstration des Verfahrens und zur Einweisung einer zweiten Besatzung der I./LLG 1 wurde am 9. Mai 1944 der Einsatz eines Pfadfinders mittels Bremsfallschirm und Leuchtfallschirmbombe unter

Einsatzbedingungen durchgeführt. Auf die Tarnung des Lastenseglers, schwarzer Anstrich, und auf den Einbau des Peilsenders wurde vorerst verzichtet. Für den Abwurf der LC 10 wurde hinter dem Flugzeugführersitz ein Ofenrohr durch den Boden des Seglers geführt. Als Schleppflugzeug war eine Do 17 mit Starrschleppvorrichtung eingesetzt. Der Start erfolgte gegen 23.00 Uhr, am 9. 5. 44, fast auf die Stunde genau 4 Jahre nach dem Einsatz gegen Eben Emael und Albert Kanal. Da wir unter möglichen Einsatzbedingungen fliegen wollten, wurde nach dem Start die Beleuchtung des Flugplatzes ausgeschaltet. Der Schleppflug führte im Steigflug nordwärts bis auf eine Höhe von 3000 m. Nach Erreichen der vorgesehenen Flughöhe erfolgte der Kursanflug auf das Ziel, den Flugplatz Straßburg-Enzheim. Die Bordbeleuchtung war während des Schleppfluges ausgeschaltet. Das Schleppflugzeug und der LS flogen ohne Positionslichter.
Wir hatten 2 LC 10 Leuchtfallschirmbomben an Bord, was sich als notwendig erwies. Die LC 10 war ehemals als Leuchtmittel für den Einsatz von Nachtaufklärern gedacht, hatte sich aber infolge der geringen Leuchtkraft als ungeeignet erwiesen.
Der Befehl zum Ausklinken erfolgte durch die Bordsprechanlage von dem Flugzeugführer der Do 17.
Etwa 10 km vor dem Ziel wurde der Lastensegler ausgeklinkt und der Gleitflug, nach gegebener Kompaßzahl und der errechneten Zeit (Koppelnavigation), begann. Bei Erreichen des Zielgeländes wurde die erste LC 10 gezündet, sie versagte. Die zweite LC 10 zündete nach 2 m freiem Fall und schwebte am Fallschirm etwa 20 m unterhalb des LS gen Boden, der noch nicht zu erkennen war.
Der Bremsfallschirm wurde nach Aufleuchten der zweiten LC 10 gezogen. Der Sturzflug wurde anfangs steil, dann weit ausholend etwas flacher in Windrichtung drehend, zum Landeanflug flach werdend ausgeführt.
Die bekannte Brenndauer der LC 10, nämlich 2,5 Minuten, reichte aus, um die Leuchtbombe im Sturzflug einzuholen und kurz vor dem Brennschluß eine Nachtlandung in fremdem Gelände, unter Ausleuchtung des Landeplatzes durch die am Boden brennende Magnesiummasse, sicher durchzuführen. Die am Fallschirm schwebende LC 10 blendete bis zum Aufschlag auf dem Boden sehr stark.
Die Hindernisse auf dem erkannten Landegelände, abgestellte Do 17, konnten erst kurz vor dem Aufsetzen erkannt und überflogen werden. Das Gelände, hier der Flugplatz, wurde erst aus einer Höhe von etwa 300 m erkannt. Eine im Flug überflogene Überlandleitung ist nicht mehr wahrgenommen worden.«

Auch die I./LLG 2 (Mj. Willerding) betrieb im Frühjahr 1944 Ausbildung im Nachtschlepp. Am 3. 5. 1944 wurde bei einer Nachtübung ein Schleppzug über Weißenburg durch englische

Fernnachtjäger abgeschossen. Dabei kam die Go-Besatzung (Staffelkapitän Olt. Erhard Werner und Gfr. Klimkat) ums Leben; aus der He 111 konnte sich lediglich der Pilot, Fw. Zeug, mit dem Fallschirm retten.
In Zusammenhang mit der bevorstehenden Invasion ist auch ein Projekt zu sehen, an dem im Frühjahr 1944 in Pütnitz/Ostsee gearbeitet wurde und an dem seit März 1944 auch mehrere Besatzungen der I./LLG 2 beteiligt waren. Schwimmfähige Go 242 (Sonderversion Go 242C-1), die mit Spezialbooten beladen waren, sollten des Nachts in die Nähe englischer Häfen geschleppt werden und dort ausgeklinkt werden. Nach der Wasserung sollten Fallschirmjäger des KG 200 mit den Spezialbooten in die Häfen eindringen, Sprengladungen an den englischen Schiffen anbringen und anschließend wieder die Häfen verlassen, um ebenso wie die LS-Besatzungen durch U- oder S-Boote aufgenommen zu werden.
Technische Einzelheiten dieses wenig bekannten Projekts sind in der Anlage 14 wiedergegeben.
Weder das Unternehmen ›Sporturlaub‹, noch der Einsatz mit der sogenannten ›Wasser-Go‹ wurden durchgeführt.
Nach der Landung in der Normandie, am 6. 6. 1944, besaßen die Alliierten vom ersten Augenblick an die absolute Luftherrschaft. An deutsche Lastenseglereinsätze, ob tags oder nachts, war unter diesen Umständen nicht zu denken.
Auch der Luftraum über dem Reichsgebiet wurde im Sommer 1944 weitgehend von amerikanischen Jägern kontrolliert.
Um so erstaunlicher ist es, daß am 7. 7. 1944 drei He 111Z der 4./LLG 2 im Doppelschlepp 6 mit Spezialmunition beladene Go 242 unbehelligt von Nancy nach Wittstock/Dosse schleppen konnten. Allerdings nutzten die Piloten der He 111Z, wie sich Hans Dittebrandt erinnert, praktisch wie in einem Slalomlauf, jede Kumuluswolke aus, um nicht entdeckt zu werden. Schließlich operierten gerade an diesem Tage 750 amerikanische Jäger im mitteldeutschen Luftraum.
Überraschenderweise kam es dann in der zweiten Julihälfte doch noch zu einem deutschen Luftlandeunternehmen in Frankreich, einem Einsatz, der in vieler Hinsicht dem am 25. 5. 1944 in Jugoslawien durchgeführten Unternehmen ›Rösselsprung‹ ähneln sollte.

DIE LUFTLANDUNG BEI VASSIEUX AM 21. 7. 1944

»Das Vercors ist eine Hochebene, ein Teil eines weit ausgedehnten Kettenmassivs der Voralpen; im Norden wird es durch den großen Isère-Bogen begrenzt, im Süden durch das Drome-Tal und durch das der Rhône im Westen. Oberhalb der tiefen Royans-Schlucht bildet das Plateau des Vercors ein Weidengebiet mitten in den Wäldern. Das Vercors hat einen typisch alpinen Charakter.«

In diesem unwegsamen Gebiet – die Beschreibung ist einem französischen Landschaftsführer entnommen – hatte die französische Widerstandsbewegung bereits seit dem Winter 1942/43 Waffenlager angelegt und eine lokale Organisation aufgebaut, die zunächst nur einige hundert Partisanen umfaßte. Je näher aber der Zeitpunkt der Invasion rückte, desto mehr verstärkten die Alliierten von England aus ihre Unterstützung für die Résistance, insbesondere für die im Vercors befindlichen Gruppen. Amerikanische Flugzeuge warfen Behälter mit Waffen, Munition und Nachrichtengerät ab; schließlich wurden sogar kleinere Gruppen alliierter Soldaten eingeflogen, die die Ausbildung der Widerstandskämpfer forcierten, deren Zahl im Sommer 1944 auf annähernd 4000 angewachsen war.
Nach den Plänen des alliierten Oberkommandos kam dem Vercors eine besondere Bedeutung zu, denn von hier aus sollten die durch das Rhônetal nach Südfrankreich führenden deutschen Verbindungswege unterbrochen werden.
Nach der Landung der Alliierten in der Normandie, am 6. 6. 1944, verstärkte die Résistance ihre Angriffe gegen Verkehrswege, Fahrzeugkolonnen, Unterkünfte und Dienststellen der deutschen Besatzungsmacht, die ihrerseits mit Gegenaktionen und Repressalien antwortete.
Mitte Juli 1944 wurden vom ›Militärbefehlshaber in Frankreich‹ starke Kräfte zusammengezogen, um die im Vercors versammelten Résistance-Einheiten auszuschalten:
2 Grenadierbataillone und 2 Pionierkompanien der 157. Res. Division, das Polizei-Regiment 19, Teile des Sicherungsregiments 200, 3 Ost-Bataillone sowie Feldgendarmerie und Alarmeinheiten hatten das Vercors, insbesondere die wenigen Straßen, die in das Gebiet hineinführten, abzusperren; 4 Gebirgsjägerbataillone und 2 Gebirgsbatterien der 157. Res.Div. sowie ein Bataillon der 9. Pz.Division sollten in das Vercors selbst vorstoßen. Eingeleitet werden sollte der Angriff durch die Luftlandung von 2 Kompanien Fallschirmjägern mit LS im Hochtal bei Vassieux

en Vercors, wo man das Hauptquartier der Partisanen vermutete.
Die Fallschirmjäger gehörten dem ›Bataillon Jungwirth‹, einem neuaufgestellten Sonderverband, an, der im Sommer 1944 in Dedelstorf stationiert und der II./KG 200 unterstellt war.
Zwischen dem 18. 7. und 20. 7. 1944 trafen in Lyon etwa 20 Do 17/DFS 230-Schleppzüge ein, die die 2 Kompanien Fallschirmjäger nach Vassieux, das 1100 m über NN gelegen war, transportieren sollten. In Lyon erfolgte anhand von Luftaufnahmen die Einweisung der LS-Führer in den Einsatzplan und die Beschaffenheit des Geländes. Es war erforderlich, bei der Landung Bremsfallschirme als auch teilweise Bremsraketen einzusetzen.
Im Morgendunst des 21. 7. 1944 starteten dann in Lyon 2 Staffeln der I./LLG 1. Die Lastensegler der einen Staffel hatten Landefelder in der Nähe der Weiler Le Château und La Mure zugewiesen bekommen, die einige Kilometer nördlich von Vassieux lagen; die Segler der anderen Staffel sollten dicht bei Vassieux selbst landen.
Der Verband flog zuerst rhôneabwärts; in der Höhe von Valence schwenkte man in östliche Richtung, um dann schließlich mit Kurs Nord das Vercors-Gebiet anzufliegen. Etwa 10 km vor dem Ziel klinkten die DFS 230 in einer Höhe von 2500 m aus und erreichten nach einem Segelflug von 5–8 Minuten Vassieux. Ungefähr 900 m über dem Ziel setzten die Flugzeugführer zum Sturzflug an; dicht bei den Häusern von La Mure und Le Château kamen die Maschinen der ersten Staffel unversehrt zum Stehen. Die beim Abfangen ausgelösten Bremsraketen bewirkten eine erhebliche Verkürzung der Landestrecke. Bei zwei Maschinen dieser Staffel öffneten sich die Bremsfallschirme nicht; dennoch gelang den Piloten eine sichere Landung.
Während die Soldaten der ersten Staffel bei der Landung kaum Ausfälle zu beklagen hatten, gerieten die DFS 230 der bei Vassieux niedergehenden Staffel in heftiges Abwehrfeuer. Zwei oder drei Segler wurden beim Landeanflug getroffen. Dabei kamen zahlreiche Fallschirmjäger ums Leben. Unter den Gefallenen waren auch die LS-Flugzeugführer Pyritz und Rink.
Derart schon in der ersten Phase geschwächt, gerieten die Fallschirmjäger dieser Staffel bei den sich anschließenden Häuserkämpfen in Vassieux bald in eine schwierige Lage, so daß von den bei Le Château und La Mure gelandeten Gruppen Verstärkungen nach Vassieux entsandt werden mußten.
Zwar waren – unter Ausnutzung der Überraschung – La Mure und Le Château schnell eingenommen worden, doch konnte die

Situation der hier Gelandeten ebenfalls als nicht günstig bezeichnet werden, da die Partisanen nun begannen, sich zu sammeln und zurückzuschlagen.
Am Abend des 21. 7. 1944 befanden sich die beiden gelandeten Kompanien überall in der Defensive. 29 Soldaten waren gefallen, weitere 20 schwer verwundet.
Der folgende Tag war gekennzeichnet von weiteren Angriffen der Résistance-Kämpfer, die im Laufe der Nacht zusätzlich Verstärkungen erhalten hatten. Heftige Regenfälle und tiefhängende Wolken verhinderten dagegen Luftunterstützung und Nachschubflüge.
Erst am 23. 7. 1944 trat eine Wetterbesserung ein. In den frühen Morgenstunden dieses Tages starteten von Valence aus etwa 20 DFS 230, die eine Kompanie Ostlegionäre mit Granatwerferzug und 50 weitere Fallschirmjäger einflogen, die zunächst als Reserve zurückgehalten worden waren.
Bei der Landung zerschellte der von Uffz. Metzen gesteuerte Segler an einem Felsbrocken; sämtliche Insassen kamen ums Leben. Bereits beim Anflug war Uffz. Birzer tödlich abgestürzt. Mehr Glück hatten die Soldaten eines anderen DFS 230, die aufgrund eines Seilrisses mit dem LS weit vor Vassieux im Partisanengebiet notlanden mußten, aber alsbald von einer deutschen Infanterieeinheit aufgenommen wurden.
Zusammen mit den DFS 230 der I./LLG 1 landeten auch 2 Go 242 der I./LLG 2, die schwere Infanteriewaffen an Bord hatten. Allerdings konnte anfangs nur die Ladung einer Go 242 geborgen werden; die andere Go war zu weit außerhalb niedergegangen.
Verstärkt durch die eingeflogenen Soldaten, gelang es den Fallschirmjägern im Laufe des Tages, die Partisanen zurückzudrängen, zumal jetzt auch wieder deutsche Flugzeuge in den Kampf eingriffen. Östlich von Le Château und bei Vassieux landeten mehrmals ›Störche‹, die Verwundete mitnahmen.
Entscheidendes Übergewicht, so ein LS-Pilot, erlangten die deutschen Truppen aber erst durch Landung einer weiteren Go 242, die am 24. 7. 1944 mit einer 2-cm-Flak einflog. Innerhalb einer Stunde wurden durch dieses Geschütz die wichtigsten Stellungen der Widerstandskämpfer, darunter ein Steinhaus am Hang des Forêt de Lente, zerstört. Die Franzosen mußten sich nun in die Wälder zurückziehen.
Über das Ende der Kampfhandlungen berichtet ein Pilot der I./LLG 1:

»In den Morgenstunden des 25. 7. 1944 erfolgte der Abmarsch des Gros der Fallschirmjäger und der Piloten in Richtung Grenoble. Erst jetzt trafen zur Erleichterung unseres Restkommandos die Gebirgsjäger ein, die ohne Feindberührung in das Hochtal vorgedrungen waren und nun verwundert die Spuren des Kampfes betrachteten. Unsere Gefallenen hatten wir wegen der enormen Hitze und der sengenden Sonnenstrahlen mit Zeltplanen überdeckt. Um den Abtransport der Toten zu organisieren, flog in den Vormittagsstunden von Lyon ein Fieseler ›Storch‹ ein, mit dessen Flugzeugführer der Bau einer provisorischen Landebahn für Ju 52- Transportmaschinen besprochen wurde. Ohne Schwierigkeiten landeten dann nachmittags 2 Ju 52 auf dem von uns von Steinen, Felsbrocken und Sträuchern geräumten Landestreifen. Zuerst beluden wir eine Maschine mit der traurigen Last, und dann verließen wir mit der zweiten Ju 52 in Richtung Lyon das Hochtal, das vielen Kameraden und auch vielen Franzosen den Tod gebracht hatte.«

In der Tat hatten die heftigen mehrtägigen Kämpfe um das Vercors zahlreiche Opfer gefordert. Nach französischen Angaben kamen 639 Angehörige der Résistance und 201 Zivilisten ums Leben. Die Zahl der deutschen Verluste ließ sich nicht feststellen. Seitens der I./LLG 1 fielen 4 Piloten. Insgesamt waren 43 DFS 230 und 3 Go 242 eingesetzt worden.

Bereits wenige Wochen später räumte die Wehrmacht das teilweise stark zerstörte Vercors wieder, als die Amerikaner nach ihrer Landung in Südfrankreich (15. 8. 44) dem Rhônetal folgend rasch nach Norden vorstießen.

Am 1. 9. 44 verlegte die I./LLG 1 von Straßburg-Enzheim auf einen Feldflugplatz bei Gießen, wo durch einen Angriff alliierter Tiefflieger etwa 20 Do 17 zerstört wurden.

Wie fast alle Lastensegler-Verbände mußten aufgrund eines Befehls des OKL vom 9. 9. 44 auch die I./LLG 1 und die I./LLG 2 sowie der Stab/LLG 1 aufgelöst werden. Das freiwerdende Personal wurde zumeist zu Fallschirm-Ersatzeinheiten versetzt. Nachträglich ausgenommen von dem Auflösungsbefehl wurde die 2./LLG 1 (Hptm. Klaus-Dieter Reich), die Anfang Oktober 1944 nach Altenstadt/Oberhessen verlegte. Gerade diese Staffel sollte maßgeblich an der unerwarteten Renaissance, die die deutschen Lastensegler Anfang 1945 erlebten, beteiligt sein.

15. Deutsche Lastensegler in der letzten Kriegsphase

BUDAPEST 1945

Im Dezember 1944 gab es in der gesamten Deutschen Luftwaffe nur noch eine einzige einsatzbereite Lastenseglerstaffel, die Staffel z.b.V. ›Reich‹ (ehemals 2./LLG 1), die, in Altenstadt stationiert, über 16 Motor- und 22 LS-Besatzungen sowie 18 Do 17 und 18 DFS 230 verfügte.
Die Schleppgruppe 1 war zu diesem Zeitpunkt nur ein Torso, da die einzelnen Staffeln erst nach und nach in Köthen eintrafen und zudem kaum Material vom Balkan zurückbrachten. Zwar waren um die Jahreswende 1944/45 noch 27 Motor- und 45 DFS-Besatzungen vorhanden, doch fehlten die Flugzeuge. Nur 4 He 111 standen vorerst zur Verfügung. Hptm. Herzog, der die Gruppe seit Ende 1944 führte, sah sich erheblichen Schwierigkeiten gegenüber, wieder einen leistungsfähigen Verband zu formieren. Zu sehr mangelte es in dieser letzten Kriegsphase schon an allem. Die systematische Bombardierung des Eisenbahnnetzes bedingte weitere Verzögerungen bei der Heranschaffung von Material.
Auf welche Weise fehlende Nachschubteile oft ›beschafft‹ werden mußten, geht aus einer kurzen Schilderung des Hptm. Klaus-Dieter Reich hervor:

»Nach einem Luftangriff auf Ettinghausen waren 2 Do 17E so stark beschädigt, daß wir sie nicht mehr instandsetzen konnten. Ergebnis einer Anfrage in Berlin: Do 17 gibt es in der gesamten Luftwaffe nicht mehr. Ich setzte meinen technischen Offizier mit einer Besatzung trotz aller Reisebeschränkungen nach Großenhain (Aufklärungsfliegerschule) in Marsch und siehe, er hatte Erfolg! Sofort wurde eine zweite Besatzung herangeholt. 2 Do 17Z standen da, offiziell als verschrottet gemeldet. Mit Hilfe der Werft wurden sie wieder flugfähig gemacht und im wahrsten Sinne des Wortes nach Altenstadt entführt. Aus Berlin kamen für die beiden beschädigten Do 17E noch des öfteren Anfragen, aber ich hatte ja inzwischen zwei bessere, nur konnte ich das nicht mitteilen.«

Am Neujahrstag 1945 mußte sich der Ofhr. Mütter (Staffel z.b.V. ›Reich‹) überraschend als Kurier in Berlin beim Fallschirm-AOK, dem jetzt die restlichen LS-Einheiten unterstanden, melden. Er erhielt dort den Einsatzbefehl für die Staffel: Versorgungsflüge in den Kessel von Budapest.
Was war geschehen? Die Heeresgruppe Süd hatte sich im Spätherbst 1944 in schweren Kämpfen bis nach Budapest und zum Plattensee zurückziehen müssen; dort war es ihr in der ›Margarethenstellung‹ gelungen, die russischen Truppen noch einmal zum Stehen zu bringen. Doch am 20. 12. 44 traten zwei russische Heeresgruppen beiderseits Budapest erneut zum Angriff an und schlossen am 26. 12. die ungarische Hauptstadt ein, in der sich etwa 33 000 deutsche und 37 000 ungarische Soldaten befanden.
Bereits am 27. 12. forderte die Heeresgruppe Süd die Luftversorgung Budapests, weil die Bevorratung der eingeschlossenen Verbände mit Betriebsstoff, Munition, Verpflegung und Sanitätsmaterial völlig unzureichend war. Die Luftflotte 4 beauftragte daraufhin Gen.Lt. Conrad mit der Durchführung der Versorgung und der Aufstellung eines Einsatzstabes. Diesem ›Versorgungsstab Budapest‹ waren 2 Ju 52-Gruppen, Teile des KG 4 und die Staffel z.b.V. ›Reich‹ unterstellt. Als Vorkommando flog Hptm. Reich mit Ofhr. Mütter nach Ungarn; am 6. 1. 45 landete ihr Schleppzug in Papa, wo es sofort zur ersten Lagebesprechung kam. Vorgesehen war die Landung von Lastenseglern DFS 230 auf der Blutwiese, einer Parkanlage der Stadt Budapest von 30–50 m Breite und einer Länge von 120–150 m. Die Wiese lag unterhalb des Burgberges, beginnend auf Höhe des großen Tunneleingangs der Burg in Richtung Gellertberg. Auf der Blutwiese war auch die Landung von Fieseler ›Storch‹ geplant, die die gelandeten Segelflugzeugführer aus dem Kessel ausfliegen sollten.
In der ersten Januarhälfte trafen schließlich per Eisenbahn nach und nach DFS 230 ein und wurden montiert. Hptm. Faè erreichte Papa mit 8 Ju 87. Am Nachmittag des 17. 1. 45 waren 10 DFS 230 einsatzbereit, doch mangelte es noch an LS-Führern.
In den späten Abendstunden des 17. 1. 45 wurde Mütters LS mit 1 t Gewehrmunition und Post beladen und die Ladung für den Sturzflug sorgfältig gesichert. Der Start dieses ersten Lastenseglers erfolgte eine Stunde vor Mitternacht im Starrschlepp. Als erste Panne mußte Mütter dem Staffelkapitän Reich melden, daß am Segelflugzeug das Fahrwerk nicht abgefallen war, was bei der Lan-

dung auf der kleinen Fläche eine zusätzliche Gefahr bedeutete. Aus nördlicher Richtung, parallel zur Donau, wurde das brennende Budapest angeflogen. Im geeigneten Moment trennte sich der Segler von der Motormaschine; Mütter löste den Bremsfallschirm aus und setzte zum Sturzflug an. Ohne Behinderung durch Flak fing er in geeigneter Höhe die Maschine ab und landete auf der Blutwiese, einem von Granaten aufgewühlten Acker. Das Fahrwerk riß sofort ab, und nach Zündung der Bremsraketen stand die Maschine nach wenigen Metern. In der ersten Minute war Mütter unklar, ob er sich auf russischer oder deutscher Seite befand. Das für die Bergung bestimmte deutsche Kommando wagte sich nicht in die Nähe der Maschine, weil die Stichflamme der Bremsraketen als Explosion und somit als Vernichtung der Maschine gedeutet wurde. Als dieser Irrtum beseitigt war, wurde Mütter insbesondere wegen der mitgebrachten Post gefeiert. Anschließend mußte sich Mütter beim Kampfkommandanten von Budapest, SS-Obergruppenführer Pfeffer von Wildenbruch, melden und Flug und Landung schildern. Weiterhin berichtet Mütter:

> »Auf Wunsch des Stabes hatte ich anschließend eine traurige Pflicht zu erfüllen. Dazu muß ich zum besseren Verständnis beschreiben, daß innerhalb des Burggebäudes und des Gellertberges unterirdische Räume und Gänge vorhanden waren, die zum großen Teil den Verwundeten als Lazarett dienten. Hier lagen die Sterbenden, hier lagen die verzweifelten und vor Schmerz stöhnenden Verwundeten zu Hunderten in Holzgestellen dreistöckig übereinander. Durch dieses Spalier des Elends mußte ich tröstend durchgehen, als Beweis, daß man sich um die Befreiung der Eingeschlossenen bemühte.«

Ein zweiter in dieser Nacht gestarteter Schleppzug kehrte aufgrund von Beschußschäden um. Auch den in den beiden folgenden Nächten gestarteten 6 LS gelang es nicht, auf der Blutwiese zu landen. Teils kehrten die Motormaschinen mit den Seglern wieder zurück, weil der Landeplatz trotz langem Kreisen über der Stadt nicht zu entdecken war, teils stürzten die LS wohl jenseits der deutschen Linien ab, wie das Ausbleiben jeglicher Meldung vermuten läßt. Eine Ju 87 mußte den Segler wegen Motorausfall vorzeitig ausklinken. Der DFS-Pilot kam bei der Bruchlandung ums Leben.

Dann kam die Nacht vom 20./21. 1. 1945. Insgesamt 20 DFS 230 starteten zum Flug nach Budapest. Allein Hptm. Reich schleppte in dieser Nacht 4 Segler über die brennende Stadt. Bis zum Morgen wurde aus dem Kessel die Landung von 17 Lastenseglern bestätigt. Drei Maschinen waren ausgefallen (eine wegen Fallschirmöffnens, eine wegen FT-Ausfalls, eine vorzeitig ausgeklinkt). Starker Nebel verhinderte in der folgenden Nacht jeglichen LS-Einsatz. Auch die Ju 52 verzeichneten wenige Flüge. In der Nacht vom 22./23. Januar starteten dann 11 DFS 230, von denen 7 über dem Kessel ausklinkten, doch nur 4 landeten innerhalb der deutschen Linien. 9 Maschinen wurden in der Nacht 23./24. 1. über Budapest abgesetzt; 6 Piloten glückte die Landung auf der Blutwiese. Zu ihnen gehörte Uffz. Jäger:

> »Am 18. Januar 1945 Abfahrt von Berlin-Werder nach Köthen-Anhalt. Bei der Ankunft sofortige Einteilung zum Einsatz und Empfang der notwendigsten Einsatzsachen. Knapp 24 Stunden später Weiterfahrt nach Wien und Meldung beim Luftgaukommando. Hier erhielten wir nähere Anweisungen über unsere Kommandierung nach Ungarn. Über Raab trudelten wir dann nachts am 22. 1. 45 in Papa ein. Nebel und Schnee begleiteten uns auf der nächtlichen Wanderung zum Fliegerhorst Papa. Morgens Meldung beim Einsatzstab und gleichzeitige Einteilung für die Schleppflugzeuge. Nachmittags endlich Einsatzbesprechung.
>
> Dann der Abend des 23. Januar 1945. Die Dämmerung bricht herein und mit ihr die bittere Kälte. Die plötzliche Abkühlung läßt Bodennebel aufkommen. Hoffentlich wird der Nebel nicht zu dicht, so daß der Einsatz gefährdet wird. Alle LS sind am Start aufgebaut. Die Do 17 und He 111 lassen ihre Motoren immer wieder warmlaufen. Alles läuft frierend und in unterdrückter Spannung umher. Die Zigaretten der Einsatzverpflegung werden trotz Verbot geraucht. Wenn nur die bittere Kälte nicht wäre. Wann kommt endlich die Startfreigabe? 22.15 Uhr Start frei. Die Do wirbelt Schnee auf und hüllt sich ein. Das LS rollt und rollt, hebt ab und jagt hinter der unsichtbaren Do her. Die Auspuffflamme und Bordlichter werden sichtbar. Unmerklich steigt der Schleppzug. Der Start wäre geschafft, und nun geht es erst einmal auf Sicherheitshöhe 2000 m. Langsam schleicht die grimmige Kälte durch das Schuhwerk und die Kombination. Die Positionslichter werden ausgeschaltet und nur die züngelnden Auspuffflammen sind von der Do noch zu erkennen. Die phosphorisierenden Instrumente vor mir leuchten grell und stören. Immer noch steigt die Do weiter in den frostklaren Nachthimmel. In der Höhe von Stuhlweißenburg bekommen wir das erste Flakfeuer, dessen krepierende Granaten eine merkliche Bockigkeit hervorrufen. Vorsichtshalber klettern wir noch etwas höher, und in 3000 m Höhe sind wir vor dem anhaltenden Flakfeuer sicher. Überall sieht man das Mündungsfeuer, so daß sich der Frontverlauf genau abzeichnet. Nach knapp 40 Minuten Flugzeit erkenne ich das weiße Band der Donau. Durch den starken Frost der letzten Nächte scheint sie zum großen Teil zugefroren zu sein. Nicht mehr lange und dann muß die Doppelstadt an der Donau sichtbar werden. Als die Donau erreicht ist, geht es in eine Linkskurve, um, nun den

Fluß als Wegweiser benutzend, Budapest anzufliegen. Die tastenden Scheinwerfer haben ihre Tätigkeit aufgenommen und suchen den frostklaren Himmel ab. Noch höher schleppt sich die Do, um in 3500 m vor jeglichen Gefahren geschützt zu sein. Nach genau einer Stunde Flugzeit erkenne ich einen riesigen dunklen Flecken, der sich zu beiden Seiten der Donau erstreckt. Budapest! Da die Scheinwerfertätigkeit immer stärker wird und meine Flughöhe reichlich ist, ziehe ich am Ausklinkhebel und löse die Verbindung mit der Schleppmaschine. Unter mir erkenne ich die erste der sieben Donaubrücken. Rote Brände leuchten herauf und zeigen die Spuren heftiger Kämpfe. Ab und zu huscht ein Scheinwerfer vorbei, der den Führersitz grell erleuchtet. 3000 m zeigt der Höhenmesser, als ich über der Mitte der riesigen Stadt bin. Irgendwelche näheren Umrisse lassen sich noch nicht erkennen. Plötzlich erwischt mich ein Scheinwerfer und verfolgt meinen Flug. Furchtbar, dieses grelle Licht. Eine steile Linkskurve, Steuerknüppel etwas gedrückt und schon hat mich die Dunkelheit wieder. Die bittere Kälte läßt in Füßen und Händen überhaupt kein Gefühl mehr aufkommen. Langsam, mit abnehmender Höhe, tauchen die Umrisse einzelner Häuserblocks auf. In 2000 m Höhe umfliege ich nochmals Buda. Nichts ist von den angeblich vorhandenen Blinkfeuern und Leuchtzeichen zu sehen! Im Süden der Stadt wird plötzlich ein weißes Leuchtzeichen abgeschossen. Andere folgen. Meine Flughöhe reicht für einen Abstecher nach dort, obgleich ja die Landewiese nach den vorhergegangenen Erklärungen bei der Einsatzbesprechung unmöglich dort sein kann. Ebenfalls stimmt auch die Einzeichnung in meiner Karte mit der soeben durch Leuchtzeichen kenntlich gemachten Stelle nicht überein. Vielleicht ist inzwischen ein anderer Landeplatz ausgemacht worden, und die Höhe reicht dann immer noch für einen Rückflug. Die Schießerei mit den Leuchtsignalen hält an. Ab und zu wird der Platz taghell erleuchtet. Als ich den Stadtrand überfliege, erkenne ich eindeutig den von den Russen kenntlich gemachten Platz als Falle. Keine Begrenzung der verschneiten Wiese durch irgendwelche Häuser. Auch nicht ein Flugzeug von den vorher gestarteten Kameraden ist zu sehen. Durch die dauernde grelle Beleuchtung läßt sich in dem Schnee auch keine Schleifspur oder sonst irgendein Anzeichen fliegerischer Tätigkeit erkennen. Nun schnell zurück, um mit der noch vorhandenen Höhe den tatsächlichen Platz ausfindig zu machen. Wieder über der Stadt, taucht kein Leuchtzeichen für das Vorhandensein des Landeplatzes auf. Immer stärker treten die Umrisse der Häuser- und Straßenzüge hervor. Soll man doch in irgendeiner dieser Straßen landen? Es wäre die letzte Möglichkeit. Die brennenden Häuser speien ihr feuriges Rot zu mir herauf. Schnell einmal die Karte zur Hand. Der Vollmond leistet gute Hilfe. Unter mir müßte die Blutwiese sein. 400 m noch. Wieder ein Vollkreis. Kabinenfenster auf, um besser sehen zu können. Unter mir helle und dunkle Flecken – hohe, unbeschädigte Häuser, Straßenzüge. Hier muß es sein. Noch einen

Vollkreis und tatsächlich leuchten da 3 kleine weiße Lämpchen herauf. Ein Stein fällt mir vom Herzen. Endlich ein Zeichen, das die Blutwiese anscheinend kenntlich macht. Wo bleiben die Leuchtzeichen? Wo bleibt das Blinkfeuer? Wo bleibt die schneeweiße Wiese? Überlegungen kann ich nicht mehr anstellen, denn nun folgt der schwierigste Teil, die Landung. Entlang einer Straße geht es der Flucht der Landelichter entgegen. Die letzten Häuser kommen heran, doch die Höhe ist noch reichlich. Landeklappen raus und slippen. Bei der Beanspruchung fängt das LS an zu schütteln. Die Fahrt bleibt und der Erdboden kommt rasch näher. Das letzte Haus ist überflogen. Nun aber schnell runter, denn wer weiß, wie lang die Wiese ist. Knüppel etwas an den Bauch und schon bäumt sich das LS auf und sackt wie ein Stein durch. Als der Slipp beendet ist, setzt das LS hart auf und rutscht und rutscht. Links vor mir taucht ein dunkler Fleck auf. Maschine auf die rechte Fläche. Ein kurzer Augenblick und schon kracht es an allen Seiten. Schnell ist der Spuk vorüber, und als alles ruhig bleibt, öffne ich die Führerhaube und klettere raus. Jetzt merke ist erst richtig die Kälte, denn in den Füßen ist kein Gefühl. Hilflos stapfe ich los und erkenne nun langsam die Umgebung. Ich schaue mein LS an. Viel ist nicht mehr davon als Flugzeug zu erkennen. Linke Fläche ganz weg, während die rechte Fläche nur noch einen Stummel darstellt. Vom Leitwerk fehlt auch einiges.
Der Weg zur ›Flugleitung‹ war trotz vieler Nachfragen schwer zu finden. In einem Keller des ehemaligen Bellevue-Hotels, direkt an der Blutwiese, traf ich dann das Flugleitungspersonal. Nach Angabe der Ladung und Maschinennummer begann der Weg durch die gespensterhafte Stadt zur Burg. Durch viele Gänge und Schächte erreichte ich endlich das Zimmer des Burgkommandanten. Hier warteten noch drei weitere LS-Führer. Wir wurden Oberst Janser (Kdr.Flak-Rgt. 12) gemeldet, der uns für unseren Einsatz dankte. Ein kurzer Händedruck, dann durften wir die anderen LS-Führer aufsuchen, die einige Tage vorher gelandet waren und bereits eine Stellung in einem Keller eines Ministeriums am Donauufer bezogen hatten. So zogen wir dann los und lernten auf dem Weg durch Gänge und Schächte das furchtbare Leben der seit dem 26. Dezember eingeschlossenen Besatzung und das der Zivilbevölkerung kennen. Kein Wasser, kein Mehl. Öfter versagte die Stromversorgung und das ganze Leben unter der Erde und in den Kellern ruhte. In den hergerichteten Notrevieren hörte man das Jammern der Verwundeten. Die Luft war unerträglich. Dann wieder die Schreie der kleinen Kinder. Hier und da hatten einige Schnee hereingeholt und tauten diesen nun auf, um wenigstens Wasser für eine dünne Suppe zu haben. Der Qualm der Holzfeuer biß in den Augen. Froh waren wir, als endlich das Ministerium erreicht war. Herzlich war die Wiedersehensfreude, denn viele bekannte Gesichter zeigten sich, von denen einige auch bei der Staffel gewesen waren. Mit 35 Mann saßen wir nun im Keller. 3 Wochen haben wir dann noch MG-Stellungen im

Kessel von Buda besetzt, bis in der Nacht vom 11. zum 12. Februar der Ausbruch durch eine ca. 1/2 km lange Kanalisation erfolgte. Einige Häuserkämpfe fanden statt, doch mußten wir den ungleichen Kampf bald aufgeben.«

Vielen anderen Flugzeugführern glückte es in diesen Januarnächten nicht, die Blutwiese zu finden und sicher zu landen: Fw. Filius stürzte mit seinem Segler in ein Wohnhaus; bei der Maschine des Ogfr. Schiermeier versagte nach dem Ausklinken das Höhenruder. Dennoch gelang ihm die Notlandung, allerdings auf russischer Seite. Albert Schlüpmann kreiste lange über der Stadt, doch der Landeplatz war inmitten der überall lodernden Brände nicht auszumachen. Die Landung erfolgte schließlich – unbemerkt – in der Nähe russischer Flakstellungen bei einem Friedhof. Nach mehreren Tagen geriet Schlüpmann, der sich auf abenteuerlichen Wegen zu den deutschen Linien durchzuschlagen versuchte, dann doch in russische Gefangenschaft. Mancher der nach Budapest gestarteten LS-Piloten blieb für immer verschollen.

Daß gelegentlich Segelflugzeugführer über dem Ziel nicht ausklinkten, weil die Wetterbedingungen einfach zu schlecht waren, nahm der Versorgungsführer Budapest, Gen.Lt. Conrad, zum Anlaß, des öfteren LS-Besatzungen vor dem Start antreten zu lassen. Anstatt den Fliegern Glück für ihren so schwierigen Kesselflug zu wünschen, drohte er ihnen mit standrechtlicher Aburteilung, für den Fall einer Rückkehr zum Flughafen. Dieses Verhalten des Generals, insbesondere der Vorwurf mangelnden Einsatzwillens rief bei den Flugzeugführern große Empörung hervor. Gen.Lt. Conrad übersah bei seinen Anklagen mehrere Punkte:

– Brennende Stadtviertel, Rauchschwaden, Nebelbänke, dazu die Leuchtspurketten der Flak, die blendenden Suchscheinwerfer sowie russische Scheinflughäfen machten es den über Budapest kreisenden Piloten oft unmöglich, die 3(!) Lampen zu erkennen, die den Landeplatz markierten.
– Abgesehen von den LS-Führern der Staffel z.b.V. ›Reich‹ hatten die meisten der in Papa versammelten Piloten seit Monaten keine Flüge, geschweige denn Nachtflüge durchgeführt. Viele von ihnen hatten nur wenige Tage vor dem Flug nach Budapest als Infanteristen in der Ardennenschlacht gekämpft, als sie ein Marschbefehl nach Papa rief. Zwischen Ankunft nach tagelanger Bahnfahrt und Start in den Kessel lagen manchmal nur Stunden.
– Die aus dem Reichsgebiet per Bahn nach Ungarn transportierten DFS 230 befanden sich häufig in einem desolaten Zustand.

Unter normalen Umständen wären die Maschinen längst ausgemustert worden. Jetzt setzte man sie höchsten Beanspruchungen aus.

Daß es trotz dieser Umstände der Mehrzahl der hastig zusammengezogenen Segelflugzeugführer gelang, ihren Auftrag zu erfüllen, kann deshalb nur erstaunen.

Und obwohl jedem der nach Budapest fliegenden Piloten klar war, daß mit einem Ausflug aus der Festung nicht zu rechnen war, starteten bis zuletzt die Schleppzüge. So wurden in der Nacht 4./5. Februar 5 DFS 230 eingesetzt, doch nur die Landung von 2 Seglern aus dem Kessel bestätigt. Auch am 7. 2. erfolgte noch ein Start mit 2 DFS 230.

Trotz großer Anstrengungen war es den Lufttransportverbänden nicht gelungen, den Bedarf der eingeschlossenen deutschen und ungarischen Divisionen an Versorgungsgütern zu decken. Nachdem mehrere Entsatzversuche gescheitert waren, mußte am 11. 2. 45 der Widerstand eingestellt werden.

In der Abschlußmeldung des ›Lufttransportchef der Wehrmacht‹ über die Luftversorgung Budapests (Zeitraum 29. 12. 44–15. 2. 45) heißt es bezüglich der Lastensegler, daß insgesamt 73 DFS 230 eingesetzt wurden. Von diesen konnten 41 Maschinen ihren Auftrag erfüllen. 11 Segler wurden von der Flak abgeschossen, landeten auf russischer Seite oder stürzten bereits beim Anflug ab. Die restlichen 21 Lastensegler mußten wegen ungünstiger Witterungsverhältnisse oder Motorschäden der Schleppmaschinen umkehren oder wegen Seilriß notlanden.

In einer Anfang März 1945 erstellten Übersicht des OKL wurden namentlich 49 Piloten aufgeführt, die als ›in Budapest vermißt‹ galten:

Berger, Büsch, Dörner, Drescher, Filius, Günther, Haupt, Held, Herda, Hess, Hoffmann, Irion, Itter, Jäger, Jung, Kappacher, Keck, Kleinke, Körner, Kröger, Kusserow, Lienemann, Lindemann, von Lukanc-Savenburg, Martin, Mayer, Mütter, Noack, Ochsenfarth, Pickart, Petri, Reinholdt, Rohlik, Rüdel, Schaer, Schäfer, Schiermeier, Schilling, Schlüpmann, Schödel, Schwarze, Spichtilger, Steinbart, Thicke, Tietmüller, Toth, Veit, Verprott, Wächter.

»16. Februar 1945: Abtransport aller einsatzklaren He 111 und Ju 52 nach Dresden-Klotzsche. Die Verbände sollen zur Versorgung von Breslau eingesetzt werden.«
Diese abschließende Notiz im Tagebuch des Versorgungsführers Budapest zeigt, wie tief die russischen Truppen seit dem Losbrechen ihrer Winteroffensive an der Weichsel, am 12. 1. 45, bereits in das Reichsgebiet vorgedrungen waren. Von einer geordneten Neuaufstellung der Schleppgruppe 1 konnte keine Rede mehr sein, denn die He 111-Besatzungen mußten seit Ende Januar in die Kämpfe an der immer näherrückenden Ostfront eingreifen. Wie bereits in den beiden vorangegangenen Jahren galt es jetzt wieder – und nun in noch gesteigertem Maße – versprengte Truppenteile, ›wandernde Kessel‹ und eingeschlossene Städte aus der Luft durch Abwurf von Versorgungsgütern zu unterstützen. In der letzten Januarwoche 1945 verlegten noch Einsatzteile der Schleppgruppe 1 nach Sagan, um von dort Abwurfeinsätze in den Raum Kalisch, nach Wonylezen und vor allen nach Posen zu fliegen. Unterstützt wurde die Gruppe dabei von der FKB-Staffel (vormals 1./Ergänzungsgruppe für Fallschirmkampfbeobachter), die, geführt von Olt. Menken, Ende Januar 1945 von Salzwedel mit 9 He 111 ebenfalls nach Sagan verlegt hatte. Sämtliche Flüge mußten nachts durchgeführt werden; nicht selten gingen die He 111 im gedrosselten Flug auf 200 m, 150 m oder gar 100 m herab, um in dem Inferno aus Bränden und Rauch den Abwurfplatz zu erkennen.
Von Alt-Lönnewitz aus – Sagan war am 11. 2. unter russischem Druck aufgegeben worden – erfolgten sogar bis in die zweite Märzhälfte Versorgungsflüge nach Glogau. Mehr und mehr wurde die Schleppgruppe 1 im März auch zur Versorgung der seit dem 15. 2. eingeschlossenen Stadt Breslau herangezogen. Zwischen dem 7. 2. und dem 18. 3. 45 verlor die Gruppe mindestens 7 He 111-Besatzungen bei diesen nächtlichen Flügen.
Mit Nachdruck bemühten sich das Fallschirm-AOK und Hptm. Herzog, die Einsatzbereitschaft der Schleppgruppe 1 auch für den vom OKL immer dringlicher geforderten Lastenseglereinsatz herzustellen. Die Schleppstaffel z.b.V. ›Reich‹ verlegte Ende Februar mit 11 Do 17 und 25 DFS 230 von Papa nach Alt-Lönnewitz und wurde in die Schleppgruppe 1 als 4. Staffel eingegliedert.
Einer Meldung des Lw.Org.Stabes vom 27. 2. 45 zufolge waren im gesamten Reichsgebiet 66 Schleppmotorflugzeuge, 204 Go 242, 228 DFS 230 und 233 LS-Besatzungen vorhanden:

Motorflugzeuge mit Schleppvorrichtung

Halter	*Standort*	*Ist*	*Klar*
Gruppe Herzog	Alt-Lönnewitz	20 He 111	10 He 111
Fallschirm-AOK	Papa i.V. Lönnewitz	11 Do 17	11 Do 17
	Köthen	5 Do 17	–
	Altenstadt	1 Do 17	1 Do 17
	Ettinghausen	2 Do 17	2 Do 17
	Wertheim	1 Do 17	–
	in Zuführung und Umbau	26 Ju 87	–

Lastensegler Go 242

		Go 242		*Besatzungen*	*einsatz-*
Halter	*Standort*	*Ist*	*Klar*	*Ist*	*bereit*
Gruppe Herzog	Alt-Lönnewitz	10	10	36	30
Fallschirm-AOK	Salzwedel	12	12	12	12
	Köthen	–	–	–	–
OKL	Pilsen	10	10	–	–
	Menden bei Kölleda	20	10	–	–
	Zellhausen	34	–	–	–
	Eschborn	25	–	–	–
	Salzwedel	14	–	–	–
	Fürstenfeldbruck	49	–	–	–
	Leubingen	30	–	–	–

DFS 230

		DFS		Besatzungen	einsatz-
Halter	*Standort*	*Ist*	*Klar*	*Ist*	*bereit*
Fallschirm-AOK	Wittstock	25	25	–	–
	Papa i.V. Alt-Lönnewitz	25	25	25	25
	Köthen	–	–	80	80
	in Zuführung nach Köthen	–	–	45	45
OKL	Kamenz	25	25	–	–
	Eger	31	16	–	–
	Wittstock	15	5	–	–
	Nidda	33	9	–	–
	Bracht	19	19	–	–
	Halle-Nietleben	28	–	–	–
	Weimar	25	–	–	–

Zu einem Einsatz der Ju 87 als Schleppmaschinen kam es bei den folgenden Einsätzen aber nicht mehr; die 1.–3. Staffel der Schleppgruppe 1 verwendete die He 111, während die 4. Staffel mit Do 17 ausgestattet war. Gleichwohl überhäufte das Fallschirm-AOK, dem die Schleppgruppe 1 unterstand, diesen letzten LS-Verband im Februar und März 1945 mit einer Fülle von Befehlen, in denen mehrfach Neu- und Umgliederung der Gruppe und ihrer technischen Kompanien angeordnet wurde. Noch am 19. 4. 45 – die Rote Armee kämpfte bereits am Stadtrand von Berlin – verlangte man seitens des OKL Aufklärung, ob die befohlenen Maßnahmen auch durchgeführt worden waren. Unnötig zu sagen, daß man im Stab der ›Gruppe Herzog‹ in diesen Wochen andere Sorgen hatte...
Wie hatte sich die Lage des seit dem 15. 2. eingeschlossenen Breslau entwickelt? Bereits in der Nacht 15./16. 2. 45 war die Luftversorgung mit Ju 52 angelaufen. Eingeflogen wurden insbesondere Waffen und Munition sowie 2 Fj.Batl. Gelandet wurde auf dem Flugplatz Gandau, der allerdings unter ständigem Artilleriebeschuß lag; als Ausweichplatz diente die Friesenwiese im Westen Breslaus. Außerdem wurde in der Stadt selbst die Kaiserstraße durch Sprengung und Beseitigung von Häusern so verbreitert, daß ein Landeplatz von etwa 800 m Länge und 50 m Breite entstand. Ju 52 konnten diese ›Landebahn‹ allerdings nicht benutzen. Dieses Wagnis sollte den Lastenseglern vorbehalten bleiben...
In den Abendstunden des 22. 3. 1945 war es dann soweit. Auf persönlichen Befehl Hitlers sollten 6 schwere Infanteriegeschütze samt Bedienung und Munition nach Breslau eingeflogen werden. 3 Go 242 mit den Piloten Fw. Frohn, Ofw. Seidel und Ofw. Huber und 3 DFS 230 starteten in die Nacht. Schon dieser erste Einsatz zeigte, wie schwer und verlustreich die Flüge nach Breslau werden sollten:
Fw. Frohn raste mit seinem Segler bei der Landung auf der Kaiserstraße in eine Lore. Die Go 242 von Ofw. Seidel wurde schon unmittelbar nach dem Ausklinken von Scheinwerfern erfaßt und erhielt Flaktreffer. Dennoch gelang ihm noch eine Notlandung nördlich von Breslau, allerdings auf russischer Seite. In sieben Tagen schlug sich Seidel zusammen mit den drei Mann Geschützbedienung zur Festung durch. Nur der Go 242 von Ofw. Huber glückte eine glatte Landung. Auch der Flug der 3 DFS 230 stand unter keinem guten Stern. Eine Maschine mußte wegen FT-Schwierigkeiten umkehren, die zweite vollführte bei Grossenheim eine Bruchlandung, wobei der FF Walter Krause schwer verletzt

wurde. Die dritte DFS 230 stürzte am Südrand der Festung ab, Uffz. Helsinger kam ums Leben.
Eine in der folgenden Nacht gestartete Go 242 mußte ihren Flug wegen schlechter Sicht abbrechen. Dagegen gelang in der Nacht 26./27. 3. mindestens einer DFS 230 – gesteuert von Uffz. Hustert – die Landung in der Festung.
In den Nächten 7./8. 4., 8./9. 4. und 10./11. 4. starteten insgesamt 29 DFS 230 und Go 242 nach Breslau, doch nur 10 Landungen wurden aus dem Kessel bestätigt; zahlreiche Piloten mußten als vermißt gemeldet werden. Zu diesen gehörte zunächst auch Rolf Singenstreu. Er war am 7. 4. abends in Alt-Lönnewitz gestartet, wurde jedoch nach zweistündigem Flug durch die Schleppmaschine vorzeitig zum Ausklinken veranlaßt und mußte schließlich in der Oder in Ufernähe jenseits der deutschen Linien landen. Tagsüber versteckte er sich, nachts marschierte er entlang der Oder, immer wieder russischen Posten ausweichend, in Richtung Breslau. Am Abend des 10. 4. fand Singenstreu am Ufer einen noch recht gut erhaltenen Kahn und fuhr mit diesem den letzten und gefährlichsten Kilometer in die Festung hinein. Zur selben Zeit warf ein He 111-Verband über der Stadt Versorgungsbomben ab und wurde dabei durch Flak und Scheinwerfer bekämpft; das lenkte wohl die Aufmerksamkeit der russischen Wachposten ab, und Uffz. Singenstreu erreichte schließlich schwimmend die deutschen Stellungen. Am 23. 4. wurden er und einige Kameraden durch ›Störche‹ ausgeflogen. Seinem Staffelkameraden Uffz. Stephan gelang einige Nächte später die Landung im Festungsbereich. Er berichtet:

»Breslau war meine Heimatstadt; daher meldete ich mich freiwillig zu diesem Einsatz. Ich kam nach Alt-Lönnewitz zur Staffel Hptm. Reich. Als Vorbereitung für den Einsatz erhielten die für den Einsatz vorgesehenen Piloten Luftaufnahmen (Tag und Nacht) der Festung Breslau. Die Nachtaufnahmen stammten aus sternklaren Nächten, wie sie für den Einsatz vorgesehen waren. Deutlich zu sehen waren die Brände und das markante Flußnetz Breslaus, die in der Nacht eine Orientierung aus großer Höhe ermöglichten. Die Befeuerung der Landeplätze sollte erst in niedriger Höhe (ca. 1500–1000 m Höhe) erkennbar sein. Wir wurden darauf aufmerksam gemacht, daß die Russen auf ihrem Gebiet Scheinlandefeuer zur Irreführung anlegten, eine Orientierung allein an der Landebefeuerung also leicht zu einer Landung bei den Russen führen konnte. Die bisherigen starken Ausfälle wurden u. a. hauptsächlich darauf zurückgeführt, neben den Verlusten durch Artilleriefeuer bei der Landung und Abschüsse beim Ausfliegen. Als Schleppflugzeuge waren Do 17 und He 111 vorgesehen. Wie viele an-

dere LS-Führer hatte ich keinerlei Erfahrung mit diesen Schleppmaschinen. Auch lag mein letzter Nachtflug über ein Jahr zurück.
Da sich in diesen Apriltagen die Front von beiden Seiten dem Flugplatz Alt-Lönnewitz näherte, verlegte die Schleppgruppe 1 nach Hohenmauth im damaligen Protektorat Böhmen und Mähren. Ich überführte mein beladenes LS hinter einer He 111, wegen der vielen feindlichen Jäger, am frühen Morgen und im Tiefflug auf den neuen Einsatzhafen. Von Hohenmauth startete ich Mitte April mit Einbruch der Dämmerung. Pilot war Staffelkapitän Hptm. Reich. Die Entfernung nach Breslau betrug ungefähr 140 km. Als Landeplätze waren vorgesehen: Die Friesenwiese in der Nähe des Stadions, die als Landebahn durch Sprengungen verbreiterte Kaiserstraße zwischen Kaiserbrücke und Fürstenbrücke an der alten Oder sowie eine Uferwiese am Flutkanal westlich der Rosenthalerbrücke. Da der letztgenannte Landeplatz erst seit einigen Tagen befeuert und zur Landung vorgesehen war, vermutete ich, daß die Russen wahrscheinlich diesen Platz noch nicht unter Artilleriebeschuß nehmen würden.
Start und Anflug verliefen reibungslos. Die Verständigung mit der Schleppmaschine über das Kehlkopfmikrofon klappte vorzüglich. Die Nacht war sternenklar. Lange Zeit vor dem Ausklinken sah ich vor uns die Riesenbrände aufleuchten. Ungefähr 20 km vor Breslau in einer Höhe von 3500 bis 4000 m erhielt ich vom Schleppiloten die Aufforderung, mich auf das Ausklinken vorzubereiten. In aller Eile gab er mir noch die Angaben über Position, Kurs und Höhe durch, dann blitzten auch schon die ersten Scheinwerfer auf.
Ich klinkte aus und hielt Kurs auf die Brände. Höhe hatte ich reichlich, so daß ich nichts zu überstürzen brauchte. Für eine Weile nahm mich der grandiose Anblick der brennenden Stadt, deren Feuerschein bis in große Höhen riesige Rauchwolken gespenstisch erleuchtete, gefangen. Beinahe hätte ich übersehen, daß die suchenden Finger der Scheinwerfer immer näher kamen. Plötzlich leuchtete meine Kabine hell auf. Sie hatten mich erfaßt. Instinktiv zog ich die Maschine zu einer Kehrtkurve hoch und schon umgab mich wohltuendes Dunkel. Ich änderte den Kurs und flog nach Osten. Die Strahlen der Scheinwerfer blieben zurück.
Bei dieser Höhe konnte ich mir einen Umweg leisten und mich dann aus südöstlicher Richtung, dem Flußlauf der Oder folgend, der Festung nähern. Das hatte den Vorteil, daß ich den Widerschein der Brände im nordwestlichen Hafenviertel der Stadt vermied und außerdem nicht zum ›Blindflug‹ in den Rauchwolken gezwungen wurde. In über 1000 m Höhe erreichte ich die Stadt und konnte bald die Platzbeleuchtung auf den Landeplätzen erkennen. Unverkennbar auch die Blitze der Artillerieeinschläge auf der Friesenwiese und der Kaiserstraße. Nördlich der Stadt eine deutliche Landeplatzbeleuchtung der Russen, aber zu weit weg vom Flutkanal, um mich zur Landung zu verlocken. Für mich stand fest, daß ich auf dem Landestreifen am

Flutkanal landen würde. Den Nachteil, über den mit Bäumen bestandenen Deich einschweben zu müssen, nahm ich in Kauf.
Fast schulmäßig drehte ich meine Landekurven, um Höhe zu verlieren. Leider störte bei der letzten Kurve der Schatten eines riesigen Hauses meine Landevorbereitungen. Durch das Ausweichmanöver flog ich mit überhöhter Geschwindigkeit und mehrfacher Kurskorrektur den Leuchtpfad an. Die Bäume auf dem Deich blieben weit unter mir, dafür näherte sich die rote Lampe am Ende des Leuchtpfades beunruhigend schnell. Als ich den Schatten der Brücke – ich wußte wohl als Breslauer, daß sie auf mächtigen steinernen Pfeilern ruhte – auf mich zukommen sah, richtete ich das LS nicht mehr aus dem Slip auf, sondern ließ es schräg auf den Boden prallen. Der Stacheldraht um die Kufe tat ein übriges, das LS stand nach einigen Metern. Mein Kopf schlug gegen eine Strebe des Kabinendachs, aber mein Springerhelm, den ich nach dem Ausklinken zur Vorsicht aufgesetzt hatte, erwies sich als widerstandsfähig. Unversehrt bis auf die Kufe stand die Maschine nicht weit von dem Brückenpfeiler und ein paar Meter neben dem Wasser des Flutkanals.
Ein Fahrzeug näherte sich, Männer mit Äxten, Sägen und anderem Werkzeug stürzten auf mich zu, begrüßten mich mit Umarmungen und bargen die Ladung. Ich selbst, noch etwas benommen, wurde von einem der Männer zu dem nahegelegenen Gefechtsstand des Artilleriekommandeurs geführt. Während ich dort einen Begrüßungsschnaps trank, verschwand mein LS, wenig fachmännisch in kleine Bestandteile zerlegt, in den Fluten des Kanals. Die russische Aufklärung sollte keine Spuren der Landung mehr vorfinden.
Ein Melder störte den kleinen Umtrunk. Ein weiterer Lastensegler hätte die Landung versucht und sei dabei abgestürzt. Draußen sahen wir die Bescherung. Auf der Deichkrone lag das LS (DFS 230), eine Fläche war abgerissen und die Kabine zum Teil zerstört. Wir bargen den schwerverletzten Piloten; ein Sanka brachte ihn in den Lazarettbunker. Wie uns Augenzeugen berichteten, war das LS zu niedrig eingeschwebt und in den Kronen der Bäume auf dem Deich hängengeblieben.
Ein weiteres LS, das in dieser Nacht gestartet war, hat die Festung nie erreicht.
Gegen Ende April wurde ich, gemeinsam mit einem Schwerverwundeten, in einem Fieseler ›Storch‹ von der Friesenwiese ausgeflogen.«

Im Laufe des April 1945 wurden die Einsatzbedingungen für die Schleppgruppe 1 wie auch für die anderen Transportverbände immer schwieriger. Vor allem die katastrophale Flugbetriebsstofflage behinderte und verhinderte schließlich immer häufiger die Einsatztätigkeit der fliegenden Verbände. Die Versorgungsoffiziere der Luftflotte 6 mußten die allerletzten Benzinreserven buchstäblich zusammenkratzen und konnten somit wenigstens teilweise die

Flugtätigkeit der Kampf-, Jagd- und Transportverbände im schlesischen Raum aufrechterhalten. Obwohl die Schleppgruppe 1 – die FKB-Staffel war inzwischen eingegliedert worden – am 9. 4. 45 immerhin noch über 36 He 111 und Do 17 verfügte, waren von diesen jedoch nur 9 Maschinen einsatzbereit. In zunehmendem Maße wurde nämlich der gesamte Luftraum durch amerikanische und englische Jäger kontrolliert, die durch ihre Tiefangriffe schwere Schäden auf den deutschen Flugplätzen hervorriefen. Tagsüber mußte in Alt-Lönnewitz jeglicher Flugbetrieb eingestellt werden. Selbst Werkstattflüge nach Reparaturen konnten zuletzt nur noch in der Morgen- und Abenddämmerung durchgeführt werden. Manche Besatzung fiel Fernnachtjägern zum Opfer. Am 13. 4. 45 verlegte die Schleppgruppe 1 nach Hohenmauth (bei Königgrätz), von wo aus der letzte LS-Verband der Luftwaffe, der am 25. 4. 45 über 11 Do 17, 15 He 111, 3 Ju 87, 13 DFS 230 und 6 Go 242 verfügte, fast bis Kriegesende Abwurf- und LS-Einsätze nach Breslau durchführte.
In der Nacht 29./30. 4. 45 starteten zum letzten Mal 4 DFS 230, um die Festung mit Munition zu versorgen. Den Piloten Uffz. Kutzas, Fw. Becker und Fw. Krösche gelang die Landung im Festungsbereich. Uffz. Thies' Notlandung ist bereits eingangs geschildert worden.
Wieviele Lastensegler in der Zeit vom 22. 3.–29. 4. 45 von der Schleppgruppe 1 eingesetzt wurden, läßt sich nicht mehr genau feststellen, da die maßgebliche Unterlage, das KTB der Luftflotte 6, nur sehr lückenhaft erhalten ist.
Anhand des KTB/Luftflotte 6, Unterlagen des Transportfliegerführers sowie Flugbucheintragungen von Piloten läßt sich die folgende – nicht vollständige – Übersicht über den LS-Einsatz von Breslau erstellen:

Datum	*Eingesetzt*
22./23. 3.	3 Go 242, 3 DFS 230
23./24. 3.	1 Go 242
26./27. 3.	mindestens 1 DFS 230
7./8. 4.	3 Go 242, 7 DFS 230
8./9. 4.	1 Go 242, 9 DFS 230
10./11. 4.	4 Go 242, 5 DFS 230
14./15. 4.	2 DFS 230
16./17. 4.	4 DFS 230
17./18. 4.	6 DFS 230
29./30. 4.	4 DFS 230

Nach Aussagen von überlebenden Piloten soll weniger als die

Hälfte der Segler Breslau sicher erreicht haben. Die anderen Maschinen stürzten auf dem Anflug ab, wurden abgeschossen, fielen russischen Scheinflughäfen zum Opfer oder verunglückten bei der Landung im Festungsbereich. Mancher gelandete Pilot fiel in der Festung, und auch beim Ausflug kamen Besatzungen ums Leben. So ist bekannt, daß Mitte April eine Ju 52, die mehrere LS-FF an Bord hatte, unmittelbar nach dem Start abgeschossen wurde. Um so bemerkenswerter ist es, daß mehrere Piloten, darunter Uffz. Kutzas und Uffz. Hustert, zweimal in die Festung Breslau einflogen. Aufgrund der schlechten Quellenlage ließ sich nur noch ein geringer Teil der Flugzeugführer, die nach Breslau einflogen, namentlich ermitteln:
Arndt, Becker, Fendel, Frohn, Grassl, Heim, Helsinger, Herr, Hoffmann, Huber, Hustert, Janssens, Kaba, Konrad, Krause, Krösche, Kutzas, Sauerbier, Schultz, Seidel, Singenstreu, Stephan, Thies, Thomaszewki, Trautwein, Weiß, Westphal.
Am frühen Morgen des 8. 5. 1945 kam dann der Befehl, alle Flugzeuge zu vernichten und sich auf dem Landwege in westlicher Richtung über Pilsen in das von den Amerikanern bereits besetzte Gebiet abzusetzen. Die He 111 und Do 17 wurden daraufhin gesprengt und die DFS 230 mit Äxten und Sägen unbrauchbar gemacht. Unmittelbar vor Abfahrt der Gruppe wurde Hptm. Herzog von einem im Auftrag des Fm. Schörner tätigen Sonderkommando festgenommen, weil die Zerstörung der Flugzeuge als Feigheit ausgelegt wurde. Ein sehr gut bewaffneter Zug der Gruppe erzwang aber sehr schnell die Freiheit von Hptm. Herzog. Gegen Mittag fuhren dann die Angehörigen der Schleppgruppe 1 mit Last- und Personenwagen aus Hohenmauth ab. Sehr bald geriet die Kolonne in das auf den Straßen herrschende Chaos: Zurückflutende Divisionen, zahlreiche Versprengte und dazwischen Zehntausende von Flüchtlingen. Dennoch schaffte es der größte Teil der Gruppe am 10. 5. 45, die Moldau und damit amerikanisch besetztes Gebiet zu erreichen. Zwei Tage später jedoch lieferten die Amerikaner etwa 100 000 in diesem Raum versammelte deutsche Soldaten, darunter auch die Angehörigen der Schleppgruppe 1, an die Russen aus.

LANDEZIEL: BERLIN, OST-WEST-ACHSE

Ein Teil der Anfang Februar 1945 in Köthen in der Lastenseglerflugzeugführerkompanie zusammengezogenen LS-Piloten wurde im März 1945 nicht nach Alt-Lönnewitz in Marsch gesetzt, sondern kam nach Wittstock/Dosse. Hier sollten sich die ungefähr 25 Flugzeugführer für einen ›besonderen Einsatz‹ bereithalten. In der letzten Aprilwoche wurden die LS per LKW nach Tarnewitz transportiert, dort aufgebaut und nach Rerik überflogen. Von der mecklenburgischen Küste aus – weite Teile Mecklenburgs waren schon von den Russen besetzt – sollte die Luftversorgung der seit dem 25. 4. 1945 eingeschlossenen Reichshauptstadt erfolgen.

Selten war ein Versorgungseinsatz schon von vornherein so zum Scheitern verurteilt wie dieses Unternehmen, selten war eine Schlacht so aussichtslos wie die Verteidigung Berlins. 2,5 Millionen Rotarmisten mit 6200 Panzern, 41 000 Geschützen und annähernd 8000 Flugzeugen standen etwa 90 000 Verteidiger, darunter 46 000 Volkssturmmänner und halbwüchsige Hitlerjungen gegenüber. Während die Russen Waffen, Munition und Treibstoff im Überfluß hatten, mangelte es den Deutschen an allem. Praktisch nur jeder Zweite hatte überhaupt ein Gewehr, die wenigen kampferfahrenen Soldaten unter den Verteidigern entstammten den Resten bereits an der Oder zerschlagener Verbände.

Außerdem befanden sich in der Stadt noch etwa 3 Millionen Zivilisten, doch das kümmerte Hitler, Goebbels und die anderen Spitzen des Dritten Reiches, die sich im Bunker der Reichskanzlei, 15 m unter der Erde verschanzt hatten, nicht.

Bedenkenlos wurden auch in dieser letzten Phase des Krieges, wo das Ende praktisch unmittelbar bevorstand, Tausende von Soldaten geopfert, ganz zu schweigen von den zahllosen Berliner Zivilisten, die durch Artilleriebeschuß und Bomben ums Leben kamen.

Um das eigene Leben ein paar Tage, schließlich ein paar Stunden zu verlängern, ließen die NS-Führer Kinder gegen Panzer kämpfen; allein bei der Verteidigung der Havelbrücken fielen tausend Jungen.

Ohne jeglichen Bezug zur Realität klammerten sich die Machthaber im Bunker, unterstützt von beflissenen Offizieren, an die Hoffnung, von außen würden ›Entsatzarmeen‹ Hilfe bringen und ›den Russen vor den Toren Berlins die entscheidende Niederlage beibringen‹.

Wie sehr auch die Möglichkeiten der Luftversorgung überschätzt wurden, geht aus einigen Bemerkungen anläßlich einer Lagebesprechung im Bunker der Reichskanzlei am 27. 4. 1945 hervor:

»*Oberst v. Below* (Hitlers Luftwaffenadjutant):
Luftversorgung soll jetzt anrollen mit Hilfe von He 111 und Ju 87. In

He 111 Z schleppt zwei Go 242 nach Sizilien, Juli 1943

Landung an der Nordostspitze Siziliens (Torre di Faro)

Unten links: Luftaufnahme des Landeraumes. – *Rechts:* Besatzung Pressnik/Lang verläßt die Go 242

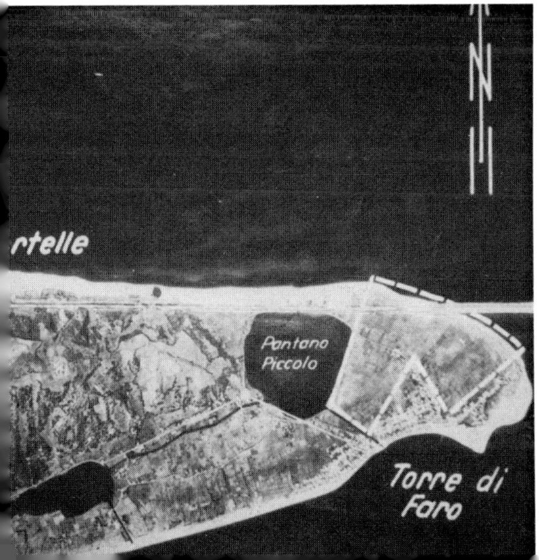

Landung der 12./ LLG 1 auf dem Gran Sasso

Mitte: Transport von Fallschirmjägern nach Mittelitalien durch TGr 30/DFS-Staffel 23 im September 1943

Unten: Nach dem alliierten Luftangriff auf Pratika di Mare (17. 9. 43)

Luftlandung im Tal von Drvar am 25. 5. 1944

Gefallener Lastenseglerpilot vor seiner Maschine

Die Überlebenden der „Zitadelle“ am Morgen des 26. 5. 1944. Im Vordergrund Gefallene der nächtlichen Kämpfe

Schleppzüge der I./LLG 1 im Anflug

Am Ortsrand von Vassieux gelandete Segler der I./LLG 1 (21. 7. 1944)

Bei Vassieux gelandete Go 242 der I./LLG 2

Seltene Bilddokumente aus den Jahren 1944/45: Der Lastensegler Ka 430

Hptm. Reich, Staffelkapitän der Staffel z.b.V. ›Reich‹ 1944/45

Starrschleppzug Do 17/DFS 230 (2./LLG 1)

In ein Budapester Haus gestürzter Segler, Januar 1945

Einer von vielen: Hans Irion, vermißt in Budapest im Januar 1945

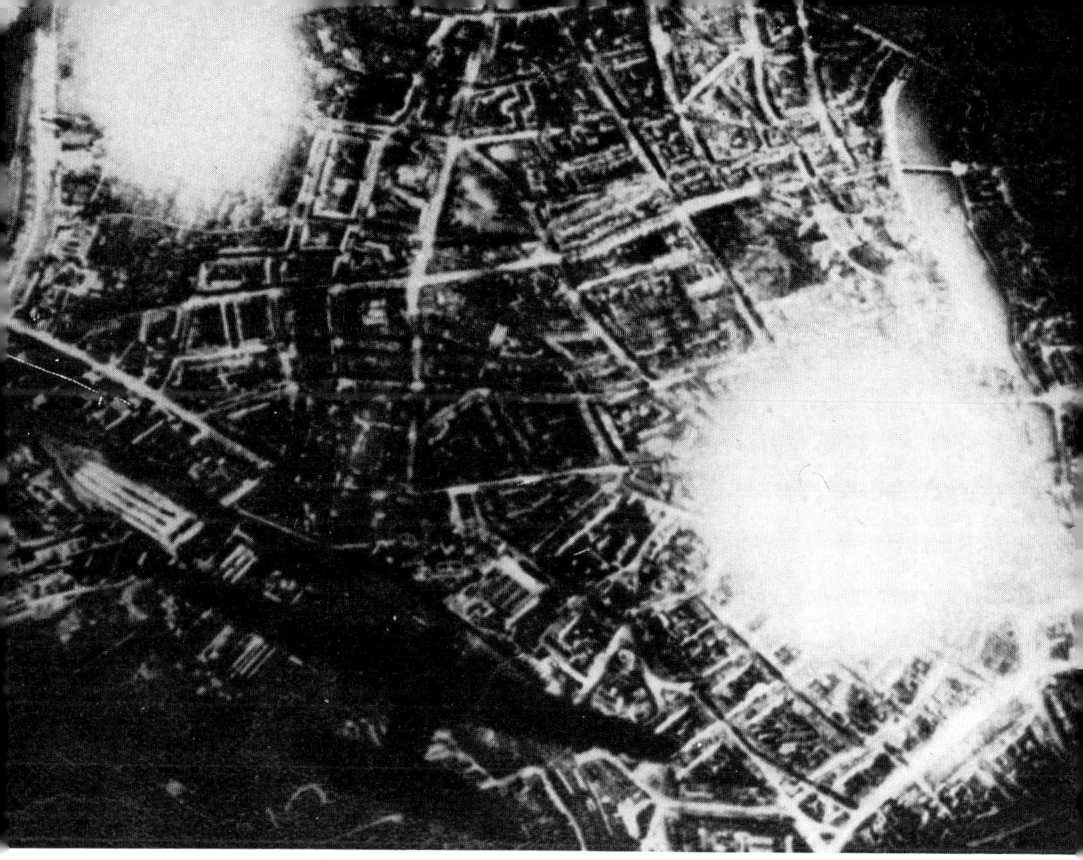
Leuchtbomben erhellen den Stadtkern von Breslau. Schemenhaft im Vordergrund eine He 111

Eggebeck (Holstein) am 4. 5. 1945: bruchgelandete He 111 der ›Gruppe Uhl‹

Hptm. Herzog, 1945 Kommandeur der Schleppgruppe 1

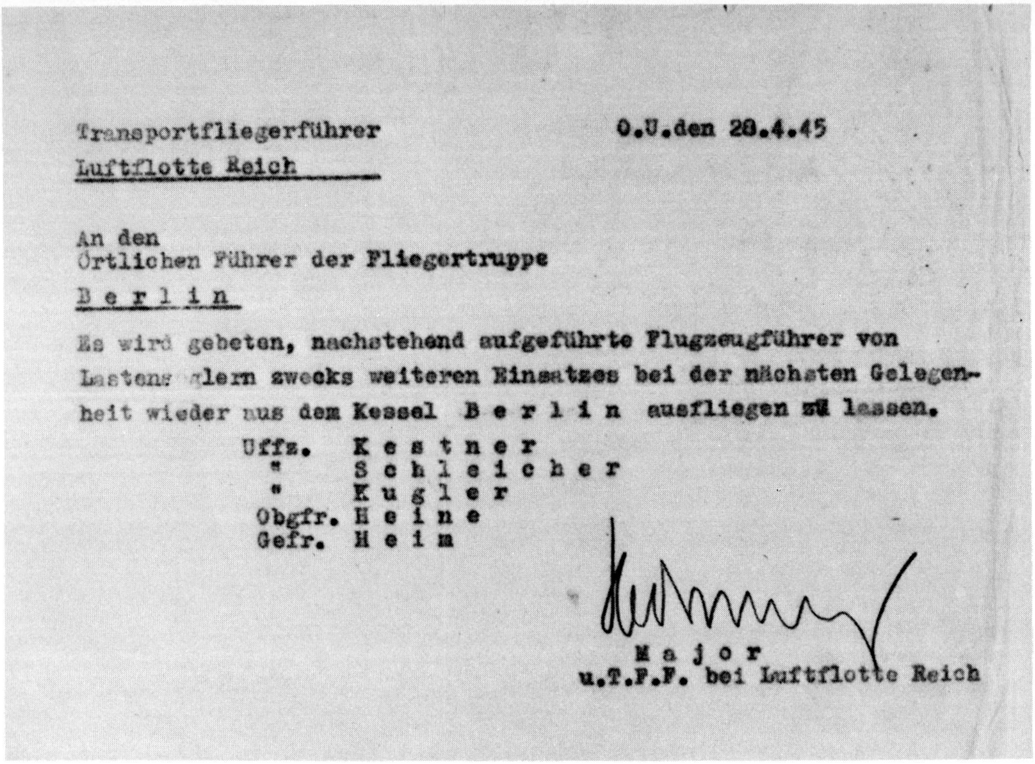

Transportfliegerführer
Luftflotte Reich

O.U.den 28.4.45

An den
Örtlichen Führer der Fliegertruppe
B e r l i n

Es wird gebeten, nachstehend aufgeführte Flugzeugführer von Lastenseglern zwecks weiteren Einsatzes bei der nächsten Gelegenheit wieder aus dem Kessel B e r l i n ausfliegen zu lassen.

Uffz. K e s t n e r
" S c h l e i c h e r
" K u g l e r
Obgfr. H e i n e
Gefr. H e i m

M a j o r
u.T.F.F. bei Luftflotte Reich

Einmalige Dokumente vom 28. 4 und 3. 5. 1945 belegen den bisher völlig unbekannten Lastensegler-Einsatz Berlin

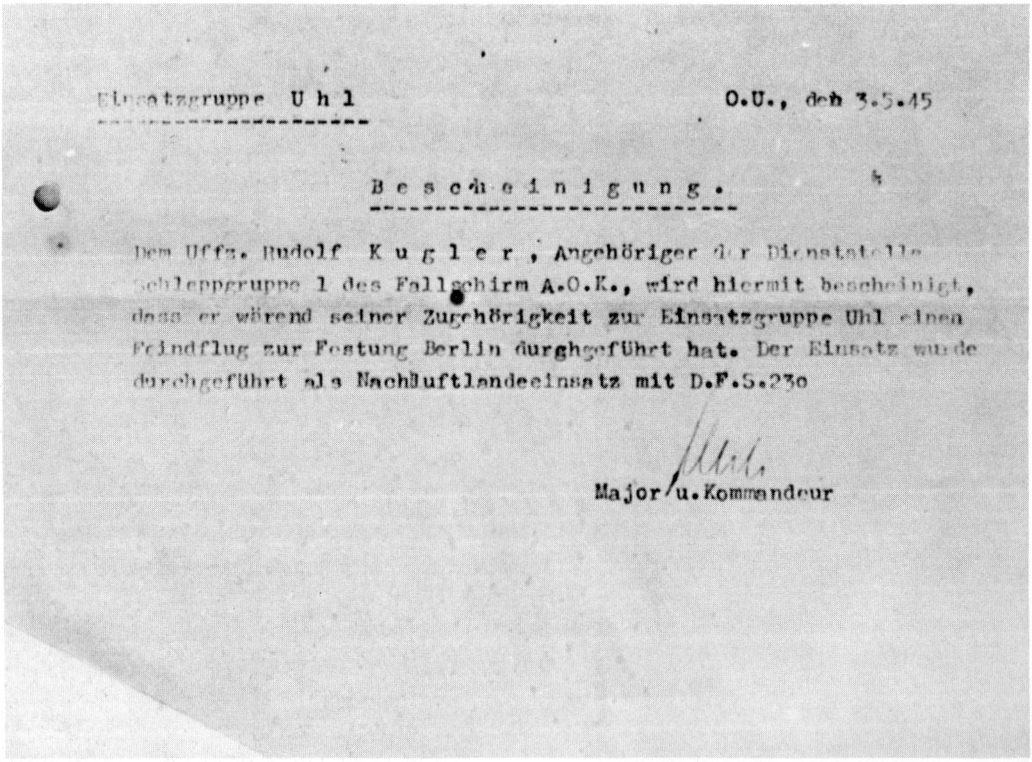

Einsatzgruppe U h l

O.U., den 3.5.45

B e s c h e i n i g u n g .

Dem Uffz. Rudolf K u g l e r , Angehöriger der Dienststelle Schleppgruppe 1 des Fallschirm A.O.K., wird hiermit bescheinigt, dass er wörend seiner Zugehörigkeit zur Einsatzgruppe Uhl einen Feindflug zur Festung Berlin durghgeführt hat. Der Einsatz wurde durchgeführt als Nachtluftlandeeinsatz mit D.F.S.230

Major u.Kommandeur

der Dämmerung sollen Jus kommen mit den Resten des SS-Bataillons und Teilen von Marinesoldaten.

Vizeadmiral Voß (Vertreter Ob.d.M. im FHQ):

Die Luftwaffe muß wenigstens einen Flugplatz freimachen, wo die Leute einfliegen können. Aber ohne Flugplatz geht es schlecht. Wir kriegen heute 100 Leute herein auf der Ost-West-Achse zu Ihrem persönlichen Schutz. Das sind Kerle, die uns hier helfen. Wenn Wenck den Flugplatz Gatow freikämpft, dann ist es gar kein Problem.«

100 Mann sollen Hilfe bringen gegen ein Millionenheer. . .

Immer wieder sandte gerade Vizeadmiral Voß Funksprüche an Großadmiral Dönitz mit der Forderung um Verstärkungen. Am 27. 4. 1945 verlangte er kategorisch: ›Luftlandemöglichkeit auf der Ost-West-Achse muß mit allen Mitteln versucht werden!‹

Tatsächlich wurden in Schleswig-Holstein noch Rekruten und Marinehelfer zusammengezogen und in der Nacht 26. 4./27. 4. 1945 1000 Mann von Fehmarn nach Wismar zum Abtransport vom Flugplatz Rerik überführt.

Weiter gelangten die Marinehelfer – zu ihrem Glück – nicht mehr, denn die Zahl der in Rerik für den Versorgungseinsatz Berlin zur Verfügung stehenden Maschinen, insgesamt wohl nicht mehr als zwei oder drei Dutzend Flugzeuge, reichte dafür nicht aus. Soweit bekannt, lag in Rerik neben dem erwähnten LS-Kommando nur noch die ›Gruppe Uhl‹, ein rasch zusammengestellter He 111-Verband, zu dem auch die 4./TGr 30 (Hptm. Breutmann) gehörte. Von Rechlin starteten noch einige Ju 52, soweit Benzin vorhanden war.

Außerdem war am 27. 4. 1945 mit Gatow der letzte Flugplatz in russische Hände gefallen. Gelandet werden konnte jetzt – mit viel Glück – nur noch auf der Ost-West-Achse. Trotz stärkster Flugabwehr warfen die He 111 und Ju 52 bis zum Erlöschen des Widerstandes Versorgungsbomben über Berlin ab. Die schwierigste Aufgabe aber stand den LS-Piloten bevor, die Nachtlandungen in der brennenden und umkämpften Millionenstadt durchzuführen hatten.

In der Nacht vom 28. 4. auf den 29. 4. 1945 starteten dann in Rerik tatsächlich 5 DFS 230, gesteuert von den Piloten Uffz. Kestner, Uffz. Schleicher, Uffz. Kugler, Ogfr. Heine und Gfr. Heim nach Berlin. Gelandet werden sollte auf der Ost-West-Achse, doch lag diese unter so starkem Beschuß, daß ein Landeanflug unmöglich war.

Uffz. Kugler orientierte sich der Helligkeit wegen an einem ausgedehnten Flächenbrand und konnte schließlich einen größeren

Platz im Bezirk Tegel ausmachen und dort sicher landen. Die transportierte Flakmunition wurde sofort von einer in der Nähe stationierten Flakbatterie übernommen.
Da Uffz. Kugler, wie auch die anderen LS-Piloten mit einem Schreiben des Transportfliegerführers der Luftflotte Reich ausgestattet war, in dem die zuständigen Dienststellen in Berlin angewiesen wurden, die gelandeten LS-Piloten sofort zwecks weiterer Einsätze wieder ausfliegen zu lassen, erhielt er tatsächlich einen Platz in einer der wenigen noch startenden Ju 52 zugewiesen, wurde ausgeflogen und gelangte nach Rerik zurück.
Das Schicksal der anderen gestarteten DFS-Piloten ist – von einer Ausnahme abgesehen – unbekannt. Uffz. Heim mußte vor Erreichen Berlins notlanden, da das He 111-Schleppflugzeug abstürzte. Wahrscheinlich wurde diese He 111 von Hptm. Matthies gesteuert, der in derselben Nacht im mecklenburgischen Raum bei einem Schleppflug verunglückte.
In der Nacht 29./30. 4. oder 30. 4./1. 5. 45 – genau ließ sich das nicht mehr feststellen – flogen nochmals 2 DFS 230 nach Berlin. Die Maschine Wilhelm Schneiders erhielt über der Stadt schweren Flakbeschuß, dennoch gelang dem Piloten die Landung in der Nähe der Ost-West-Achse; schwer verwundet geriet Schneider sofort in russische Gefangenschaft. Der Pilot des anderen Seglers, Uffz. Göbel, soll bei der Landung gefallen sein.
Soweit feststellbar, fanden keine weiteren LS-Einsätze mehr statt.
Die in Rerik verbliebenen LS-Piloten schlossen sich der ›Gruppe Uhl‹ an und flogen am 1. 5. 45 an Bord von He 111 nach Grossenbrode und gerieten in Eggebeck (bei Schleswig) in englische Gefangenschaft.
Mit der Auflösung der Schleppgruppe 1 endet auch die Geschichte der deutschen Lastenseglerverbände.
Wieviele Soldaten dieser Verbände bei Luftlande- oder Luftversorgungseinsätzen fielen, bei der Ausbildung oder der Erprobung neuer Segler abstürzten, bei Bombenangriffen umkamen, in Gefangenschaft verstarben oder für immer vermißt blieben, ließ sich nicht ermitteln. Schätzungen schwanken zwischen 1000–2000 Soldaten. Schätzungen, die nicht zu hoch gegriffen erscheinen, wenn man bedenkt, daß nach der weitgehenden Auflösung der LS-Verbände (September 1944) das Gros der Piloten und des Bodenpersonals zu Heeres- oder Fallschirmeinheiten kommandiert wurde und so in das Inferno der letzten Kriegsmonate geriet, das viele der im Erdkampf wenig erfahrenen früheren Luftwaffensoldaten nicht überlebten.

Die Gesamtverluste der Deutschen Wehrmacht im Zweiten Weltkrieg betrugen – nach Angaben der Deutschen Dienststelle (WAST) – 3 100 000 Gefallene und 1 200 000 Vermißte. Mehr als 4 Millionen gefallene oder vermißte deutsche Soldaten ...
Unwillkürlich wird man bei dieser Zahl an Äußerungen Hitlers aus den Jahren 1933/34 gegenüber Hermann Rauschning (Präsident des Senats der Freien Stadt Danzig 1933/34) erinnert:

»Den Krieg führe ich. Den geeigneten Zeitpunkt zum Angriff bestimme ich... Ich werde meine ganze Energie darauf verwenden, ihn herbeizuzwingen. Das ist meine Aufgabe. Erzwinge ich das, dann habe ich das Recht, die Jugend in den Tod zu schicken! ...
Ist dies unser Preis, dann werde ich nicht einen Augenblick zögern, zwei, auch drei Millionen toter Deutscher im vollen Bewußtsein der Schwere des Opfers auf mein Gewissen zu nehmen.«

(Zitiert nach Hermann Rauschning, Gespräche mit Hitler, Zürich 1940, S. 16 und S. 42.)

16. Ausbildungs- und Sondereinheiten

DIE ERGÄNZUNGSGRUPPE (S) 1

Als Keimzelle der Ergänzungsgruppe (S) 1 darf die Segelflugschule der Luftwaffe gelten. Diese war im Januar 1940 durch Hptm. Willerding in Braunschweig-Waggum aufgestellt worden. Seitens der 17./KGzbV 5 (Hildesheim) mußten 60 Soldaten (Motorbesatzungen und LS-Fluglehrer) sowie 8 Ju 52 und 20 DFS 230 an die neue Schule abgegeben werden.
Im Spätsommer 1940 wurde die Segelflugschule von Braunschweig nach Neuhausen (Ostpreußen) verlegt. Hier übernahm Oberstlt. Reeps das Kommando über den nun als Fliegerschule der Luftwaffe (S) 1 bezeichneten Ausbildungsverband. Neben Neuhausen wurde auch in Rossitten geschult. Technischer Leiter in Neuhausen war Fliegeringenieur Lütty.
Nach Beginn des Rußlandfeldzuges verlegte die Fliegerschule (S) 1 im Sommer 1941 nach Langendiebach. Den Ausbildungsbetrieb schildert Lt. Egner:

> »Die Schule gliederte sich nun in 4 Staffeln, die in Langendiebach – hier lag auch die Stabs- und technische Kompanie – Geinsheim, Eschborn und Zellhausen stationiert war. Geschult wurde auf dem Lastensegler DFS 230; als Motormaschinen fanden u. a. He 45, He 46 und Gloster ›Gladiator‹ Verwendung. Neben dem Stammpersonal, den Fluglehrern und den Schleppiloten gehörte zu jeder Staffel eine Fluggruppe, der die Flugschüler – zum großen Teil Abiturienten – zugeteilt wurden.
> Der Flugbetrieb begann früh am Morgen zuerst mit dem Startaufbau: das hieß: Landekreuz gegen den Wind auslegen, die Start- und Landebahn mit weißroten Fähnchen ausstecken, Schreibpulte aufstellen zum Registrieren der Starts und Landungen der Maschinen und ähnliches. Dann wurden die Lastensegler zum Start gebracht und dort abgestellt. Die Motorflugzeuge machten zuerst einen kurzen Probeflug, und

dann begann der Flugbetrieb, der sich nach der Wetterlage richtete. Die Anfangsschulung begann mit Platzrunden, die ca. 4–5 Minuten dauerten. Der Fluglehrer verblieb auf dem hinteren Sitz, während die Schüler nach wenigen Starts wechselten. Die Flugschüler hatte zum größten Teil keine Vorkenntnisse und wurden nur auf DFS 230 geschult.

Bei Schönwetter wurden Verbandsflüge geübt, Zielanflüge und Ziellandungen aus großer Höhe (ca. 1000–2000 m), Sturzflüge mit Bremsfallschirm, Halb- und Vollastflüge, Überlandschlepp und Nachtflüge. Es wurde praktisch rund um die Uhr geschult. Bei Schlechtwetter wurde theoretischer Unterricht erteilt: Flugzeugkunde, Flugrecht und Flugbestimmungen, Kursberechnungen, Navigation und Wetterkunde. Erst danach kam der obligatorische Innendienst zu seinem Recht.«

Im Zuge der Neugliederung der LS-Verbände im Frühjahr 1942 erfolgte die Umbenennung der Fliegerschule (S) 1 in Ergänzungsgruppe (S) 1. Zahlreiche ausgebildete Flugschüler und Angehörige des Stammpersonals wurden jetzt zu den neuaufgestellten Verbindungskommandos (S) versetzt.

Die sich gegen Ende des Jahres 1942 immer mehr verschlechternde Lage im Osten und im Mittelmeerraum beeinträchtigte auch den Ausbildungsbetrieb der Schulen.

So wurde aus mehreren hundert Angehörigen der Ergänzungsgruppe (S) 2 ein Infanteriebataillon gebildet und nach Tunesien transportiert. Die Ergänzungsgruppe (S) 1 hingegen erhielt im Januar 1943 den Befehl, für die Stalingradversorgung eine Einsatzgruppe aufzustellen und in den Südabschnitt der Ostfront zu verlegen.

Wie bereits geschildert, fand der geplante LS-Großeinsatz zur Versorgung Stalingrads nicht statt; die LS-Verbände, darunter auch die als IV./LLG 1 bezeichnete Einsatzgruppe aus Langendiebach verlegten zur Krim und führten die Versorgung des Kuban-Brückenkopfes durch. Mitte Februar 1943 wies die IV./LLG 1 einen Bestand von 34 Schleppzügen Arado 65/DFS 230 auf. Ein Teil der Besatzungen der IV./LLG 1 wurde in andere Staffeln des LLG 1 oder des VK(S) 4 versetzt, die Gruppe selbst kehrte im April 1943 nach Langendiebach zurück und wurde dort aufgelöst.

Die Jahre 1943/44 waren gekennzeichnet von einer sich ständig steigernden alliierten Fliegertätigkeit über dem Reichsgebiet. Bombenangriffe und amerikanische Langstreckenjäger störten auch den Flugbetrieb in Langendiebach, Eschborn und Zellhausen. So wurde Eschborn am 15. 8. 44 bei einem Tagesangriff amerikanischer viermotoriger Bomber erheblich getroffen. Zudem

machte sich, je länger der Krieg dauerte, Benzinknappheit bemerkbar.
Ebenso wie die meisten anderen LS-Einheiten mußte die Ergänzungsgruppe (S) 1 dann – gemäß einem Befehl des OKL vom 9. 9. 1944 – aufgelöst werden. Das Personal wurde zumeist zu Heeres- oder Fallschirmeinheiten versetzt.

DIE ERGÄNZUNGSGRUPPE (S) 2

Die Geschichte der Ergänzungsgruppe (S) 2 stellt sich anhand der Unterlagen ihres letzten Kommandeurs, Hptm. Eckstein, wie folgt dar:
Gegen Ende des Jahres 1940 erhielt der Kommandeur der II./KGzbV 1, Oberst Drewes, den Auftrag, eine ›Schleppschule der Luftwaffe‹ aufzustellen. Als Standort wurde der Flugplatz Jesau bei Königsberg gewählt. Aufgabe dieser Schule sollte es sein, Me 110-Besatzungen für das Schleppen des von Messerschmitt entwickelten Großraumlastenseglers Me 321 auszubilden.
Im Frühjahr 1941 wurde die Schleppschule nach Stuttgart-Echterdingen verlegt. Um sich mit dem Schleppen von Segelflugzeugen vertraut zu machen, übten die Me 110-Piloten zuerst das Schleppen von ›Kranich‹- Seglern mit Doppeldeckern vom Typ He 72 ›Kadett‹ und He 44 ›Stieglitz‹. Dann wurden diese Schulmaschinen in Dreierformation vor eine DFS 230 gespannt, die man zur Gewöhnung des LS-Piloten an die Kabinenhöhe des ›Gigant‹ auf ein Hochbeinfahrgestell montiert hatte. Im Troika-Schlepp wurden nun Platzrunden vollführt. Schließlich wechselte man die DFS 230 gegen eine Ju 52 aus, deren mittlerer Motor stillgelegt und die Luftschraube abmontiert war. Dafür hatte man dort eine Kupplung angebracht, an der die 3 Schleppseile der Me 110-Dreier-Kette angebracht waren. Beim Start liefen die äußeren Motoren der Ju 52 im Leerlauf mit, damit bei einem Fehlstart oder Auseinanderreißen der Schleppkette der ›Segler‹ sicher landen konnte.
Schon nach kurzer Zeit waren mehrere Me 110-Besatzungen gut eingeflogen, so daß die Ausbildung im Troika-Schlepp mit der Me 321 beginnen konnte.
Diese erfolgte durch zwei Ausbildungskommandos in Leipheim und Obertraubling. Führer des Kommandos waren Hptm. Mauss und Olt. Kalthoff.
Nachdem der Plan einer Landung in England aufgegeben worden war, entfiel die Aufstellung eines kompletten Me 321-Geschwa-

ders. Die Aufgabe der Schleppschule und der ihr unterstellten Kommandos beschränkte sich nun auf die Ausbildung weiterer Flugzeugführer und die Bereitstellung von Me 321-Schleppzügen für den Einsatz an der Ostfront im Herbst 1941. Mit der Umrüstung des Seglers Me 321 durch den Einbau von Motoren zu einem Transportflugzeug erübrigte sich dann die Aufgabe der Schleppschule. Der Stab und Teile der beiden Ausbildungskommandos verlegten um die Jahreswende 1941/42 nach Posen. Hier erfolgte die Aufstellung von 4 LS- Staffeln, in denen die Ausbildung von LS-Flugzeugführern (DFS 230 und Go 242) betrieben wurde. Zum Fliegerhorst Posen gehörten auch die Außenlandeplätze Schroda und Bednary.

Oberst Drewes verließ die Schule, die im April 1942 in Ergänzungsgruppe (S) 2 umbenannt wurde. Mitte Juni 1942 bildete man aus Teilen der Erg.Gr. (S) 2 die II.(Go)/LLG 2, die aber bereits nach wenigen Wochen wieder aufgelöst wurde.

Offiziersstellenbesetzung der Erg.Gr. (S) 2 im Sommer 1942:

Kommandeur:	Oberstlt. Snowadzki
Adjutant:	Olt. Winkler
Staffelkapitäne:	Hauptleute Buchmann, Grotzke, Gruber, Eckstein.

Die Ausbildung der LS-Führer und die Vervollkommnung des Ausbildungsstandes erfolgte bei der Gruppe in vielfältiger Weise. Von dem Gedanken ausgehend, daß sich der LS-Führer nach der Landung in vielen Fällen am Erdkampf beteiligen mußte, wurde Verbindung mit der ebenfalls in Posen stationierten Fahnenjunkerschule V aufgenommen, wie auch mit einer Flakeinheit, einer Artillerieabteilung sowie Fallschirmpionieren. Es erfolgte nunmehr neben der fliegerischen Weiterbildung die Schulung der LS-Führer im Infanteriekampf, an Infanteriewaffen bis zum leichten Granatwerfer, an der LFH 18, an der 2-cm-Flak und im Pionierdienst. In fliegerischer Hinsicht wurden ständig Übungen im größeren Verband mit taktischen Aufgaben, meist in Zusammenhang mit der Fahnenjunkerschule V, durchgeführt.

Im Spätsommer 1942 wurde unter Führung von Olt. Kalthoff eine Go 242-Staffel an die Ostfront in Marsch gesetzt (1.(Go)/ Lw.Kdo.Don); aus der 1./Erg.Gr. (S) 2 entstand im Herbst 1942 die 5./LLG 2, die um die Jahreswende 1942/43 bei der Kesselversorgung von Welikije Luki zum Einsatz kam.

Das (vorläufige) Ende der Ergänzungsgruppe (S) 2 kam dann ebenso schnell wie unerwartet:

Am 8. 11. 1942 waren die Alliierten in Marokko und Algerien gelandet. Um zu verhindern, daß die Engländer und Amerikaner dem sich aus Tripolitanien zurückziehenden Afrika-Korps in den Rücken fielen, ordnete Hitler an, das unter französischer Verwaltung stehende Tunesien zu besetzen. Es war allerdings leichter, die Errichtung eines Brückenkopfes in Tunesien zu befehlen, als dies dann durchzuführen, denn dafür standen deutscherseits kaum nennenswerte Kräfte zur Verfügung; vielmehr mußten von überallher Einheiten und Teileinheiten zusammengerafft werden.
Wer nun auf die letztlich absurde Idee gekommen war, ausgerechnet aus der Ergänzungsgruppe (S) 2 Posen ein Infanteriebataillon zu formieren, ausgebildete Flieger und Techniker zu Grenadieren und MG-Schützen zu machen, ließ sich nicht mehr feststellen. Tatsache ist jedenfalls, daß der entsprechende Befehl am 9. 11. 1942 in Posen eintraf. In großer Eile wurden Afrika-Uniformen ausgegeben, schwere Infanteriewaffen empfangen, die Gruppe in ein Infanteriebataillon mit Stab und 4 Kompanien umgegliedert und die Marschbereitschaft hergestellt. Bereits am 10. 11. 1942, so das KTB des Flughafenbereiches Posen, verließ die Erg.Gr. (S) 2 in einer Stärke von 756 Soldaten unter der Führung vn Oberstlt. Snowadzki den Fliegerhorst und verlegte im Eisenbahntransport nach Reggio (Süditalien). In Posen verblieb lediglich ein Restkommando unter Führung von Hptm. Nevries.
Von Reggio aus wurde das Posener Bataillon am 20. 11. 1942 nach Biserta (Tunesien) überflogen und dort dem neugebildeten Regiment Barenthin als I. Bataillon unterstellt. Zuerst im Raum Mateur eingesetzt, nahm das I./Rgt. Barenthin im Februar 1943 im Gebiet von Sedjane an der letzten deutschen Offensive in Tunesien teil.
Ein Vierteljahr zogen sich dann die Kämpfe in Nordfrika noch hin; schließlich geriet das I./Rgt. Barenthin zusammen mit der gesamten Heeresgruppe Afrika am 13. 5. 1943 in Gefangenschaft. Nur wenige Angehörige des Bataillons, darunter auch Hptm. Eckstein, konnten nach Sizilien entkommen. Oberstlt. Snowadzki war infolge einer Verwundung bereits um die Jahreswende 1942/43 nach Deutschland zurückgekehrt.
In Posen war unterdessen aus dem Restkommando unter Hptm. Nevries wieder eine funktionstüchtige Gruppe entstanden, deren Führung Oberstlt. Snowadzki nach seiner Genesung erneut übernahm. Die Ausbildung der LS- Führer wurde in der gleichen Weise durchgeführt wie bisher.
Anfang 1944 übernahm Hptm. Eckstein die Erg.Gr. (S) 2; Staffel-

kapitäne waren jetzt Olt. Meisser, Olt. Krusewitz, Olt. Zeiller sowie Hptm. Räntzsch.
Je eine Staffel verlegten auf die Außenlandeplätze Schroda und Bednary, zwei Staffeln verblieben in Posen.
Die fliegerische Ausbildung wurde erweitert, so unter anderem durch die Landung von LS im Sturzflug mit drahtumwickelten Kufen und Bremsfallschirm auf minimaler Strecke. Die infanteristische Ausbildung erfolgte wiederum mit der Fahnenjunkerschule V, die zahlreiche Ausbilder zur Verfügung stellte. Eine größere Anzahl von LS-Führern, die von den in Afrika erlittenen Verwundungen genesen waren, trafen in Posen ein und wurden dem Ausbildungspersonal zugeteilt.
Am 9. 9. 1944 kam der Befehl, die Ergänzungsgruppe (S) 2 aufzulösen und einen infanteristisch ausgebildeten Kader zu bilden, der der Ersatz- und Ausbildungsdivision der Fallschirmarmee unterstellt werden sollte.
Die endgültige Auflösung der Gruppe erfolgte nach ihrer Verlegung nach Würzburg.

LASTENSEGLER BEI STURZKAMPF-, KAMPF- UND JAGDVERBÄNDEN

Die Verlegung des technischen Personals von Sturzkampfverbänden wurde in der Regel von Transportflugzeugen vom Typ Ju 52 durchgeführt. Da dieses Flugzeugmuster ausrüstungsmäßig nicht zum Bestand der Ju 87-Verbände gehörte, wurden bei anfallenden Verlegungen Transportflugzeuge vom jeweiligen Fliegerkorps zur Verfügung gestellt. Naturgemäß ergaben sich daraus häufig Schwierigkeiten, wie sie immer entstehen, wenn Verbände zusammenarbeiten, die nur ein sehr kurzes Unterstellungsverhältnis miteinander verbindet. Die oft sehr schnell notwendig werdenden Verlegungen der taktischen Verbände und die Wiederherstellung der Einsatzbereitschaft ließen eigene Transportmittel erwünscht erscheinen. Die angespannte Flugzeugnachschublage verbot aber eine Ausrüstung der Sturzkampfverbände mit eigenen Transportflugzeugen.
Der LS-Flugzeuglehrer Uffz. Dittmar überreichte im Januar 1942 dem Kommandeur der Ergänzungsgruppe (S) 1, Oberstlt. Reeps, eine Denkschrift, die sich mit der Verwendung des Lastenseglers DFS 230 für Verlegungstransporte von Stuka-Gruppen an der Front befaßte. In Ermangelung von Transportflugzeugen war bei

schnellen Verlegungen nämlich das Bodenpersonal samt Ersatzteilen oft tagelang von den Staffeln getrennt, was zu einer Beeinträchtigung der Einsatztätigkeit führte.
Uffz. Dittmar schlug nun vor, jeder Stuka-Gruppe 9–12 DFS 230 und eine gleiche Zahl LS-Flugzeugführer zuzuweisen. Hinsichtlich des Schleppens würden sich mit den erfahrenen Stukapiloten keine Schwierigkeiten ergeben. Selbstverständlich müßten alle Ju 87 der Ersatz- und Ausbildungseinheiten und der Frontverbände mit Schleppkupplungen versehen werden.
Inwieweit Dittmars Denkschrift darauf Einfluß hatte, daß bereits im Sommer 1942 einzelne Stukaverbände, insbesondere das StG 3 in Nordafrika, einige DFS 230 zugewiesen bekamen, ließ sich im nachhinein nicht mehr feststellen.
Immerhin erhielt Dittmar nach Überwindung vieler Schwierigkeiten in der zweiten Jahreshälfte 1942 Gelegenheit, Schleppversuche mit der Ju 87 durchzuführen. In Schweinfurt standen dafür 10 Ju 87 und 6 DFS 230 sowie Flugzeugführer zur Verfügung. Mit der Fronterprobung wurde die Ergänzungsstaffel des StG 77 beauftragt. Da die Erprobungsberichte durchweg positiv ausfielen, stand der Formierung einer speziellen Schulstaffel nichts mehr im Wege. Durch Verfügung ObdL/Genst.Qu./2.Abt. wurde auf dem Kommandowege am 23. 4. 43 die ›LS-Ausbildungsstaffel für Sturzkampfverbände‹ in Wertheim aufgestellt und dort sofort mit der Ausbildung begonnen. 9 LS-Flugzeuglehrer und 8 Schleppiloten unterwiesen die Flugschüler. Laut eines Geschwaderbefehls des StG 1 mußten alle Ju 87-Flugzeugführer nach einem Heimaturlaub einen viertägigen Schlepplehrgang bei der Ausbildungsstaffel in Wertheim absolvieren.
Während der Ausbildung wurden viele Vollastflüge sowie Hoch- und Tiefschlepps durchgeführt. Nach erfolgreicher Schulung gab die Ausbildungsstaffel die LS-Flugzeugführer je nach Anforderung an die einzelnen Stukagruppen ab.
Die Umrüstung der Schlachtverbände der Luftwaffe auf das Flugzeugmuster Fw 190 bedingte dann die Auflösung der LS- Ausbildungsstaffel am 13. 12. 43, da die Fw 190 als Schleppflugzeug ungeeignet war. In den 8 Monaten ihres Bestehens hatte die LS-Ausbildungsstaffel insgesamt 48 LS-Flugzeugführer ausgebildet.
Auch den mit He 111 ausgerüsteten und an der Ostfront eingesetzten Kampfgeschwadern waren seit dem Frühjahr 1943 Lastensegler und LS- Flugzeugführer zugewiesen worden. So verfügten Ende Februar 1944 die KG 4, 27, 53 und 55 über insgesamt 41 Go 242.

Jagdverbände waren – von einer Ausnahme abgesehen – nicht mit Lastenseglern ausgestattet. Eine im Frühjahr 1942 geplante Unterstellung von 4 DFS 230-Staffeln unter die ZG 1 und ZG 2 unterblieb.
Hingegen wurden im November 1943 der Sturmstaffel 1, einer Spezialeinheit zur Bekämpfung viermotoriger Bomber, von der I./LLG 2 eine He 111-Besatzung (Lipfert/Philipp/Römer) und 2 Go 242-Besatzungen (Wullschläger/Braun und Pressnik/Kneller) zugeteilt.
Aufgabe der Lastensegler war, beschädigte Fw 190 der im nordwestdeutschen Raum operierenden Sturmstaffel 1 schnellstens mit Ersatzteilen zu versorgen. Aufgrund ihrer geräumigen Ladefläche eignete sich die Go 242 auch zum Transport der Sternmotoren BMW 801.
Ende Juli 1944 wurde das LS-Kommando bei der Sturmstaffel 1 aufgelöst.
Nicht unerwähnt bleiben soll das LS-Bergnotkommando. Im Januar 1944 wurden 3 LS-Führer und 3 Schleppiloten von der Ergänzungsgruppe (S) 1 zur 7. Jagd-Division nach Schleißheim abgeordnet. Ihnen wurde die Aufgabe gestellt, einen Bergnotdienst nach Muster der Seenotdienste aufzubauen. Nach zwei Monaten stand eine funktionsfähige Organisation mit dem Bereichskommando in Ainring bei Freilassing und je einem Bergnotkommando in Graz, Innsbruck, Bozen und Ainring. Jedes Kommando verfügte über einen Schleppzug mit 2 Speziallastenseglern. Diese Lastensegler waren besonders für Berglandungen im Schnee ausgerüstet; sie verfügten über eine 50 cm breite Kufe und trugen unter den Flächen eine Aufhängevorrichtung für Startraketen. Diese Startart war von der Deutschen Forschungsanstalt für Segelflug, die sich seit Sommer 1940 in Ainring befand, erprobt worden. Nach mehreren Raketenstarts auf dem Platz und von den Bergen in der Nähe von Salzburg und Ainring war auch den Piloten des Bergnotdienstes diese Startart vertraut.
Der LS-Bergnoteinsatz war so gedacht, daß in den Bergen abgesprungene Flugzeugbesatzungen, die nicht von Seilmannschaften des Bergnotdienstes geborgen werden konnten, durch LS aufgenommen werden sollten. Zu jeder LS-Besatzung gehörten neben dem Piloten ein erfahrener Bergsteiger und ein englischsprechender Dienstgrad. Der Segler sollte in der Nähe des Abgesprungenen landen, diesen an Bord nehmen und dann mit Raketenstart ins Tal gelangen.
Zum Einsatz gelangte das LS-Bergnotkommando nicht mehr.

Verzeichnis der Anlagen

Geheime Kommandosache

II 8

Der Reichsminister der Luftfahrt
und Oberbefehlshaber der Luftwaffe
Generalstab 2.Abteilung
Az. 11 b 16 Nr. 700 /38 g.Kdos.(II A)

Berlin, den 9.3.38

300 Ausfertigungen
104. Ausfertigung

C II Nr. 312.38 g Kdos
14. MRZ. 1938
Bearbeiter: II a

Betr.: Aufstellung des Ausbildungskommandos für Lastensegelflug (Ausbildungskommando L.Sfl.)

1.) Am 1.4.38 wird in Fürstenwalde das

Ausbildungskommando für Lastensegelflug

aufgestellt.

Offene Bezeichnung: Ausbildungskommando (L.Sfl.).

Aufgabe des Kommandos ist, die im Segelfluglehrgang (L) Darmstadt bei der D.F.S. ausgebildeten Flugzeugführer (L) weiterzubilden und Erfahrungen zu sammeln.

Ausbildungsrichtlinien s.Verfügung D.R.d.L.u.Ob.d.L. Chef Genst.3.Abt. Nr.120/38 g.Kdos. I B, die demnächst zur Ausgabe gelangt.

2.) Durchführung der Aufstellung durch L.K.K.2.

3.) Stärke= und Ausrüstungsnachweisung gem. Liste der Einheiten Nr.01866 (L).

4.) Unterstellungs= und Befehlsverhältnisse:
Das Ausbildungskommando (L.Sfl.) wird der Kampfgruppe z.b.V. 1 in jeder Hinsicht unterstellt.

5.) Personal:
Besetzung der Personalplanstellen für Offz., Uffz. und Mannschaften durch R.L.M.(L.P.).

6.) Zuteilung von Flugzeugen, Spezialfahrzeugen und Gerät erfolgt durch das R.L.M. (L.E.).

Anlage 1

Geheim

Der Reichsminister der Luftfahrt und Oberbefehlshaber der Luftwaffe | Berlin, den 6.11.4o

Chef des Ausbildungswesens
Az.4,Nr.614o/4o geh. (Ausb.Abt.II C).

12 NOV

12. NOV. 1940
970/40g 2x

S e g e l f l u g z e u g f ü h r e r s c h e i n (L).

I.) Mit Wirkung vom 1.11.194o wird der Segelflugzeugführerschein (L) eingeführt. (Muster in der Anlage).

Der Segelflugzeugführerschein (L) wird erteilt an Soldaten und Beamte der Luftwaffe und berechtigt zum Führen von Lastensegelflugzeugen außerhalb genehmigter Fluggelände.

Inhaber des Segelflugzeugführerscheines (L) werden "Segelflugzeugführer" genannt. Sie gehören zum fliegenden Personal und treten damit zum 1.11.4o. unter die Betreuung durch L.P.

II.) Der Segelflugzeugführerschein (L) wird in den Klassen A und B erteilt.

Klasse A : 1o sitzige Segelflugzeuge
" B : 2o und mehrsitzige Segelflugzeuge.

III.) Die Bewerber um den Segelflugzeugführerschein (L) Klasse A +) haben als Vorbildung nachzuweisen

a) den Luftwaffen-Segelfliegerschein Kl.II, oder
b) den Luftfahrerschein für Segelflugzeugführer Klasse II, oder
c) den Luftwaffenflugzeugführerschein.

IV.) Die Bewerber haben eine Prüfung abzulegen; diese umfaßt einen theoretischen und praktischen Teil.

./.

+) Prüfbestimmungen für den Erwerb der Klasse B folgen später.

Anlage 2

1) Der **theoretische** Teil besteht aus der theoretischen A 2 Prüfung nach der L Dv. 21 (ohne Triebwerk, Flugzeug und Instrumentenkunde für den Motorflug) unter Berücksichtigung der Besonderheiten für die Ausbildung im Segelflug.

2) Der **praktische** Teil besteht aus nachstehenden Flügen

   a) 3 Ziellandungen, Ausklinkhöhe 500 m (Anflug mit Seiten-, Rücken- und Gegenwind, Landung in einem Feld von 50 x 100m)

   b) 2 Zielanflüge nach Karte (über 30 km Gleitstrecke), davon einen Dämmerungsanflug.

   c) 1 Verbandsgleitflug mit 6 Flugzeugen, anschließend Ziellandung an mehreren festgelegten Punkten, Ausklinkhöhe 1000 m.

   d) 1 Zielanflug (über 30 km Gleitstrecke), Außenlandung in einem nur nach Karte oder Lichtbild bekannten Gelände; anschließend taktischer Einsatz im Rahmen einer L.S.-Gruppe.

   e) 1 Verbandsschleppflug von 2 Stunden Dauer mit 6 Flugzeugen; anschliessend Zielanflug über 20 km Gleitstrecke und Ziellandung.

   f) 3 Nachtlandungen.

Anmerkung:
Sämtliche Flüge sind mit zwei Flugzeugführern durchdurchzuführen. Die Mitnahme weiterer Besatzungsmitglieder im L.S. ist dem Flugschüler nur für den Prüfungsflug d, im übrigen erst nach Ausstellung des Segelflugzeugführerscheines (L) erlaubt. Schul- und Übungsflüge sind möglichst bald mit Vollast, Prüfungsflüge grundsätzlich mit voller Zuladung (1000 kg) zu fliegen.

./.

V.) Die praktische sowie die theoretische Prüfung für den Segelflugzeugführerschein (L) kann nur bei den Verbänden bzw. auf der Segelflugschule der Flieger-Div. 7 abgelegt werden. Die Abnahme der Prüfungen erfolgt durch die von der Flieger-Div. 7 hierfür eingesetzten Luftfahrt-Sachverständigen, die Inhaber des Segelflugzeugführerscheines (L) sein müssen. Die Ausstellung der Segelflugzeugführerscheine (L) erfolgt durch die Verbände bzw. Schule der Flieger-Div. 7.

VI.) Die Gültigkeitsdauer des Segelflugzeugführerscheines (L) A/B beträgt 1 Jahr, gerechnet vom Ausstellungstag an.
Zur Erhaltung des Segelflugzeugführerscheines (L) ist im Zeitraum eines Jahres folgende Mindest-Bedingung zu erfüllen:
Gesamtflugzeit von mindestens 15 Stunden (Schlepp- und Gleitflug) auf Lastensegelflugzeugen.

VII.) Als Tauglichkeitsgrenzen gelten für die ärztl. Untersuchung die "Bestimmungen für die ärztl. Untersuchung auf Wehrfliegertauglichkeit, Fliegerschützentauglichkeit und Fallschirmschützentauglichkeit im Kriege."
Der Bewerber um den Segelflugzeugführerschein (L) muß wehrfliegertauglich sein.
Ruht die Erlaubnis, so kann die Flieger-Div. 7 sie verlängern, wenn der Scheininhaber sich einer fliegerischen Überprüfung unterzogen hat und den Nachweis gemäß VI führen kann. Der seit dem Ruhetermin verflossene Zeitraum darf 2 Jahre nicht überschreiten. Wird die Frist von 2 Jahren überschritten, dann muß der Bewerber die praktische Prüfung gemäß IV 2 (a-f) wiederholen.

VIII.) Für die Entziehung des Segelflugzeugführerscheines (L) ist die Flieger-Div. 7 zuständig.

./.

IX. Jede Erteilung - Erweiterung von Klasse A auf B; Entziehung, Verlust sowie jeder sonstige Wegfall (z.B. durch den Tod des Inhabers) eines Segelflugzeugführerscheines (L) ist von der Flieger-Div. dem R.d.L.u.Ob.d.L. - L B 2 - (Sammelstelle für Nachrichten über Luftfahrer) nach dem für die Luftwaffen-Flugzeugführerscheine vorgeschriebenen Muster zu melden.

Entzogene und sonst weggefallene Segelflugzeugführerscheine (L) sind der gleichen Stelle zu melden.

X. Die Flieger-Div. 7 kann im Einvernehmen mit dem R.d.L.u.Ob.d.L. Chef A.W. (Ausbildungsabteilung) Ausnahmen von einzelnen Prüfbedingungen machen.

1 Anlage.

Verteiler:

Min.A		1
St.		1
Chef Genst		2
L P		2
Chef d.Lw.		4
Generalluftzeugmeister		2
Chef für Flugsicherheit		1
L In 5 (Sfl)		1
Luftflottenkommando	1	1
"	2	1
"	3	1
"	4	1
Luftgaukommando	I	1
"	II	1
"	III	1
"	IV	1
"	VI	1
"	VII	1
"	VIII	1

./

Anlage 3 Abschrift

Der Reichsminister der Luftfahrt
u.Oberbefehlshaber der Luftwaffe
Generalstab Gen.Qu. 2. Abt.
Az. 11 b 16.15 Nr.7187/4o g.Kdos. (IIA)

H.Qu., den 22.8.1940

Betr.: Aufstellung III./Luftlande-Geschwader 1.

1.) Mit dem 1.9.1940 wird die

III./Luftlandegeschwader 1 (III./LL.-G.1.)
in Braunschweig-Waggum aufgestellt.

2.) Gliederung:

Stab III./LL.-G.1
7./LL.-G.1
8./LL.-G.1
9./LL.-G.1

Stärke- und Ausrüstunsnachweisung gem. Liste der Einheiten:

a) für Stab III./LL.-G.1 1262 (L)
b) für 7./LL.-G.1 1265 (L)
c) für 8./ und)./LL.-G.1 1267 (L)

3.) Durchführung durch 7.Flieger-Division

4.) Besetzung der Personalplanstellen:

a) für den Gruppenkommandeur durch R.d.L. u.Ob.d.L. (L.P.),
b) für Beamte durch R.d.L. u.Ob.d.L. Chef der Luftwehr (L.D.) bzw. Generalluftzeugmeister (P.T.),
c) für das übrige Personal durch 7.Flieger-Division.
Gestellung des fehlenden Personals regelt im Rahmen des Möglichen Genst.Gen.Qu.6.Abt.

5.) Gestellung der Flugzeuge erfolgt zunächst durch 7.Fl.Div. aus dem Flugzeugbestand der I. und II.Gruppe des LL.-G.1.

6.) Zuteilung der Kraftfahrzeuge und des Geräts regelt Generalluftzeugmeister (L.E.).

7.) Unterstellungsverhältnis:

Die III./LL.-G.1 untersteht in jeder Hinsicht der 7.Fl.Div.

8.) Erfolgte Durchführung ist Genst.Gen.Qu.2.Abt.zu melden.

I.A.
gez. Jeschonek
F.d.R.
gez. Unterschrift
Hauptmann

Anlage 4 Abschrift

Witzig
Hautpmann

Berlin, 1.August 1940

Verwendung von Luftlandeeinheiten
zur Einnahme von G i b r a l t a r.

Der Einsatz von Fallschirm- und Luftlandeeinheiten zur Einnahme oder auch nur zur Mitwirkung an der Einnahme von Gibraltar erscheint aus folgenden Gründen unzweckmäßig:

1.) Das Gelände ist außer dem Windmillflat im Südzipfel der Halbinsel zur Landung ungeeignet und selbst dieses kommt fast nur für Lastensegler in geringer Menge in Frage. Die Nordsüdlänge der Fläche ist ausreichend (etwa 400 m), sie ist jedoch an schmalster Stelle nur etwa 60 m breit. Für Fallschirmjägerlandung dürfte die Breite kaum ausreichen, das Absetzen wäre wegen unsicherer Windverhältnisse sehr schwierig und der Anflug durch den Südfelsen behindert.

2. a) Der Einsatz von LS-Truppen ist nur dann gerechtfertigt, wenn durch ihn die Festung zu nehmen ist, zumindest aber er den Angriff der Sturmpioniere wesentlich erleichtert und beschleunigt. Das erstere ist unmöglich aufgrund des Landeraummangels. Das letztere wäre durch Öffnung der Stellungen des befestigten Nordhangs von hinten möglich. Die Wegnahme der Stellungen Windsor-Batterien bis Moorish-Castle und der Galosien im Nordfelsen würde den Angriff sehr erleichtern, da sie das ganze Angriffsgelände überhöhen, zum Teil im direkten Schuß nicht zu fassen und nur auf Umwegen zu erreichen sind. Sie wäre fraglos möglich, wenn nur die Landung weniger LS in der Stellung selbst gelänge. Das Gelände ist jedoch durchweg zu steil, schmale Flächen schließen nur an Steilhänge an, tief eingeschnittene Hohlwege und knorriger, wenn auch niedriger Baumwuchs und grober Felsen behindern die Landung.
Für die gleiche Aufgabe das Windmillflat zum Ausgangspunkt zu machen, ist abzulehnen, weil zweifelhaft

ist, daß es einer dort gelandeten schwachen Kompanie gelingen wird, sich durch 3 km vom Feind besetztes schwierigstes und zum Teil zur Verteidigung vorbereitetes Gelände, außerdem durch die Truppenreserven des Gegners durchzuschlagen. Schließlich würde sie auch auf einen Gegner stoßen, der die Zeit der Annäherung vom Süden ausgenutzt hat, sich auf den sicher zu erwartenden Angriff von hinten vorzubereiten, was bei der Landung in der Stellung selbst entfiele.

b) Die Landung auf dem Windmillflat wäre allenfalls geeignet zur Unterstützung des letzten Teils des Angriffs, der mir jedoch ohnehin als der leichteste erscheint, also der Unterstützung durch dieses Kampfmittel am wenigsten bedarf; was jedoch nicht ausschließt, es für einen anderen Verlauf des Kampfes dennoch zu verwenden.

c) Der Einsatz als 1.Kampfhandlung kommt also nicht in Frage, es entfällt damit gleichzeitig die völlige Überraschung durch den lautlosen Anflug in der Dämmerung. Der im Norden beschäftigte Gegner würde den Anflug erst spät bemerken, dennoch wäre mit Verlusten durch feindliche Flak zu rechnen, die durch Artillerie und Stuka nicht ganz ausgeschaltet wurde.

d) Die schwachen Möglichkeiten des Punktes b), bestenfalls Beschleunigung der letzten Angriffsphase um einige Stunden, scheinen mir die Schwierigkeiten der Vorbereitung des Einsatzes von LS nur, um sie als Reserve abrufbereit zur Verfügung zu haben, nicht zu rechtfertigen. Unser Kampfmittel würde also ohne entsprechenden Gegenwert der Öffentlichkeit in Spanien und damit auch dem Gegner preisgegeben bzw. ins Gedächtnis zurückgerufen; es würde unnötigerweise auf die Anwendungsmöglichkeiten der Waffe aufmerksam gemacht.

Der LS-Einsatz ist also abzulehnen, obgleich er das einzige Luftlandemittel ist, das nur mit eigener Artillerievorbereitung zur Ausschaltung feindlicher Flugwabwehr wegen seiner schnellen Gefechtsbereitschaft zum Ziele führen könnte.

3.) Das Absetzten von Fallschirmtruppen wäre unter Überwindung der Absetzschwierigkeiten vielleicht gruppenweise nacheinander auf dem Windmillflat möglich. Doch spricht grundsätzlich dagegen:

a) Fallschirmtruppen sind zur Wegnahme von besetzten, außerdem befestigten Stellungen durch Landung mitten darin ungeeignet, da die Überraschung nicht den Zeitverlust ausgleicht, der zum Erreichen der vollen Gefechtsbereitschaft eintritt.

b) Die Mindestvoraussetzung des Fallschirmeinsatzes in der Festung selbst, die Überraschung ist hier nicht gegeben.

c) Die mögliche Einsatzstärke - Landung einer Gruppe, eines Zuges insgesamt - schließt allein schon das Vorhaben gänzlich aus.

d) Der Anflug der langsamen Transport-Ju wird nur unter Verlusten möglich sein, selbst wenn ein Teil der feindlichen Flak vorher ausgeschaltet wird.

gezeichnet
Witzig, Hauptmann

Anlage 5 Abschrift

Sonderstab, Ia Gefechtsstand, den 16.1.1943

Übersicht
über die voraussichtlich (für Stalingradeinsatz) zur Verfügung stehenden Lastensegler und Schleppflugzeuge.

1.) Lastensegler

a) DFS 230 (Stalino)

120 DFS 230 von LLG 1 in (Luftüberführung)
15 DFS 230 vom Verb.-Kdo. (S) 4, Saporoschje-Ost
60 DFS 230 durch Gen.Qu.Genst. 4.Abt. in Marsch gesetzt

195 DFS 230

b) Go 242 (Stalino)

10 Go 242 von I./LLG 2 (in Luftüberführung mit He 111 Z)
15 Go 242 von I./LLG 2 (in Eisenbahnüberführung)
58 Go 242 vom Verb.-Kdo. (S) 4, Saporoschje-Ost
60 Go 242 durch Gen.Qu.Genst. 4.Abt. in Marsch gesetzt

144 Go 242

c) Me 321 (Woroschilowgrad)

5 Me 321 vom GS-Kommando 2 (in Luftüberführung)
5 Me 321 vom GS-Kommando 2 (Nachführung nach erfolgter Instandsetzung).

10 Me 321

2.) Schleppflugzeuge

a) Für DFS 230

30 Do 17	(Woroschilowgrad)	
30 Avia		
30 Hs 126	von LLG 1	Zubringerdienst im Lfl.-Bereich
30 Ar 65		
10 Hs 126	von Verb.-Kdo (S) 4	

130 Schleppflugzeuge für DFS 230

b) Für Go 242

bis 5 He 111 Z	von I./LLG 2	Woroschilowgrad
5 He 111	vom Verb.-Kdo. (S) 4	
etwa 25 He 111	von III./KG 4	Stalino/Woroschilowgrad

35 Schleppflugzeuge für Go 242

c) Für Me 321

5 He 111 Z vom GS-Kommando 2 Woroschilowgrad

Abschrift

Versorgung des Kubanbrückenkopfes durch LS (Februar/März 1943)
Auszug aus dem Tagebuch des Lt. Busse, Startoffizier des LLG 1 in Slawianskaja

Ende Januar 1943 fliege ich mit Hptm. Reich auf meinen Platz Slawianskaja. Bei Taganrog geht es über das Asowsche Meer, dann nach Süden zum Feldflugplatz Slawianskaja. Wir müssen ein wenig suchen, denn der Platz ist noch verschneit. Weder Hallen noch Gebäude sind feststellbar. Nach der Landung setzt mich Hptm. Reich ab und startet wieder. Ich komme mir irgendwie verloren vor. Aber immerhin stehen am Platzrand einige Me 109-Jäger. Also ist zumindest ein gewisser Schutz gewährleistet.
Am Dorfrand stehen ein paar Infanteristen. Sie gehören zur E-Komandantur und warten offenbar schon auf mich. Ich werde in der ersten Kate, dicht am Platz, untergebracht.
Am nächsten Tag bekomme ich in meiner Kate ein Fernsprechgerät. Gott sei Dank, eine Verbindung zur Krim. Ein Trecker, ein LKW kommen auf den Platz, um die Lastensegler zu transportieren. Ich selbst erhalte einen kleinen Opelwagen. Ich wüßte sonst auch nicht, wie ich von einem Platzende zum anderen kommen sollte. Ich fahre den Platz ab. Ein Rechteck von 800 x 1100 Metern, Nun, wenn die Giganten kommen sollten, wird es knapp. Zudem schmilzt an Sonnentagen der Schnee, und der Platz fängt an einigen Stellen an, weich zu werden.
Am Nachmittag suche ich den Chef der Jagdstaffel auf, bitte um Zusammenarbeit, verweise aber auch auf meine absolute Befehlsgewalt. Das schmeckt den Herren Jägern nicht, aber ich weise daraufhin, daß der beginnende Schleppbetrieb Rücksichtnahme erfordert, wenn er zügig ablaufen soll. Man heuchelt Verständnis, aber später gibt es Komplikationen, weil sich die Jäger nicht an unsere Vereinbarung halten.
Sie starten, sobald eine russische Maschine am Himmel auftaucht, quer durch die Landschaft, ohne Rücksicht, ob ein Schleppzug gerade anrollt, oder der Gigant im Anfluge ist.
Ich muß einige Male sehr energisch werden, um die Sicherheit des Flugbetriebes zu erreichen. Natürlich halten mir die Jäger die Russen vom Leib, denn die Me's sind den rus-

sischen Jägern und Bombern haushoch überlegen.
Am dritten Tag treffen Infanteristen, Verwundete, Kranke ein. Sie werden rings um den Platz gelagert, ein Teil verbleibt im Dorf. Ich liebe zu große Massierungen auf einem Einsatzplatz nicht. Zu schnell hat der Gegner eine starke Belegung festgestellt und öffnet seine Bombenschächte.
Am Nachmittag soll bereits eine Staffel Jus einfallen. Kraftstoff für die Jäger bringen und Soldaten zurückbefördern. Die Jus kommen noch ohne LS. Wir wollen überprüfen, ob die erste, primitive Organisation ausreicht. Ich lasse ein Landetuch auslegen, markiere mit einer Flagge die Startstelle, weise die Hilfsmannschaften ein. Der großte Lufttreck kann beginnen.
Wir sind mit unseren Maßnahmen kaum fertig, da kommt der erste Pulk Jus. Sie landen nacheinander, rollen an den Start zurück. Ich weise sie zum Platzrand ein, wo die Treibstofffässer ausgeladen und gelagert werden. Später kommt ein LKW der Jagdstaffel, um sie in den eigenen Bereich zu holen.
Die entladenen Jus rollen erneut zum Start. Dort warten bereits Verwundete und Kranke, die ich als erste zum Rücktransport vorgesehen habe. Die Jus werden bis zur Halskrause vollgepackt. Ich will zumindest diese Gruppe von Soldaten noch zur Krim bringen lassen, und es sind Hunderte. Die Verlastung läuft besser als gedacht. Kaum ist eine Ju fertig, geht es in die Luft. Die Staffel hat den Platz in erstaunlich kurzer Zeit verlassen. Die Staffelkapitäne habe ich gebeten, nach Rückkehr zur Krim zu melden, daß ich am heutigen Tage wenigstens noch zwei Staffeln brauche, um alle Verwundeten und Kranken wegzubekommen.
Ich habe jetzt eine kurze Pause, dann taucht der nächste Verband auf. Wir fertigen bis zur Dämmerung rund 50 Jus ab. Da der Platz keine Nachtbefeuerung hat, fallen Nachtflüge aus. Ich melde das Ergebnis des ersten Tages zum Geschwader.

6 Uhr morgens. Wir sind für den heutigen Tag am Vormittag Jus angesagt. Am Nachmittag sollen erstmals Schleppzüge mit DFS 230 einfallen. Ich bin gespannt, ob alles halbwegs klappt. Der Platzrand füllt sich mit Soldaten. Ich spreche mit den Einheitsführern, sie warten geduldig. Viele kommen aus schweren

Kämpfen. Sie sind froh, bald auf der Krim zu sein.
Um 8 Uhr landen die ersten Jus. Entladung - diesmals Truppenverpflegung und Heu für die Pferde. Beladung: erst wieder Verwundete, dann Soldaten aller Dienstgrade. Das Unternehmen läuft sich ein: Ich rase mit dem kleinen Opel von Ju zu Ju, um den Ablauf zu beschleunigen.
Der Vormittag vergeht, dann sehe ich die ersten Schleppzüge. Ich habe vorsorglich zwei Starts und zwei Landebahnen aufgebaut. Das erweist sich als sehr zweckmäßig, denn bei der Be- und Entladung zwischen Einzelmaschinen und Schleppzügen gibt es Zeitunterschiede. Die LS kommen ohne Beladung. Die Jus bringen Munition. Der Tumult auf dem Platz ist beachtlich. Aber alle nehmen ihre Aufgabe ernst: Wir wollen soviel Soldaten wie möglich aus dem Brückenkopf herausfliegen. Und guter Wille schafft offenbar Wunder. Auch die Abfertigung der Schleppzüge geht rascher als angenommen. Am Abend ist der Platz fast frei von Soldaten. Wir haben das Dreifache geschafft des ersten Tages. Meldung zur Krim und zur 17. Armee.
Der dritte Transporttag bricht an. Hptm. Kl., der Verbindungsoffizier zur 17.Armee kommt mit einer Ju. Wir erörtern den weiteren Transportablauf. Als nächste Schleppzüge sollen Go 242 herüberkommen, d.h. mehr Transportraum, d.h. aber auch, mehr Schwierigkeiten bei Start und Landung. Ich erhalte von Kl. auch die Zusicherung, daß er einen Leuchtpfad organisieren will. Ich fordere auch, daß mir der Transportraum für den nächsten Tag so klar wie möglich übermittelt wird, damit ich den Abtransport der Soldaten besser in den Griff bekomme.
Doch schon am nächsten Tag taucht der Iwan mit einem zweimotorigen Bomber auf. Die Bomben fallen recht ungezielt neben den Platz. Die ersten Jus treffen mit Pferdefutter ein. Sie nehmen je 15-20 Soldaten zurück. Aber die Landungen und Starts sind nicht immer problemlos, denn der Platz hat sehr aufgeweichte Stellen. Ich bin immer froh, wenn sie abgehoben haben und am Horizont verschwinden.
Für das Ende der ersten Woche wird mir der erste Gigant angekündigt. Er kommt im Schlepp einer He 111 Z. Ich überlege,

wie er landen soll, und welches die beste Startrichtung ist. Nun, gelandet werden kann in der üblichen Weise, aber der Start muß wohl diagonal erfolgen, sonst kommt der Schleppzug nicht aus dem Platz. Ich bin auf den Riesenvogel gespannt. In unmittelbarer Nähe habe ich ihn noch nicht gesehen. Am Wochenende taucht das große Gespann auf. Ich habe den Flugbetrieb stillgelegt. Der Gigant klinkt aus. Man hat den Eindruck, als würde er kaum Fahrt machen, so grandios sind seine Ausmaße. In einer großen Kurve setzt er zur Landung an. Großartig! Ein wirklicher Gigant ist niedergekommen. Dann landet die He 111 Z. Endlich eine Schleppmaschine, die den Giganten problemlos in die Luft bringt.
Es dauert einige Zeit, bis der Gigant am Start steht, dann lasse ich 100 Soldaten einsteigen, klettere selbst einmal auf den Führersitz. Ich bin erschlagen: man hockt dort wohl 7-8 m über dem Erdboden. Oder ist es noch höher? Das Abschätzen bei der Landung dürfte nicht einfach sein. Ich kann die LS-Führer dieses Lastenseglers nur bewundern. Aber für mich als Startoffizier ist solch ein Riesen-Transportgerät erfreulich, da ich ja fast eine ganze Kompanie gleichzeitig wegbekomme. Andererseits nehmen Start und Landung viel Zeit weg. Mit 5-6 Jus schaffe ich die gleiche Kapazität. Allerdings ist dann der allgemeine Aufwand größer.
Das Wetter hat sich in der ersten Woche gut gehalten. Nicht einmal der Start brauchte umgebaut zu werden. Einzelne Jus, Schleppzüge mit DFS 230, Gos, Giganten haben sich abgewechselt. Die Zahl der zurückflutenden Truppen steigt. Von morgens bis abends wird deshalb ohne Unterbrechung ent- und beladen. Zwar verbleibt am Abend ein gewisser Stau, aber die Masse der ankommenden Soldaten wird doch zur Krim gebracht.In den ersten zwei Wochen haben etwa 4.000 Soldaten den Platz auf dem Luftwege verlassen.
Die dritte Woche bringt schlechtes Wetter. Einige Tage fallen wegen Schneetreibens ganz aus, an einigen Tagen mogeln sich nur einzelne Jus ohne LS zum Platz durch. Ich habe mit hohen Dienstgraden Schwierigkeiten, weil sie bevorzugt ausgeflogen werden wollen. Dies paßt aber meist nicht in mein Programm, und ich muß sogar auf meine Befehlsgewalt hinweisen.

Mit der Wetterbesserung treffen auch wieder LS ein. Die LS-Führer sind unermüdlich. Und ich kenne sie fast alle, bis auf die Go-Führer. Wir sind durch viele gemeinsame Flüge zu einer geschworenen Gemeinschaft geworden. Nach Möglichkeit bin ich bei jedem Start zugegen. Es kommt auch zu Zwischenfällen. Eine Go schmiert auf meinem Platz bei der Landekurve ab, stürzt in eine Baumgruppe, die beiden LS-Führer sind tot. Die von ihnen transportierte Art.-Munition ist nicht richtig verzurrt. In der Kurve verlagerte sie sich und führte zum Absturz des LS.
In der vierten Woche ist wieder Hochbetrieb. Der Platz ist mit Flugzeugen und Soldaten überfüllt. Ich bin froh, daß es sonst noch zu keiner Massenkarambolage gekommen ist. An diesem Tag wird eine Militärkapelle verladen. Die großen Instrumente kommen in eine Go, die Holzbläser in DFS. Während des Fluges kann leider nicht gespielt werden. Auch die Musiker sind froh, dem Schlamassel zu entgehen. Der März bringt wunderbare Frühlingstage.
Die 17.Armee wird stärker in den Kubanbrückenkopf gedrückt. Das Übergewicht der Russen ist unverkennbar. Ostwärts gelegene Stützpunkte und Plätze müssen aufgegeben werden. Auf den drei noch verbliebene Plätzen, auf denen der Abtransport nach der Krim abläuft, sammeln sich immer mehr deutsche Soldaten. Wir versuchen durch noch bessere Organisation die Abflugkapazität zu erhöhen. Aber langsam aufweichende Plätze und der begrenzte Transportraum setzen Schranken. Dennoch ist es erstaunlich, was Tag für Tag auf die Krim herübergeflogen wird.
Alles konzentriert sich jetzt auf meinen Platz, auf Slawianskaja. Das bringt mir mehr Arbeit und Verantwortung. Aber noch läuft alles. Auch der Gigant taucht gelegentlich auf. Ich verlade jetzt 120 Soldaten in ihn. Die He 111 Z hebt früher ab als der Gigant. Ich verfolge den Diagonalstart mit Sorge. Endlich am Platzende schafft es auch der Riesenvogel. Der Scleppzug entschwebt. Ich kann aufatmen. Wegen des aufgeweichten Platzes lasse ich die folgenden Male nur noch 80-90 Soldaten in den Riesenbauch. Mir ist das Risiko beim Start zu groß.

Nachts wird der Platz erstmals bombardiert. Es passiert nichts, denn es sind keine Soldaten und Flugzeuge da. Die Bomben fallen außerhalb von Start- und Landebahn.
Die Zahl der nunmehr auf dem Platz eintreffenden Soldaten wird geringer. Die Russen beschiessen den Platz und das Dorf immer stärker mit Artillerie. Ich vereinbare mit der Krim, daß keine Schleppzüge mehr einfallen. Die Abfertigung dauert zu lange. Der Russe kann sich einschießen.
Es kommen täglich nur noch einige Jus, die schnell entladen werden und schnell wieder starten. Da sie nicht mehr voll mit Soldaten zu besetzen sind, verladen wir das im Dorf und am Platzrand lagernde Material, Fernsprechgeräte, Waffen.
Dann kommt der Tag, an dem ich abends melde: Slawianskaja von Soldaten und Material geräumt. Keine Anflüge wegen des Dauerbeschusses mehr möglich. Die E-Kommandantur ist verschwunden. Meine Helfer habe ich in einer Ju zur Krim herüberfliegen lassen. Ich bin wieder allein auf dem Platz - wie bei meiner Ankunft. In meiner letzten Meldung an den Geschwaderstab bitte ich, mich am nächsten Morgen mit einem Fieseler Storch abzuholen. Keine Ju mehr, weil der Russe mit seinem vorgeschobenen Beobachtungsposten den Platz einsieht.
Am nächsten Morgen taucht über dem Schilfrand des Kuban der Storch auf. Er landet am Platzrand, ich rase über den Platz, steige ein. Schon hat der Storch abgehoben, überspringt den Schilfrand und geht dicht über das Wasser des Kuban.
Wir fliegen "im Kuban" bis ans Schwarze Meer, dann steigt der Storch ein wenig, und bald haben wir unseren Platz auf der Krim erreicht.
Meine Aufgabe ist erfüllt: 32.200 Soldaten habe ich aus Slawianskaja herausfliegen lassen können, einen Großteil der eingeschlossenen 17.Armee.

Auszugsweise Abschrift

Luftwaffenkommando Ost H.Qu., 26.3.1943
Führungsabteilung Ia op

Gefechtsbericht um die Schlacht um Welikije Luki
vom 24.11.1942 bis 19.1.1943

Luftversorgung:
Versorgung durch Lastensegler:

Der Einsatz der Schleppflugzeuge auf Welikije Luki zeitigte trotz stärkster feindlicher Abwehr und schlechtester Wetterlage ausgezeichnete Erfolge. Zur Durchführung von Schleppeinsätzen war es erforderlich, einen LS-Führer über Welikije Luki abzusetzen, der das vorgesehene Landefeld auf seine Brauchbarkeit überprüfen und alle für die Landung der Lastensegler erforderlichen Maßnahmen einleiten konnte.
Ein Tageseinsatz von LS mit Schleppen bis über Ziel konnte bei der um Welikije Luki auftretenden starken Abwehr nur wenig Erfolg versprechen. Trotzdem wurden 4 Aufträge am Tage erfolgreich durchgeführt.
Bei Morgen- und Dämmerungseinsätzen mußte der Nachteil des Nachtstarts bzw. der Nachtlandung in Kauf genommen werden, da die Vorteile des ungesehenen Anfliegens eine größere Gewähr für die erfolgreiche Durchführung der Aufträge bieten.
8 Go 242 wurden im Nachteinsatz ans Ziel geschleppt und erst mit Hilfe aufgestellter Leuchtpfade und Leuchtsignale gelandet.
Durch Landung von 17 LS wurden der Besatzung in Welikije Luki in rücksichtslosem Einsatz Panzerabwehrgeschütze mit Bedienungen, Stoßtrupps, MG-Munition, Flammenwerfer, Verpflegung, San-Gerät und Feldpost zugeführt. 2 LS sind wie aus dem Ausbleiben jeglicher Nachrichten über ihr Schicksal geschlossen werden muß, auf Feindgebiet gelandet.
Die Landung auf der Jahrmarktstraße in Welikije Luki und später dem Gelände des Ostbahnhofs stellte großes Können und schnelle Entschlußkraft zur Forderung. Bei den unzureichenden Landemöglichkeiten auf engstem Raum war eine teilweise Vernichtung des bereits über Ziel gebrachten Nachschubgutes durch Bruchlandung nicht zu verhindern.
In heldenhaftem, freiwilligen Einsatz haben die LS-Flugzeugführer den auf der Erde kämpfenden Einheiten materielle und

moralische Unterstützung zur weiteren hartnäckigen Verteidigung gebracht. Bei schlechtester Wetterlage - z.T. im nächtlichen Einsatz - geringster Sicht und sehr starker Abwehr wurden immer wieder die Versorgungsaufträge durchgeführt.

Das lange Anhalten der Besatzung von Welikije Luki unter den härtesten Kampf- und Witterungsverhältnissen wurde nur durch die mit größtem Schneid und höchster Einsatzbereitschaft durchgeführte Luftversorgung der Kampf-, Transport- und LS-Verbände ermöglicht. Ohne ihren Einsatz wäre die Abwehrkraft der eingeschlossenen Teile infolge Ausfalls von Waffen und Munitionsmangels sehr bald zum Erliegen gekommen.

Zahlenmäßige Übersicht über Einsätze, Erfolge

Einsätze

In der Zeit vom 25.11.42 - 19.1.1943 waren eingesetzt:

298 Aufklärer
1393 Kampfflugzeuge
46 Störkampfflugzeuge
403 Stuka
1554 Jäger
310 Kampfflugzeuge } mit Versorgungsauftrag
94 Stuka } mit Versorgungsauftrag
25 Lastensegler } mit Versorgungsauftrag

4163 Flugzeuge

Erfolge

291,27 to Versorgungsgut
12 Granatwerfer
4,36 cbm durch Flugzeuge abgeworfen

23,60 to Versorgungsgut
4 Geschütze
17 MG
74 Soldaten (Geschützbedienungen und Stoßtrupps)
12 Flammenwerfer
3 Granatwerfer durch Lastensegler befördert

Für das Luftwaffenkommando Ost
Der Chef des Generalstabes
M.d.W.d.G.b.
gez.Unterschrift
Oberst i.G.

Anlage 8 Auszugsweise Abschrift

Schleppgruppe 3 — O.U., den 14. Juni 1944

Die Versorgung eines eingeschlossenen >Festen Platzes<

1.) Möglichkeiten der Versorgung

A) Die Versorgung einer eingeschlossenen Festung ist nur auf dem Luftwege möglich. Fängt diese rechtzeitig an und kann sie in genügendem Umfange durchgeführt werden, so wird der Erfolg ein dementsprechender sein. Zur Versorgung einer solchen eingeschlossenen Festung aus der Luft mit Menschen, Waffen und Verpflegung gibt es im wesentlichen drei Möglichkeiten:

1.) Das Absetzen von Fallschirmtruppen,
2.) Die Luftlandung von Lastensegelflugzeugen und
3.) den Abwurf von Munition und Verpflegung durch Kampftransporter.

Im Osten ist bisher jedoch die erste dieser Möglichkeiten nicht angewandt worden. Sie wird deshalb in dieser Abhandlung außer Betracht gelassen.

B) Die Entscheidung, welche dieser Möglichkeiten des Einsatzes zur Anwendung kommt, hängt von vielen Faktoren ab, in der Hauptsache jedoch

1.) davon, was die Festung notwendig braucht,
2.) von der Größe und Anzahl des benötigten Kriegsgerätes,
3.) von den natürlichen Gegebenheiten des Geländes der Festung und
4.) von der Art der zur Verfügung stehenden Möglichkeiten hinsichtlich Flugzeugen und Besatzungen.

Die Landung von Lastensegelflugzeugen und der Abwurf von Munitions- und Verpflegungsbehältern war bisher noch in allen Fällen möglich und wird bei allen bekannten festen Plätzen möglich sein. Die Auswahl der Lande- und Abwurfplätze spielt dabei eine entscheidende Rolle, ihr Ausbau oder ihre Fertigstellung ist deshalb von größter Bedeutung.

2.) Die Durchführung der Versorgung

Die Landung von Lastensegelflugzeugen

1.) DFS 230 (1,2 to Zuladung)

Der Einsatz dieses Flugzeuges kennt zwei Möglichkeiten. Erstens das Ausklinken in größter Höhe und ziemlicher Entfernung vor dem Ziel mit anschließendem Zielanflug. Über dem Ziel wird möglichst aus der Sonne heraus oder durch aufgerissene Wolken zum Sturzflug am Bremsfallschirm angesetzt. Die Landung kann dann nur auf sehr kleiner Fläche erfolgen. Die Zeit des Sturzes ist sehr kurz und die Treffmöglichkeit der Flak gering. Leider hat die Erfahrung sowohl bei Probeflügen als auch im Einsatz gezeigt, daß der Bremsfallschirm nicht genügend technisch durchgebildet ist und ein Versagen (Nichtöffnen des Schirmes oder Zusammenschlagen im Sturz) mehrmals vorkommt. Bei Nichtfunktionieren des Schirmes ist der Lastenseglerpilot gezwungen, im Gleitflug mit dem langsamen, sehr empfindlichen Flugzeug sein Ziel zu erreichen. Es ist dann lange Zeit dem Flakbeschuß ausgesetzt und die Wahrscheinlichkeit abgeschossen zu werden, ist groß.

Die zweite Möglichkeit ist der Anflug bei Nacht. Leider liegen hier noch wenig Erfahrungen zu Grunde. Es muß aber, besonders bei hellen Mondnächten, durchaus möglich sein, mit der Ju 87 ein einwandfreies Anschleppen durchzuführen, mit dem ein normaler Gleitflug des Lastenseglers mit üblicher Nachtlandung folgt. Die Aussicht auf Erfolg im Einsatz von Lastenseglern liegt einzig und allein im Überraschungsmoment. Dies hat sowohl die eigene Erfahrung gezeigt, als auch die Luftlandungen der angloamerikanischen Lastensegler auf Sizilien und an der Westküste mehrfach bewiesen.
Die Ladefähigkeit der DFS 230 beträgt 1,2 to oder 9 Mann. Daraus ergibt sich, daß der Einsatz dieses Flugzeugmusters nur lohnt, wenn Mannschaften oder sperrige Güter damit gelandet werden. Eine Luftlandung von DFS 230, die mit Munition beladen sind, muß als unrentabel angesehen werden, da eine He 111 H 16 beinahe das doppelte an Gewicht abwerfen kann. Außerdem ist dabei zu berücksichtigen, daß bei diesem Abwurf von Versorgungsbehältern nicht ein Flugzeug

und ein Flugzeugführer ausfallen. Zur Luftlandung von Personal (Ärzte, Spezialtruppe) und zum Hereinbringen sperriger Güter (Geschützteile, Flakrohre, Ersatzteile für Kampfwagen, Kraftstoffbehälter) in den Kessel im Sturzflug ist dagegen das DFS 230 ideal.

2.) Go 242

In Bezug auf die Ladefähigkeit ist die Go 242 rentabler, sie kann beladen werden 2,5 to bis 3,5 to oder 30 Mann. Es ist mit diesem Flugzeugmuster möglich, nicht nur sperrige Teilgüter zu befördern, sondern ganze Waffen (Pak-Geschütze). Das Muster erlaubt die Luftlandung eines ganzen Pionierzuges. Gegenüber diesen Vorteilen hat die Go 242 den Nachteil, daß sie erheblich schwerfäliiger ist. Sie braucht außerdem ein erheblich größeres Landefeld als das DFS 230. Ein Schleppzug mit Go 242 erreicht viel schwerer große Höhen und ist dem Feuer der feindlichen Flak beinahe schutzlos ausgesetzt, da ein Kurven nur sehr langsam möglich ist. Es empfiehlt sich daher, dieses Muster nur in den Anfangstagen einer Einschließung einzusetzen, da dann erfahrungsgemäß der Kessel genügend groß und die Abwehr nicht so stark ist; oder es muß die Gewähr gegeben sein, daß die Flak niedergehalten wird. Die mondhelle Nacht ist anzustreben.

zu A) Erdtaktische Forderungen

1.) Lande- und Abwurfplätze

Der Fertigstellung und dem Ausbau der Abwurf- und Landeplätze innerhalb eines festen Platzes ist eine erhöhte Bedeutung beizumessen. An ihnen hängt im Ernstfall unter Umständen das Schicksal der Festung. Gefordert werden grundsätzlich 3 Platzarten:

a) Landeplätze für DFS 230 und Go 242
b) Storchlandeplätze
c) Abwurfplätze.

zu a) und b)

Da die Landung höchstwahrscheinlich nur nachts erfolgen kann, ist bei allen Plätzen weitgehendste Hindernisfreiheit in den Anschweberichtungen zu fordern.
Da die Landung bei Lastenseglern auf der Kufe erfolgt, ist die Beschaffenheit des Bodens gleichgültig. Die Mindestgröße des Platzes soll 200 x 50 m betragen. Der Platz soll keine großen Unebenheiten aufweisen. Weicher Ackerboden oder bestelltes Gartenland sind günstige Landeflächen. Für die Storchlandeplätze muß ein fester Boden (Wiesenboden oder Pflaster) gefordert werden. Für die kleinen Laufräder wird ein vollkommen ebener Platz nötig. Ein Fahrwerkschaden, der auf einem Fliegerhorst in kürzester Zeit behoben werden kann, führt am festen Platz zum Totalausfall des Flugzeuges.

zu c):

Die Abwurfplätze für Versorgungsbehälter müssen im Ernstfalle häufig gewechselt werden können. Es hat sich erwiesen, daß ein stets gleichbleibender Abwurfplatz die Gefahr in sich birgt, daß die feindliche Flak sich über den Abwurfplatz in der genauen Flughöhe der Versorgungsflugzeuge einschießt. Die Ausfälle an Flugzeugen werden dadurch zum Teil erhebliche. Eine genaue Markierung dieser Plätze muß angestrebt werden, damit dem Feind keine Abwurfbehälter in die Hände fallen, was auch mehrfach vorkam. Besonders wichtig ist diese Markierung in der Nacht.

2.) Niederhalten der feindlichen Abwehr

Für die Zeit, in der die Versorgungsflugzeuge über der Festung sind, dürfte die Artillerie der Festung kein anderes Ziel haben als die feindlichen Flakstellungen. Die leichten Flakstellungen sind stets so nahe der Einschließungsfront, daß sie unbedingt im Wirkungsbereich der Artillerie der Festung sind. Die niedrige Flughöhe und die unbedingte Konzentration auf den Abwurfplatz stellen die Besatzungen in einen ganz ungleichen Kampf mit der feindlichen Abwehr. Jeder Verlust eines Versorgungsflugzeuges bedeutet aber den Ausfall einer meist nicht zu ersetzenden Besatzung, die damit für die Versorgung verloren ist. Jeder Abschuß schwächt daher in der Zukunft die Verteidigung der Festung. Da die Versorgungsflugzeuge sich während des Wurfs nicht mit der Abwehr befassen können, muß dies die Hauptaufgabe der Artillerie sein. Das gilt ganz in ganz besonderem Maße für den Fall einer Luftlandung von LS.

3.) Schnellste Nachrichtenübermittlung

Das Wissen um die taktischen Lagen, um die Kampferfolge der Festung und des Feindes sind für den fliegenden Verband von entscheidender Wichtigkeit. Die Lage der vordersten Stellungen und ihre Veränderung ist für den einzelnen Flugzeugführer und Beobachter der Versorgungsflugzeuge sehr wichtig. Auch werden durch die genaue Kenntnis der Lage Fehlwürfe der Besatzungen vermieden. Das Wichtigste ist jedoch, daß durch schnellste Nachrichtenübermittlung aus der Festung unnötige Verluste vermieden werden.

B) Lufttaktische Forderungen

1.) Begleitschutz bei Tage

Der Einzelflug bei Tage ist unzweckmäßig. Er kommt nur bei schlechtem Wetter (Wolkenschutz) in Betracht. Bei gutem Wetter ist ein Begleitschutz des geschlossenen fliegenden Verbandes durch eigene Jäger unerlässlich. Nur durch sie können Verluste durch feindliche Jagd- und Schlachtflugzeuge vermieden werden, die nach den Erfahrungen des Einsatzes Kowel im Einsatzraum stets in großer Zahl vorhanden sein werden. Es ist klar, daß der Feind mit ihnen die Luftversorgung mit allen Mitteln zu unterbinden versucht.

2.) Niederhalten der Bodenabwehr

Bei gutem Wetter ist anzustreben, daß zu der gleichen Zeit, in der die Versorgungsflugzeuge über dem Kessel sind, die feindliche Bodenabwehr durch Jabos und Schlachtflugzeuge möglichst ausgeschaltet wird. Das gilt in besonderem Maße für die Zeit, in der Lastensegelflugzeuge über dem Ziel ausklinken und zur Luftlandung ansetzen. Die Erfahrung hat gezeigt, daß ein gleichzeitiger Einsatz von Jabos und Schlachtflugzeugen ganz hervorragende Ergebnisse zeitigt, da die feindlichen Flakstellungen fast zugedeckt werden, wenn sie in genügender Zahl eingesetzt werden. Selbst die Geschütze, die dann noch schießen, sind erheblich ungefährlicher als sonst durch die Zersplitterung ihrer Abwehr. Sie wissen in diesem Fall oft nicht, was das vordringlichste Ziel ist, die Versorgungsflugzeuge oder die angreifenden Jabos. Es muß daher für den Begleitschutz durch Jäger ein Treffpunkt - nach Zeit und Ort - vereinbart werden, für den Einsatz von Schlachtflugzeugen muß dem betreffenden Verband genau die Zeit des Versorgungsabwurfs über dem Ziel bekanntgegeben werden.

3.) Navigationshilfsmittel in der Nacht

Für den Einsatz in der Nacht muß angestrebt werden, daß ein leichtes Leuchtfeuer an der Hauptausflugstelle steht, und zwar so nahe wie möglich hinter den eigenen Linien. Bei genügend großen Kessel sollte auch im Einschließungsring ein zweites Leuchtfeuer stehen. Die Navigation auf den letzten entscheidenden Kilometern wäre dadurch erheblich erleichtert und den Besatzungen der Versorgungsflugzeuge die Möglichkeit gegeben, mehr auf die feindliche Abwehr zu achten.

Für den reibungslosen Ablauf der Luftversorgung in der Festung sorgt ein Platzkommandant. Dieser markiert nach der anliegenden Kennungstafel die Plätze zur Landung und zum Abwurf. Er sorgt für die Entladung der Flugzeuge und Bergung des Abwurfgutes. Bei der Landung von Segelflugzeugen ist es in vielen Fällen nötig, mit einem kräftigen Raupenfahrzeug, die auf der Kufe in vielen Fällen mitten im Landefeld stehenden Segelflugzeuge an den Platzrand zu schleppen, um das Feld für weitere Landungen möglichst schnell frei zu machen. An jedem Platz sollen sich wenigstens 2 Bunker für Unterkunft und Munition befinden. An den Storchlandeplätzen außerdem ein Sanitätsbunker.

gez.
Geres
Major und Gruppenkommandeur

Anlage 9 Abschrift

Flugzeugbestand der Lastenseglergruppen Ende August 1944, unmittelbar vor der am 9.9.1944 befohlenen Auflösung der Luftlandeverbände:

Verband	Unterstellungsverhältnis	Flugzeugbestand
II./LLG 1	Lw.Kdo.Südost	31 Ju 87, 37 DFS 230
III./LLG 1	Lw.Kdo.Südost	19 Hs 126, 3 Avia 534 51 DFS 230
Schleppgruppe 1	Lw.Kdo.Südost	4 Hs 126 9 Ju 87 2 He 45 9 He 111 21 DFS 230 9 Go 242
Schleppgruppe 2	Luftflotte 4	7 Ju 87 18 He 111 12 DFS 230 29 Go 242
Schleppgruppe 3	Luftflotte 6	9 Ju 87 10 He 111 20 DFS 230 29 Go 242
I./LLG 1	Fallschirm-AOK	48 Do 17 66 DFS 230
I./LLG 2	Fallschirm-AOK	30 He 111 4 He 111 Z 66 Go 242

Insgesamt verfügten die sieben LS-Gruppen über 203 Motormaschinen und 329 Segler. Als Reserve hielt das Fallschirm-AOK 173 Go 242 und 144 DFS 230 bereit.
Ergänzungs-, Erprobungs- und Sondereinheiten wiesen einen Bestand von etwa 40 Schleppmaschinen und 130 Seglern auf.

Geheime Kommandosache

Oberkommando der Luftwaffe
Generalquartiermeister
Az.11b12.17 Nr.12877/44 g.Kdos.(2.Abt.,IIB)

H.Qu., den 9. Septemb.1944.

35 Ausfertigungen
28. Ausfertigung

Betr.: Auflösung von Luftlandeeinheiten.

1.) Mit sofortiger Wirkung wird

a) aufgelöst:

Stab Luftlandegeschwader 1

Stab I./Luftlandegeschwader 1
StabIII./Luftlandegeschwader 1
Stab I./Luftlandegeschwader 2
} mit allen unterstellten Einheiten

Stab Schleppgruppe 2
Stab Schleppgruppe 3
} mit allen unterstellten Einheiten

Stab Erg.Gruppe (S) 1
Stab Erg.Gruppe (S) 2
} mit allen unterstellten Einheiten

Stab Erg.Gruppe für Fsch.Kampfbeobachter
mit allen unterstellten Einheiten
ausser 1. Staffel

b) umgewandelt und umbenannt:

Stab II./Luftlandegeschwader 1
mit allen unterstellten Einheiten

in

Stab Nachtschlachtgruppe 10
gemäß K.St.N. Nr.1256 n (L)

Stabskomp.Nachtschlachtgruppe 10
gemäß K.St.N. Nr.1258 n (L)

1./Nachtschladhtgruppe 10
2./Nachtschlachtgruppe 1o
gem. K.St.N. Nr.1257 n (L)

2.) Durchführung:

zu 1 a) durch Fsch.A.O.K., zuständige Lfl.Kdos. und Lw.Kdo. Südost,

zu 1 b) durch Lw.Kdo.Südost, im Einvernehmen mit General der Schlachtflieger.

-2-

Anlage 10

3.) Besetzung der Planstellen:

zu 1 b) mit Personal und Material der II./Luftlandegeschw.1, erforderlichenfalls mit freiwerdendem Personal und Material der III./Luftlandegeschw. 1, darüber hinaus:

a) für Personal gem. Befehl Gen.Qu.6.Abt. durch L.P. bezw. Wehramt II im Einvernehmen mit General der Schlachtflieger,

b) für Flugzeuge: durch Gen.Qu.6.Abt.,

c) für Kraftfahrzeuge: durch Chef des Kraftfahrw.d.Lw.

d) für Gerät: durch Chef des Nachschubw.d.Lw.

4.) Über Unterstellungsverhältnisse ergeht gesonderter Befehl.

5.) Freiwerdendes Personal (Sollstärke 304 Offz., 46 Beamte, 4510 Uffz. und Mannsch., 36 Lohnempfänger) steht Chef der Pers.Rüstung und NS-Führung d.Lw. (L.P. bezw. Lw.Wehramt) zur Verfügung.

Es rechnet auf die befohlene Auflage zur Abgabe an das Heer für die einzelnen Flottenbereiche an.

Das freiwerdende Personal ist gemäß Befehl "Der Reichsmarschall des Großdeutschen Reiches und Ob.d.L. Nr.12295/43 g.Kdos. (Gen.Qu.2.Abt.,III) vom 29.11.1943 und 2.Ang. vom 5.12.1943" den durch Lw. Wehramt bestimmten Ersatzeinheiten zuzuführen.

Umsetzung von fliegendem Personal sowie von Engpaßspezialpersonal verfügt 6.Abt. in Zusammenarbeit mit Lw.Wehramt.

Abgabe des freiwerdenden Personals hat umgehend zu erfolgen. Für Abwickelung der Auflösungsarbeiten ist von den einzelnen Dienststellen ein Arbeitsstab in einer Stärke von höchstens 10 % zugelassen.

Lfl.Kdo.10 meldet die Höhe des aufkommenden Personals an OKL. Lw.Wehramt, Gen.Qu. 6. und 2.Abt.

6.) Nachtschlachtgruppe 10 mit unterstellten Staffeln erhält das Flugzeugkennzeichen

5 B + ...

Geheim

Luftwaffen-Organisationsstab H.Qu.,den 1.3.1945

Az.11b12.16 Nr. 2443/45geh.2.Ang.(Genst.Gen.Qu.2.Abt.IID)

Betr.: Schleppgruppe 1

An Lw.Fü.Stab Ia (Major J a c o b)

nachr.: 2.Abt.IIB(Major S t e in)

II B.

2/3 45

1.) Schleppstaffel zbV Reich

a) derzeitige Unterstellung unter Lfl.4

b) Bestand an Flugzeugen: 11 Do 17
25 DFS 230

c) Bisher zur Versorgung von Budapest eingesetzt, ist die Staffel zbV Reich mit 25 DFS 230 in Verlegung nach Alt-Lönnewitz. Do 17 verbleiben aus Sprit-Ersparnisgründen im Raum Papa bzw. im rückwärtigen Bereich der Lfl. 4.

2.) Ferner stehen zur Verfügung:

a) 25 DFS 230 als Materialreserve d.Fsch.Truppe in Wittstock,

b) 150 DFS 230 als OKL-Reserve im gesamten Reichsgebiet.

3.) Mit einer organisatorischen Eingliederung der Staffel zbV Reich als 4.Staffel Schleppgruppe 1 ist Lw.Fü.Stab einverstanden.

Anlage 11

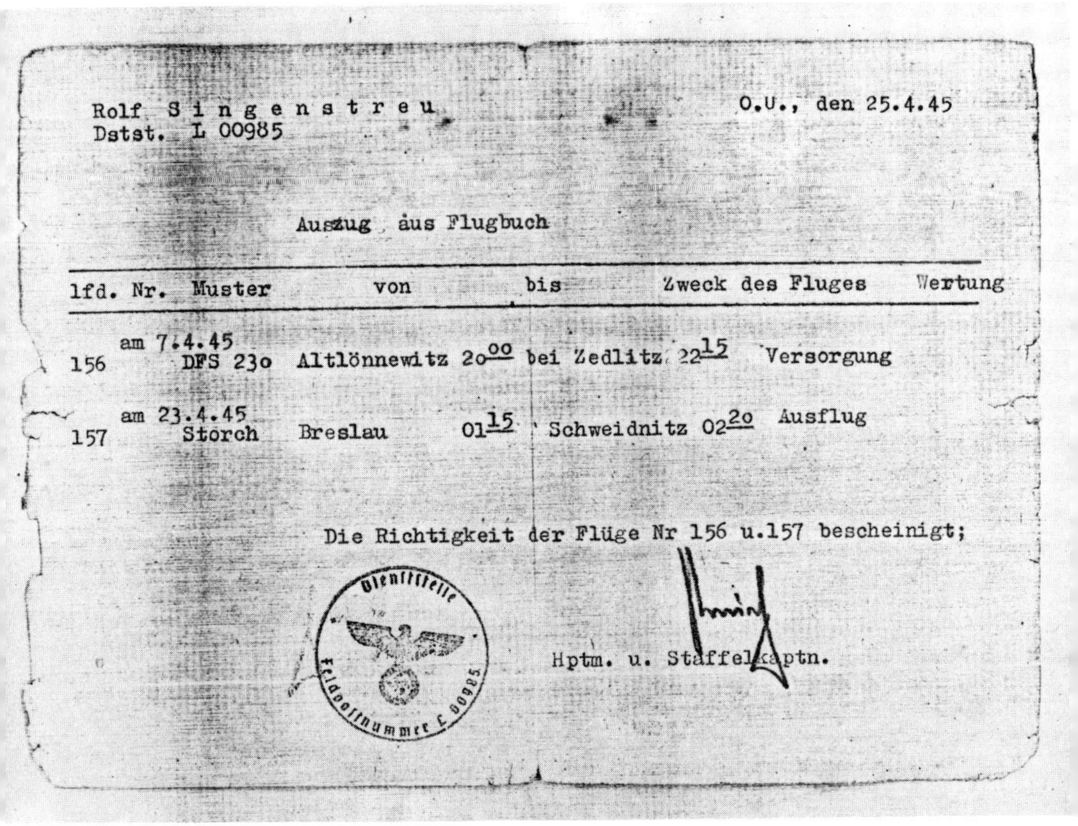

Rolf Singenstreu
Dstst. L 00985

O.U., den 25.4.45

Auszug aus Flugbuch

lfd. Nr.	Muster	von		bis		Zweck des Fluges	Wertung
156	am 7.4.45 DFS 230	Altlönnewitz	20^{00}	bei Zedlitz	22^{15}	Versorgung	
157	am 23.4.45 Storch	Breslau	01^{15}	Schweidnitz	02^{20}	Ausflug	

Die Richtigkeit der Flüge Nr 156 u.157 bescheinigt;

Dienststelle Feldpostnummer L 00985

Hptm. u. Staffelkaptn.

Anlage 12

Abschrift!

-.-.-.-.-.- **Geheim! Kommandosache!**

F u n k s p r u c h	Uhrzeitgruppe:
Ke. 1503 Uhr, den 27.4.1945	1455/27/ag 36

Eingang (M.-Bachstelze Nr. 13) Grau 2 a

FHR Großadm. Dönitz:

1) Lageunterrichtung nicht mehr möglich, da Heeresverbindungen nach außen völlig abgeschnitten. Besonders kritisch Abreißen Verbindung mit WFST.

2) Lage im Regierungsviertel spitzt sich stündlich zu. Wir liegen unter schwersten Artl.-Granatwerfer und Bombenfeuer. Jede von außen kommende Hilfe muß schnellstens erfolgen. Luftlandemöglichkeit auf Ost- und Westachse muß mit allen Mitteln versucht werden.

3) Gener.Feldmarschall von Greim hat Führung Luftwaffe übernommen, liegt verwundet bei uns.

Adm. F.H.Qu.

Verteiler: 1/Skl, 4/Skl, FTO.

\- - -

Verteiler:

Chef Skl.	= Prüf-Nr. 1
1/Skl.	= Prüf-Nr. 2
I op	= Prüf-Nr. 3
I f	= Prüf-Nr. 4
I L	= Prüf-Nr. 5
~~[illegible]~~	= Prüf-Nr. 6 [handwritten initials]
I b	= Prüf-Nr. 7
Lagezimmer.	= Prüf-Nr. 8.

Anlage 13

Anlage 14 Abschrift

Erprobung der Go 242 C-1 (See) für Sondereinsatz

Bericht Ing. Kollegger:

Im März 1944 wurde ich nach Pütnitz an der Ostsee beordert, um im Rahmen des KG 200 die fliegerische Erprobung der Go 242 C-1 für einen Sondereinsatz durchzuführen.
Der Führer des dortigen Erprobungskommandos war Ritterkreuzträger Lt. Kempke. Er war 1941 als Fallschirmjäger in meinem LS beim Kreta-Einsatz und so hatte ich gleich vollste Unterstützung bei der Durchführung meiner Aufgabe.
Der Lastensegler war für den Transport eines Spezialgerätes vorgesehen, das vornehmlich zur Versenkung großer, vor Anker liegender Schiffe eingesetzt werden sollte. Die Idee für einen derartigen Einsatz stammte angeblich von Major Koch und sah folgenden Einsatz-Ablauf vor: das schwimmfähige, elektrisch angetriebene Gerät wird mit einem Lastensegler bei Nacht in eine ausreichend sichere Nähe zum Objekt gebracht. Nach dem Wassern des LS fährt das von einem Mann bediente Gerät mit eigener Kraft weiter und geht dann längsseits des Schiffes. Nach dem Ausklinken des Sprengsatzes setzt sich das Trägerboot sofort ab und sucht möglichst Verbindung mit der LS-Besatzung zu bekommen, die inzwischen das Flugzeug versenkt hat und auf das mitgeführte Sturmboot umgestiegen ist. Eine spätere Übernahme der Einsatz-Mannschaft durch ein bereitstehendes U-Boot ist vorgesehen.

Besondere Konstruktionsmerkmale der Go 242 C-1:

gekielter, einfach gestufter Schwimmer-Fußboden mit Flutventilen zum Versenken,
2 Schleifsporne am Ende des Schwimmkörpers,
Start auf abwerfbarem Fahrwerk,
leichts Rumpfheck,
2 Stützschwimmer an den Tragflächen,
beidseitige Rollenführung entlang der Ladefläche zum Entladen des Einsatzgerätes,
doppelter Flaschenzug an der Decke mit Halterung für ein Sturmboot.

Einsatzgerät:

Das Trägerboot bestand aus zwei Schwimmkörpern, die wie bei einem Katamaran durch zwei Rohrträger verbunden waren. Im Boot untergebrachte Akkus lieferten die Energie für die am Heck befindlichen Schiffsschrauben. Im linken Bootsteil befand sich der Fahrersitz mit Steuerung und Bedienungshebeln. Der Raum zwischen den beiden Bootsteilen wurde vom eigentlichen Einsatzgerät ausgefüllt. Es bestand aus einem 1500 kg schweren, balkenförmigen Sprengkörper, der mit einem darüberliegenden Treibtank fest verbunden war. Obenauf lag ein Positionstank, dessen Verbindung mit dem Treibtank aus zwei abspulbaren Trageseilen bestand. Im Treibtank waren Akkus und quer zur Längsachse wirkende Schiffsschrauben untergebracht.

Arbeitsweise des Gerätes:

Nach dem Ausklinken des Gerätes fährt das Trägerboot sofort weiter. Der Treibtank mit dem Sprengkörper sinkt bis auf die eingestellte Länge der Trageseile ab und wird von den seitlich wirkenden Schrauben an das Objekt bis zur Berührung herangebracht. Die Zündung des Sprengkörpers erfolgt durch mehrere vorher entsprechend eingestellte Zünder.
Wie die Versuche ergaben, wurde das sehr flach gebaute Einsatzgerät im Wasser vom Radar nicht erfaßt.
Die Verlastung im LS erfolgte auf einem Stahlrohrschlitten, mit dem das schwere Gerät über die Rollenführung auch mühelos zu Wasser gebracht werden konnte. Der Schlitten wurde dann ins Wasser abgeworfen.

Zuladung des Lastenseglers:
2 Mann Besatzung
1 Führer des Einsatzgerätes

Einsatzgerät:
1 Sturmboot mit Außenbordmotor, an der Laderaumdecke hängend
1 zweisitziges Paddelboot mit Außenbordmotor
Seenotausrüstung.

Diese Zuladung ergab neben einer wesentlichen Überschreitung des zulässigen Fluggewichtes auch eine starke Schwerpunktrücklage, zu deren Ausgleich bis zu 80 kg Ballast unter dem Führersitz angebracht werden mußte.

Beim Start auf dem Pütnitzer Landflugplatz schaffte dann die He 111 das Abheben gerade noch kurz vor dem Uferrand; das Fahrwerk des LS konnte dann erst über dem Wasser abgeworfen werden.
Die fliegerische Erprobung brachte allgemein keine besonderen Probleme. Allerdings hatte sich vorher niemand Gedanken darüber gemacht, wie bei völliger Dunkelheit eine ordentliche Wasserung durchführbar ist.
Ich bastelte deshalb ein einfaches Gerät, das nach etlichen Versuchen auch zufriedenstellend funktionierte; von einer neben dem Führersitz federnd gelagerten Seiltrommel wurde durch den Rumpf nach unten eine Seilsonde ausgefahren, an deren Ende ein Fangkörper angebracht war. Der bei der Berührung mit dem Wasser entstehende Zug bewirkte dann an der Seiltrommel den Kontaktschluß für eine Signallampe. Auf diese Weise konnte der Flugzeugführer zumindest die erforderliche Abfanghöhe feststellen.
Bei einer probeweisen Wasserung auf völlig glatter See versank das Flugzeug sofort. Nach der Bergung zeigte sich, daß der gesamte Boden des Schwimmkörpers, wahrscheinlich wegen der zu geringen Stufung, abgesaugt war. Da die Zeit drängte, wurde eine Änderung des Rumpfbodens nicht mehr erwogen. Die Wasserungen bei leichtem und auch rauherem Seegang waren hingegen ohne Schwierigkeiten durchzuführen.
Eine Reihe technischer Änderungen erforderte das Einsatzgerät. Der zuständige Konstrukteur wurde schon vor der Erprobung abgezogen, so daß ich neben meiner fliegerischen Aufgabe auch als Techniker einspringen mußte. Dank der vorbildlichen Hilfe durch das Gothaer Werk konnte aber das gesamte Programm zum Abschluß gebracht werden.
Nachdem inzwischen die Einsatz-Besatzungen zum Einschulen eintrafen, erfolgte im Westen die Invasion. Die in den englischen Häfen vorgesehenen Einsatzziele waren damit gegenstandslos geworden. Andere Ziele, wie z.B. die Sprengung großer Stauanlagen im Osten, konnten, da die geeigneten Transportflugzeuge fehlten, nicht mehr vorbereitet werden.

Anlage 15 Abschrift

Der Lastensegler Ka 430

Als Nachfolgemodell für die Go 242 wurde 1943 von Dipl.Ing. Kalkert die Ka 430 entworfen. Bis Kriegsende sollen 12 Ka 430 gebaut worden sein; zum Fronteinsatz kam dieser LS-Typ jedoch nicht mehr. Heinrich Göers war 1944/45 mit der Schlepperprobung dieses kaum bekannten Seglers befaßt:

Am 2. Mai 1944 wurde ich dann zu den ›Mitteldeutschen Metallwerken‹ im Erfurt abkommandiert zur Schlepperprobung der Ka 430.

Geschleppt wurde zunächst mit der He 111 H 5 mit dem Kennzeichen VE + CT.

Die Versuchsserie der Ka 430 sollte 9 Maschinen umfassen.

Die Ka 430 V 1 flog zuerst am 27.3.44, geschleppt von der He 111 H 5 mit dem Kennzeichen F 7 + DK. Die Ka 430 V 2 hatte ihren Erstflug am 27.6.1944.

Die Schleppflüge Nr 10, 11, 12 und 13 am 23. und 24. Mai 1944 erfolgten mit der He 111 H 11 mit dem Kennzeichen CI + CE. Ab 12.6.44 wurde auch mit der He 111 H 6 geschleppt und ab 5.8.44 mit der He 111 H 20, darunter auch einige Versuchsflüge mit der Go 242. Die Ka 430 V 3 muß wohl als Fehlkonstruktion angesehen worden sein. Sie ist nie geflogen. Am 29. September 1944 erfolgte der erste Schlepp der Ka 430 V 4 und am 17.Oktober 1944 der erste Start der Ka 430 V 5. Die Ka 430 V 6 und 430 V 7 sind zwar noch gebaut worden, wurden aber nicht mehr flugklar. Am 31. Januar 1945 erfolgte der erste Schlepp einer Ka 430 mit der Ju 88 C 6 mit dem Kennzeichen PB + VW.

In Erfurt befand sich weiterhin eine He 177, die ebenfalls zum Schleppflugzeug umgebaut werden sollte. Der Umbau wurde jedoch nicht mehr fertig, so daß mit dieser Maschine nicht geschleppt worden ist.

Der Schlepp Ka 430 erfolgte durchweg mit Stahlseil verschiedener Länge zwischen etwa 5 bis 6 Metern und 40 Metern. Der erste Starrschlepp mit der Ka 430 hinter der He 111 H 6 mit dem Kennzeichen DJ + SI erfolgte am 18. Oktober 1944.

Am 23. Januar 1945 wurde zum Schlepp der Ka 430 erstmals ein Perlonseil verwandt, das als Doppelseil ausgelegt war.

Der letzte Schlepp der Ka 430 erfolgte am 1. März 1945 mit der Ju 88 C 6 mit dem Kennzeichen PB + VW. Danach wurde wegen Kraftstoffmangels der gesamten Erprobungs-Flugbetrieb eingestellt.

Quellen- und Literaturverzeichnis

Folgende Archive und Dienststellen stellten Unterlagen, Dokumente, Literatur und Bildmaterial zur Verfügung:

Archiv Luftlandefliegerkameradschaft, Minden
Bundesarchiv – Militärarchiv, Freiburg
Deutsche Dienststelle (WAST), Berlin
Deutsches Rotes Kreuz – Suchdienst, München
Historisches Archiv der Deutschen Forschungs- und Versuchsanstalt für Luft- und Raumfahrt, Köln
Militärgeschichtliches Forschungsamt, Freiburg
Volksbund Deutsche Kriegsgräberfürsorge, Kassel
Zentralbibliothek der Bundeswehr, Düsseldorf

Dokumente aus Privathand

Bericht über die Kommandierung der 8./LLG 1 nach Norwegen (1. 9. bis 6. 11. 43)
Chronik der III./Luftlandegeschwader 1 (1. 9. 1940–11. 9. 1944)
Einsatzbericht der 1.(Go)/Luftwaffenkommando Don (20. 1.–19. 2. 1943)
Einsatzflug in den Raum von Gorschetschnoje am 2. 2. 1943 (1.(DFS)/ Luftwaffenkommando Don)
Erfahrungsbericht Luftversorgung AOK 17 (Januar–März 1943)
Gefechtsbericht der 83. Inf.Div. über die Kämpfe um Welikije Luki vom 24. 11.–29. 12. 1943
Gefechtsbericht Unternehmen ›Rösselsprung‹ am 25. 5. 1944 (II./LLG 1, Kampfgruppe Panther)
Gefechtsbericht über den Einsatz der Sonderstaffel Heidenreich (12./ LLG 1) am 12. 9. 1943
Kampfbericht über den Luftlandeeinsatz auf das Fort Kübassaare (Insel Ösel) am 14. 9. 1941

Kennzeichen der Schlepp- und Segelflugzeuge der 4./LLG 1 am 20. 5. 1941
Nachschubeinsatz der 3./LLG 2 nach Sizilien am 13. 7. 1943
Notlandung der Go 242, DL + DJ am 25. 9. 1941 in der Ägäis
Transportbewegung ›Hasdrubal‹, Fahrtverlauf der Fahrtnummer 357025 (1. u. 3./LLG 2)
Verwendung von Luftlandeeinheiten zur Einnahme von Gibraltar

Private Staffel- und Gruppenchroniken

Adomeit, H., LS-Kommando Hundenborn
Behnke, H., Verbindungskommando (S) 4 – Schleppgruppe 2 (1942 bis 1944)
Eckstein, G., Chronik der Ergänzungsgruppe (S) 2
Egner, L., Die Ergänzungsgruppe (S) 1
Hartung, H., Verbindungskommando (S) V – Schleppgruppe 3
Hustert, H., Die 1. (DFS)/Verbindungskommando (S) 2 1942/43
Kolligs, J., Aufstellung und Einsatz der 1. (DFS(/VK(S) 4 1942
Moll, W., Die Ergänzungsgruppe (S) 1 Langendiebach
Otto, W., Die zbV-Staffel Wertheim
Reich, K.-D., Die Staffel zbV ›Reich‹ (September 1944 bis Kriegsende)
Sandvoß, K., Die 1. (DFS)/Luftwaffenkommando Don
Sandvoß, K., Weg der 1. (DFS)/Schleppgruppe 2
Schauch, A., Lastenseglerstaffel 1. (Go)/Luftwaffenkommando Don
Schmidt, H., Die I./LLG 2 1942–1944
Smyczek, M., Einsatz des LS-DFS 230 im Bergnotdienst
Sonneborn, W., Verbindungskommando (S) 1 – Schleppgruppe 1
Ulmer, K., Go 242-Kommando/VIII. Fliegerkorps 1941/42
Wagener, J., Die Schleppgruppe 1 (Ende 1943 bis Kriegsende)
Wagner, E., Starrschlepp mit LS hinter He 111 (17./LLG 1)
Wullschläger, H., Einsatz als LS-Transportflieger bei der Sturmstaffel 1
Zitzmann, F., DFS 230-Staffel Feldpostnummer 49222

Literatur (Auswahl)

Bekker, C., Angriffshöhe 4000, Oldenburg 1964.
Boldt, G., Hitler – Die letzten zehn Tage, Frankfurt/Berlin 1973
Busch, E., Die Fallschirmjäger-Chronik, die deutsche Fallschirmtruppe 1935–1945, Friedberg 1983
Bucheit, G., Spionage in zwei Weltkriegen, Landshut 1975
Carell, P., Unternehmen Barbarossa, Frankfurt/Berlin 1963
ders., Verbrannte Erde, Schlacht zwischen Wolga und Weichsel, Frankfurt 1966

Dach, H. von, Luftlandeangriff auf einen befestigten Flußabschnitt, in: Der Schweizer Soldat, Heft 6/1969
Damm, K., Als Fliegerverbindungsoffizier bei der 16. Inf. Div. (mot) in der Kalmückensteppe, in: Memminger, F., Die Kriegsgeschichte der Windhund-Division, Bochum 1962
Dettmann, J., Der Kampf um Cholm, in: Der Deutsche Soldat, Jg. 23 (1959)
Dierich, W., Kampfgeschwader 55, Stuttgart 1975
Dittebrandt, H., Großraumsegler im Einsatz, in: Der Flieger, Heft 3/1969
Dreyfus, P., Vercors – Citadelle de liberté, Grenoble 1969
Endres, R., Zum Verbleib der Luftwaffenakten beim Zusammenbruch und danach, in: Militärgeschichtliches Forschungsamt (Hrsg.), Fünfzig Jahre Luftwaffen- und Luftkriegsgeschichtschreibung, Freiburg 1970
Fricke, G., ›Fester Platz‹ Tarnopol, Freiburg 1969
Georgii, W., Forschen und Fliegen, Ein Lebensbericht, Tübingen 1954
Gosztony, P., Endkampf an der Donau 1944/45, Wien 1969
Götzel, H., Die Luftlandung bei Korinth am 26. 4. 1941, in: Wehrkunde, Heft 4/1961
ders. (Hrsg.), Generaloberst Student und seine Fallschirmjäger, Friedberg 1980
Green, W., Warplanes of the Third Reich, London 1970
Groehler, O., Stärke, Verteilung und Verluste der deutschen Luftwaffe im Zweiten Weltkrieg, in: Militärgeschichte, Heft 3/1978
Gundelach, K., Die deutsche Luftwaffe im Mittelmeer 1940–1945, 2 Bde, Frankfurt 1981
ders., Kampfgeschwader 4, Stuttgart 1978
Herhudt von Rohden, H. D., Die Luftwaffe ringt um Stalingrad, Wiesbaden 1950
Heumann, G., Die Giganten, in: Flugrevue, Heft 12/1964
Hillgruber, A., Die Räumung der Krim, Frankfurt 1959
Hillgruber, A./Hümmelchen, G., Chronik des Zweiten Weltkrieges, Frankfurt 1966
Hitlers Lagebesprechungen am 23., 25. und 27. 4. 1945, in: Der Spiegel, Heft 3/1966
Kammann, W., Der Weg der 2. Fallschirmjägerdivision, München 1972
Kannapin, N., Die deutsche Feldpostübersicht 1939–1945, 3 Bde, Osnabrück 1980–1982
Kehrig, M., Stalingrad, Stuttgart 1976
Kieß, W./Raschke, G., Die Luftlandefliegertruppe, in: Dierich, W. (Hrsg.), Die Verbände der Luftwaffe 1935–45, Stuttgart 1976
Melzer, W., Albert-Kanal und Eben Emael, Heidelberg 1957
Merglen, A., Geschichte und Zukunft der Luftlandetruppen, Freiburg 1970
Meyer-Wehner, E., Flug zum Gran Sasso, in: Der deutsche Fallschirmjäger, Heft 9/1953

Militärgeschichtliches Forschungsamt (Hrsg.), Das Deutsche Reich und der Zweite Weltkrieg, Bde 1, 2 und 4, Stuttgart 1979–1983
Morzik, F./Hümmelchen, G., Die deutsche Transportflieger im Zweiten Weltkrieg, Frankfurt 1966
Mrazek, J., Lastensegler auf Eben Emael, Stuttgart 1980
ders., Lautlos in den Kampf, Stuttgart 1981
Mühleisen, H. O., Kreta 1941, Das Unternehmen Merkur 20. 5.–1. 6. 1941, Freiburg 1968
Niepold, G., Von Minsk bis Lyck. Die 12. Panzerdivision in den Rückzugsgefechten im Sommer 1944, Koblenz 1979
Pawlas, K., Die Giganten Me 321 und Me 323, Nürnberg o. J.
ders., Die Sturm- und Lastensegler Go 242, Go 244, Go 345, P 39, Ka 430, Nürnberg o. J.
ders., Kampf- und Lastensegler DFS 230, DFS 331, Nürnberg o. J.
Peter, E., Der Flugzeugschlepp von den Anfängen bis heute, Stuttgart 1981
ders., . . . schleppte und flog Giganten, Stuttgart 1976
Plocher, H., The German Air Force Versus Russia 1941, New York 1968
Rauschning, H., Gespräche mit Hitler, Zürich 1940
Redemann, H., Heinkel He 111Z, in: Flugrevue, Heft 10/1972
Schröder, J., Italiens Kriegsaustritt. Die deutschen Gegen-Maßnahmen im italienischen Raum: Fall ›Alarich‹ und ›Achse‹, Göttingen 1969
Spaeter, H., Die Brandenburger, eine deutsche Kommandotruppe zbV 800, München 1976
Tessin, G., Verbände und Truppen der deutschen Wehrmacht und Waffen-SS im Zweiten Weltkrieg 1939–1945, Bd. 14 (Die Luftstreitkräfte), Osnabrück 1980
Tiemann, R., Geschichte der 83. Infanteriedivision 1939–1945, Bad Nauheim 1960
Wagener, C., Der Ausbruch der 1. Panzerarmee aus dem Kessel von Kamenez-Podolsk März/April 1944, in: Wehrwissenschaftliche Rundschau, Heft 1/1959
Wheatley, R., Operation Seelöwe, Minden 1958
Wolf, K. D., Das Unternehmen ›Rösselsprung‹. Der deutsche Angriff auf Titos Hauptquartier in Drvar im Mai 1944, in: Vierteljahreshefte für Zeitgeschichte, Heft 4/1972
Zentralarchiv der Pioniere (Hrsg.), Deutsche Pioniere 1939–1945, Neckargemünd 2. Aufl. 1976

Verzeichnis der Mitarbeiter

Aders, G.
Adomeit, H.
Arndt, K. H.

Bader, L.
Balke, U.
Barz, W.
Bause, F.
Baeuerle, K. F.
Bayer, B.
Beck, K.
Becker, H.-K.
Behnke, H.
Benz, H.
Berke, K.
Berning, G.
Blendermann, K.
Block, E.
Bösebeck, H.
Bohm, E.
Braatz, E.
Breutmann, H.
Brinkmann, G.
Brinkmann, P.
Brummack, H.
Buchmann, W.
Busch, G.
Butschkau, H.
Busse, H. J.

Davignon, W.
Delica, E.
Densborn, E.
Dettmann, J.
Dierich, W.
Dietrich, W.
Distelmeier, H.
Ditfurth, G. v.
Dittebrandt, H.
Dohmen, K.
Drape, H.
Dröge, Dr. H.
Dröse, A.
Drusio, A.

Eckstein, Dr. G.
Egner, L.
Eidner, K.
Enderlein, H.
Engländer, E.
Ey, H.

Fedrowitz, F.
Fleckenstein, M.
Flucke, A.
Foltmer, E.

Gelbhaar, F.
Gerhards, P.
Göers, H.
Gottwald, S.
Grossjohann, H.
Gundelach, Dr. K.

Häcker, K.
Häring, W.
Hahn, Dr. K.
Hamm, Th.
Handt, E.
Hartmann, E.
Hartung, H.
Hartung, W.
Hattendorff, O.
Haumersen, K.
Hecke, R.
Heichele, J.
Heidenreich, J.
Heim, A.
Heinzel, H. G.
Hellrung, A.
Hellrung, B.
Henking, K. H.
Herr, E. W.
Hilf, W.
Hickethier, W.
Hörning, H.
Hoffmann, K.
Hornung, W.
Huber, W.
Hubert, W.
Hund, H.
Hustert, H.

Illig, W.
Inselberger, H.
Itter, W.

Jaeger, E.
Jaek, W.
Jahnke, Dr. E.
Jacobs, H.
Jakobsmeyer, J.
Jansen, K.
Janssen, A.
Janssens, R.
Jauch, W.
Jehle, A.
Jenniches, F.
Jödicke, W.

Kagerhuber, A.
Kamman, W.
Kiefer, H.
Kieß, Dr. W.
Kirn, K.
Knöbel, H.
Koch, H.
Koch, L.
Kohler, W.
Kössler, K.
Kollegger, W.
Kolligs, S.
Kortum, K. H.
Kramme, E.
Kratzborn, C.
Kraus, Dr. J.
Krause, W.
Kröger, S.
Krutsch, O.
Kugler, R.
Kuntz, H.
Kutzas, A.

Lamparter, K.
Lange, H.
Lauxmann, O.
Lehmann, G.
Leiber, E.
Liersch, H.
Lindemann, E.
Lindemann, H.

Maedge, H.
Mankowski, B.
Markötter, W.
Martin, E.
Matthiesen, H.
Mayer, R.
Mehner, K.
Mende, W.
Moll, W.
Morzik, F.
Müller, W.
Mütter, R.

Nau, L.
Neu, J.
Neuhaus, H.
Niemann, G.
Niepold, G.
Nierle, L.
Noske, H.

Oberle, G.
Opitz, R.
Ostermann, H.
Otto, W.
Over, B.

Parlitz, G.
Peters, H.
Petrick, P.
Pfitzner, K.
Philipp, E.
Pilz, K.

Rademacher, J.
Radinger, W.
Raschke, G.
Reich, K. D.
Richter, H.
Richter, K.
Rieger, A.
Ritgen, H.
Rocktäschel, E.
Röhm, A.
Rösler, W.
Rolf, G.

Sahlmüller, H.
Sandvoß, K.
Schaedler, W.
Schäfer, F.
Schauch, A.
Scheer, E.
Scheidhauer, H.
Scheuing, K.
Schieferstein, K.
Schiermeyer, H.
Schlenker, R.
Schlüpmann, A.
Schmidt, H.
Schmoling, W.
Schneider, Prof. K.
Schneider, K. H.
Schneider, W.
Schubert, H.
Schütz, H.
Schultz, H.
Schulz, Dr. F.
Schulz, W.
Schulz, W.
Schulz, W.
Schwarz, H.
Schwendtner, H.
Seidel, G.
Sieg, H.
Singenstreu, H. R.
Sinhart, W.
Smyczek, M.
Söhne, Prof. W.
Söhnel, H.
Solbrig, E.
Sonneborn, W.
Stattelmann, G.
Steinweg, Dr. G.
Stephan, H.
Stern, K.
Sternitzke, K. H.
Stiefel, G.
Stockmann, L.
Stracke, W.
Sturm, O.
Sutterer, P.
Telöken, H.
Thies, E.
Thöle, H.
Thurm, H.
Trautwein, H.

Uhl, F.
Ulmer, K.
Umbreit, F.

Vatterodt, F.
Veit, W.
Vetterling, E.
Vollmer, K.

Wächter, W.
Wagener, J.
Wagner, E.
Waldner, S.
Wehner, E.
Wenzel, H.
Werres, J.
Wildhagen, E.
Willige, E.
Wilmskötter, F.
Winkler, A.
Witte, H.
Witzig, R.
Woltersdorff, B.
Woyt, A.

Ziegler, K.
Zimmermann, J.
Zitzmann, F.

Abkürzungsverzeichnis

AOK	Armeeoberkommando
Ar	Arado-Flugzeug
Bm	Bordmechaniker
DAK	Deutsches Afrika-Korps
DFS	Deutsche Forschungsanstalt für Segelflug
FF	Flugzeugführer
Fhj.	Fahnenjunker
Fhr.	Fähnrich
Flg.	Flieger
Fm.	Feldmarschall
Fw.	Feldwebel
GD	Div. ›Großdeutschland‹
Gfr.	Gefreiter
Gen.Lt.	Generalleutnant
Gen.Mj.	Generalmajor
Go	Flugzeug der Gothaer Waggonfabrik
GS 2	Großraum-Segler-Staffel 2
He	Heinkel-Flugzeug
Hptm.	Hauptmann
Inf.Div.	Infanteriedivision
Ju	Junkers-Flugzeug
Kdr.	Kommandeur
KG	Kampfgeschwader
KGrzbV	Kampfgruppe zur besonderen Verwendung (= Transportgruppe)

KGzbV	Kampfgeschwader zur besonderen Verwendung (= Transportgeschwader)
KTB	Kriegstagebuch
LFH	leichte Feldhaubitze
LLG	Luftlandegeschwader
I./LLG 1	Erste Gruppe/Luftlandegeschwader 1
1./LLG 1	Erste Staffel/Luftlandegeschwader 1
LS	Lastensegler
Lt.	Leutnant
LTF	Lufttransportführer
LV	Luftversorgung
Lw.Kdo.	Luftwaffenkommando
Me	Messerschmitt-Flugzeug
Mj.	Major
OB (Süd-Ost)	Oberbefehlshaber (Süd-Ost)
Ofhr.	Oberfähnrich
Ofw.	Oberfeldwebel
Ogfr.	Obergefreiter
OKL	Oberkommando der Luftwaffe
Olt.	Oberleutnant
Pz.Armee	Panzer-Armee
Pz.Div.	Panzerdivision
Qfe	Luftdruck bezogen auf Platzhöhe
Rgt.	Regiment
RLM	Reichsluftfahrtministerium
St.Kpt.	Staffelkapitän
TGr.	Transportgruppe
Uffz.	Unteroffizier
VK(S)	Verbindungskommando (S)
1.(Go)VK(S) 4	1. Staffel des Verbindungskommando (S) 4, ausgerüstet mit dem Lastensegler Go 242
ZG	Zerstörergeschwader

Stammfliegerhorste
und Flugplätze
Lastenseglerverbände
1939 – 1945
Stammfliegerhorst
Flugplatz
0
500 km
Rerik
Hagenow
Parchim
Braunschweig
Döberitz
Hildesheim
BERLIN
Goslar
Halber-
stadt
Butzweilerhof
Altenstadt
Lönnewitz
Köln-Ostheim
Eschborn
Langendiebach
Beaumont
Zellhsn.
Wertheim
Gael
Nancy
Hagenau
Obertraubling
Straßburg
Leipheim
Dijon
Lechfeld
Valence
Agram
Orange
Lezignan
Istres
Aix les
Milles
Rom
Neapel
Lecce
Bizerte